Unsere Nachbarn — die Franzosen

Unsere Nachbarn — die Franzosen

Zusammengestellt und eingeleitet
von Klaus Hänsch

Schriftenreihe der Bundeszentrale für politische Bildung · Bonn
Band 138

1978
ISBN 3-921352-39-8

Herausgeber:
Bundeszentrale für politische Bildung · Bonn
und Deutsch-Französisches Jugendwerk · Bad Honnef

Redaktion:
Dr. Enno Bartels, Bernard-Marie Boyer,
Rudolf Herrmann, Dr. Gerd Renken

Gesamtherstellung:
Bundesdruckerei Bonn 822060 4.78

Die in diesem Band enthaltenen Beiträge stellen keine Meinungsäußerung
der Herausgeber dar.
Für die inhaltlichen Aussagen tragen die Autoren die Verantwortung.

Inhalt

Udo Kempf

Politiker und Parteien

Rüdiger Stephan

Schule und Hochschule

Alfred Grosser

Nachwort: Frankreich kennenlernen

Die Autoren

Klaus Hänsch

Frankreich und Deutschland

„Gutes Essen" nennen 73 Prozent der Einwohner der Bundesrepublik Deutschland zuerst, werden sie gefragt, was ihnen einfalle, wenn sie an Frankreich denken; „Paris" verbinden 67 Prozent unserer Mitbürger mit den französischen Nachbarn; 63 Prozent denken an „Mode" und 53 Prozent in erster Linie an „Nachtleben". Immerhin glaubt die Hälfte der 62 Millionen Deutschen zwischen Rhein und Elbe, die Mehrzahl ihrer 52 Millionen Nachbarn im Westen sei kultivierter, aber auch leichtlebiger, jedenfalls habe sie mehr „Lebensart". Das ermittelte 1973 eine Umfrage im Auftrag einer großen deutschen Illustrierten, und 1978 würde das Ergebnis sicherlich nicht anders aussehen. Ist das Frankreich?

Klischees, die es erlauben, das Nachbarvolk schnell, ungeprüft und wiederholbar in die eigenen Denk- und Handlungsmuster einzuordnen, die das Urteil vor der Prüfung gestatten, sind erstaunlich haltbar. Manche stammen noch aus der Zeit zwischen den beiden Weltkriegen oder sind sogar noch älter. Sie verändern sich, werden durch neue verdrängt oder ersetzt, aber sie sind da. Doch gibt es Grund für die Hoffnung, daß die heutigen „Vorurteile" weniger gefährlich sind als die der Vergangenheit.

Urteile – Vorurteile

Häufig genug bestätigt der erste kurze Aufenthalt, was man vorher schon zu wissen meinte. Jene Kurz- und Patenschaftsbesuche, die alle möglichen Gruppen, Organisationen und Gemeinden heute mit dankenswerter Häufigkeit und mit sympathischer Selbstverständlichkeit veranstalten, stiften „Gewißheiten". Das Unalltägliche, das solche Begegnungen für Gast und Gastgeber haben, die Aufgeräumtheit und Lebhaftigkeit der von den offiziellen Essen und den „vins d'honneur" befeuerten Gesprächen, das bunte Kaleidoskop der, ach, zu kurzen, zu flüchtigen, zu freundlichen Begegnungen, Eindrücke und Wertungen lassen keinen Zweifel mehr aufkommen: Die Franzosen sind gastfreundlich, höflich, lebhaft, kultiviert, haben Esprit, sind Individualisten, aber doch stolz auf Frankreich, manchmal auch nationalistisch. Vor allem aber: Sie haben und lieben guten Wein und gutes Essen.

Wer länger bleibt und tiefer blickt, vergißt die „Vor"-urteile. Ißt man nicht häufig auch ganz miserabel in Frankreich? Arbeitet, wer Arbeit hat, nicht genauso emsig und intensiv wie in der Bundesrepublik? Findet sich nicht häufig vom

„savoir vivre", von der berühmten französischen Nonchalance, von der besonderen Höflichkeit kaum eine Spur – am wenigsten in Paris, wo einem die Pariser zur morgendlichen und abendlichen „rush-hour" nicht weniger muffelig begegnen als in Frankfurt, Köln oder Hamburg? Und das berühmte „Nachtleben", die großen und kleinen Shows der Pariser Szene, rechtfertigen sie jenes Augenzwinkern des zurückgebliebenen „Kenners"?

Nationalbewußt, gar nationalistisch sollen die Franzosen sein, stolz auf Frankreich jedenfalls? Wer sie unter sich über ihr Land, über ihre immerhin frei gewählten Repräsentanten und deren Politik, überhaupt über die Zustände in Frankreich reden hört, gewinnt nicht selten den Eindruck, in ein Land verschlagen worden zu sein, in dem alles falsch gemacht wird, und das nicht nur heute, sondern schon von jeher und, da ist man besonders sicher, auch in Zukunft. Über nichts scheinen die Franzosen sich einiger zu sein, als daß ihre Uneinigkeit das größte Hindernis für eine gute, vernünftige Politik ist, die allen zugute kommen könnte – und nichts wird liebevoller gepflegt als diese Uneinigkeit. Einig ist man sich höchstens darin, daß alle anderen Nationen nur eines im Sinn haben: Frankreich, das immer guten Glaubens ist und nur das Beste will, zu übervorteilen. Die anderen, man mag mit ihnen noch so eng und lang durch Vereinbarungen, Verträge, Interessen verbunden sein, führen immer etwas im Schilde, und das ist vor allem gegen Frankreich gerichtet. Ist das die französische Spielart des Nationalismus?

Wenn im Sommer 1976 zum Beispiel 77 Prozent der Franzosen die Deutschen für diszipliniert, aber nur 9 Prozent auch für intelligent hielten, hatte das wohl mehr damit zu tun, wie die Franzosen sich selbst einschätzen als mit den Realitäten. Die Klischees, die man sich vom anderen macht, sind immer auch ein Spiegel, in dem man das eigene Gesicht erkennt.

Wir wollen nicht darüber rätseln, ob überhaupt und wieweit solche Urteile begründet sind. Was das kulturelle Leben anlangt, nimmt es mit Paris weder München noch Hamburg, weder Stuttgart noch Köln auf und Bonn schon gar nicht. Aber jede einzelne von ihnen wiederum stellt jede andere französische Stadt weit in den Schatten. Daß Frankreich und Kultur zwei Begriffe sind, die auf ganz besondere Weise und unlösbar miteinander verbunden sind, wird klar, wenn die damalige Staatssekretärin für kulturelle Angelegenheiten, Françoise Giroud, in einem Interview mit der Zeitung „Le Monde" den für deutsche Ohren so erstaunlichen Satz sagt: „Frankreich lebt vor allem durch seine Kultur." Das bleibt nicht nur unrelativiert und unironisiert, sondern es findet Zustimmung und Beifall. Kann man sich einen deutschen Minister vorstellen, der von der Bundesrepublik behauptet, sie lebe vor allem durch ihre Kultur?

Frankreich ist die vierte Industrie- und Handelsnation der westlichen, kapitalistischen Welt. Aber so richtig zur Kenntnis genommen haben das die Fran-

8

zosen wohl selber noch nicht. Noch viel weniger haben die Deutschen, den Blick durch die eigene Potenz getrübt, bemerkt, welche stürmische und tiefgehende Entwicklung Frankreich in den letzten drei Jahrzehnten gerade im ökonomischen Bereich durchgemacht hat.

Nur langsam verblaßt jenes romantisierte Bild, das sich die Deutschen (aber nicht nur sie) vom Frankreich der charmanten Unzulänglichkeiten und liebenswürdigen Verstaubtheiten, der kleinen Großzügigkeiten und großen Freiheiten, der amüsanten Widersprüchlichkeiten und widersprüchlichen Einheiten jahrzehntelang gemacht haben.

Der „kultivierte Wirtschaftszwerg" – der „unkultivierte Wirtschaftsriese": So scheinen, zusammengefaßt, viele Franzosen und viele Deutsche jeweils sich selbst und den andern zu sehen. Die Franzosen halten sich selbst jedenfalls für „kultivierter" als ihre Nachbarn im Osten, denen nur von 5 Prozent das Prädikat „kultiviert" zuerkannt wird. Die Deutschen, das bestätigen viele Umfragen, sind denn auch bereit zu glauben, die Franzosen seien „kultivierter" als sie selbst. Dagegen sehen die Franzosen ihr Land im Vergleich zur Bundesrepublik in einer Position wirtschaftlicher Schwäche. Fast 80 Prozent halten – womit sie recht haben – die Nachbarn im Osten für die stärkste Wirtschaftsmacht in der Europäischen Gemeinschaft. Das meinen übrigens auch die Westdeutschen von sich selbst. Bei den einen weckt das skeptische Bewunderung, bei den anderen verschämte Selbstzweifel. Die Franzosen hätten gern, was die Deutschen haben, ohne so zu werden, wie die Deutschen sind. Wären die Deutschen manchmal nicht gern so, wie die Franzosen sind, ohne aufzugeben, was sie haben?

Daß „Frankreichs Uhren anders gehen", hat der Schweizer Historiker Herbert Lüthy 1954 in einem berühmt gewordenen Buch erläutert. In deutschen Augen gingen sie lange Zeit ganz selbstverständlich zu spät. Können wir so ganz sicher sein, daß die unseren richtig gingen? Welche Stunde auch geschlagen haben mag: Vieles in Frankreich scheint den ökonomischen und sozialen Verhältnissen in der Bundesrepublik immer ähnlicher zu werden.

Die Kraft, mit der das traditionelle Frankreich noch immer alles, was von außen kommt, von der Küche bis zum „drugstore", assimiliert, ist beeindruckend. Dennoch kann niemand leugnen, daß auch dieses Land, hier etwas früher, dort etwas verzögert, im großen Schmelztiegel der westlichen Industriegesellschaften Prozessen der Angleichung unterworfen ist. Der rührende Kampf gegen alles, was den „button" der „Amerikanisierung" angeheftet bekommen könnte, ist am Ende doch selten mehr als ein hinhaltender Widerstand. Doch täusche man sich nicht: Die Genugtuung und der Stolz auf das vor allem im ökonomischen Bereich gewandelte, moderne Frankreich überwiegt die nostalgischen Bedenklichkeiten und beschaulichen Erinnerungen an eine Zeit, als „Gott in Frankreich" zu leben und das Fragezeichen nach „Dieu, est-il Français?" für manchen mehr exklamative als interrogative Bedeutung zu haben schien.

So hat manches, nicht jedes, („Vor"-)Urteil nicht nur einen wahren Kern, ist nicht nur das Echo des anderen auf die Selbsteinschätzung des einen. Vergröbert, verkürzt, versetzt bezeichnet es immer auch etwas von dem, was die Franzosen von den Deutschen unterscheidet. Gemeinsamkeiten hin, Europa her, wir haben es mit zwei Völkern zu tun, in deren Antlitz eine mehr als tausendjährige getrennte Geschichte unverwechselbare Züge geprägt hat.

Das neue Frankreich

Das Wachstum der Bevölkerung, der Prozeß der Verstädterung als Folge der Entwicklung zum Industriestaat, die Zentralisierung auf Paris und der zähe Kampf dagegen, die hohen Wachstumsraten der französischen Wirtschaft unter den Bedingungen einer staatlichen Indikativplanung und eines großen staatlichen Sektors – das alles sind Erscheinungen und Entwicklungen, die Frankreich in den letzten dreißig Jahren grundlegend verändert haben. Wer sie mit der deutschen Elle mißt, wird ihnen nicht gerecht. Zwar schauen die Franzosen selbst gerade im Bereich der wirtschaftlichen und sozialen Entwicklung auf die Bundesrepublik. Mit einer seltsamen Mischung aus Bewunderung und Argwohn suchen sie ebenso selbstvergessen nach Beispielhaftem wie selbstbewußt nach Kritikwürdigem. Das ist jedoch kein Grund, das Land der Nachbarn anders als aus sich heraus zu erklären und zu verstehen.

Wer sein eigenes Land beurteilen will, vergleiche es mit anderen. Wer ein anderes Land verstehen will, der beurteile es von innen heraus, der lasse die heimische Elle zu Hause und messe es mit dessen eigenem Maß. Was manchem Deutschen, der ein paar Daten und Fakten über die wirtschaftliche und soziale Struktur seines Landes im Kopf hat, als nicht eben außergewöhnlich bemerkenswert, sogar manchmal eher bescheiden und zurückgeblieben vorkommt, ist für die Franzosen, die – natürlich – die Daten und Fakten ihrer eigenen Vergangenheit im Kopf haben, eine erstaunliche, bemerkenswerte, ja spannende Entwicklung.

Daß die Franzosen von einem 40-Millionen- zu einem 50-Millionen-Volk werden müßten, war jahrzehntelang die einmütige Forderung von Politikern und Ökonomen jeder Couleur. Bevölkerungswachstum als politisch-ökonomisches Ziel: in der Bundesrepublik ein „undenkbares" Thema, in Frankreich eine Lehre aus der Vergangenheit. 1840 war es – von Rußland abgesehen – das volkreichste Land in Europa, 1940 sah es sich von Großbritannien und Italien, vor allem aber von Deutschland überholt. Überall in den sich industrialisierenden Staaten war die Bevölkerung gewachsen, allein in Frankreich hatte sie stagniert. Zeitweise war sie sogar gesunken. Die Folgen, oder was man für Folgen hielt, waren Selbstgenügsamkeit, Fortschrittsfeindlichkeit, pessimistische Grundstimmung, mangelnde wirtschaftliche Dynamik; das Frankreich der Zeit zwischen den Weltkriegen in seiner bedauerten und gepflegten Rückständigkeit und Inferiorität.

10

Von der Mitte der vierziger Jahre bis zur Mitte der sechziger Jahre erlebte Frankreich eine Steigerung der Geburtenzahlen wie seit eineinhalb Jahrhunderten nicht mehr. Die Einwohnerzahl stieg in den letzten dreißig Jahren von 42 auf 52 Millionen Menschen. Das ist die Basis für eine ökonomische und soziale Entwicklung, die sich in ihrer Dynamik von der Periode des Malthusianismus, der demographischen wie ökonomischen Stagnation der zwanziger und dreißiger Jahre, erheblich unterscheidet. Sie ist für manchen Franzosen, der jene Zeit noch miterlebt hat, ein Grund zu wirtschaftlichem, sozialem und politischem Optimismus.

Wer aus der verstädterten Bundesrepublik nach Frankreich kommt, in den Westen oder Südwesten zumal, wird, die Verhältnisse im eigenen Land vor Augen, kaum ermessen können, welches Ausmaß und welche Bedeutung der Prozeß der Verstädterung in Frankreich in den letzten Jahrzehnten angenommen hat. Vor dem Zweiten Weltkrieg lebten fast zwei Drittel der Franzosen auf dem Lande; heute leben mehr als zwei Drittel in den Städten. Millionen Franzosen haben ihren angestammten Lebensraum verlassen, ihre gewohnte Lebensweise aufgegeben und sind in die Städte, genauer in die Stadtränder gezogen – mit all den inzwischen bekannten städtebaulichen, sozialen und psychischen Problemen. Nicht als solches ist dieses Phänomen bemerkenswert. In allen westlichen Industrieländern war (und ist) die gleiche Entwicklung zu beobachten. Bemerkenswert ist, daß sie in Frankreich so spät einsetzte und mit welcher Geschwindigkeit sie sich seit einigen Jahren vollzieht.

Paris und seine Vorstädte haben einen erheblichen Teil dieser Wanderungsbewegung aufgesogen. Die „région parisienne" ist zu einer jener traurigen Stadtlandschaften geworden, wie sie, in ihrer Geschichts- und Gesichtslosigkeit auswechselbar, überall in Europa anzutreffen sind. Dagegen ist das Übergewicht, das Paris über alle anderen Städte und Regionen des Landes hat, sei es nach der Einwohnerzahl, der Wirtschaftskraft, der kulturellen Ausstrahlung, der politischen Bedeutung, der urbanen Anziehungskraft, nirgendwo sonst zu finden.

Jahrhundertelang wurde alles, was in Politik und Wirtschaft, in Wissenschaft und Kunst Rang und Namen hatte, auf die Hauptstadt konzentriert. Das wirkt fort und belastet die Entwicklung, lähmt die Eigeninitiative der anderen Städte und Regionen. Im Pariser Raum wird mehr als ein Viertel der gesamten Industrieproduktion erzeugt. Das Pro-Kopf-Einkommen ist dort um 60 Prozent höher als im Durchschnitt des Landes.

Paris und sonst Wüste, so beschrieb ein berühmt gewordenes Buch Frankreich vor einem Vierteljahrhundert. Seither ist Paris zwar nicht ausgetrocknet, aber die „Wüste" ist lebendig geworden. Mit zahlreichen Initiativen, die allerdings fast nur vom Zentrum Paris ausgingen, sind von der Industrieansiedlungspolitik für bislang unterentwickelte Regionen bis zu den „Kulturhäusern" in allen größeren Städten Anstöße für kräftigeres ökonomisches und kulturelles Wachstum in der Provinz gegeben und genutzt worden. Langsam, sehr langsam ist das Verhältnis zwischen dem übermächtigen, reichen, bevorzugten Paris und den abhängigen, armen, benachteiligten Städten und Gemeinden in der Provinz in Bewegung gekommen.

Das aber gilt vor allem für die Gebiete nördlich und östlich einer Linie von Le Havre nach Marseille. Dort befinden sich drei Viertel aller industriellen Arbeitsplätze, leben zwei Drittel der Franzosen und wird dennoch auch die Hälfte der landwirtschaftlichen Produktion erzeugt. Westlich und südlich dieser Linie, auf 56 Prozent des Gesamtgebiets, lebt nur etwas mehr als ein Drittel der Gesamtbevölkerung. Es ist nur wenig überspitzt, wenn man sagt, daß die Grenze zwischen dem reichen und dem armen Europa quer durch Frankreich verläuft.

Daß die Bundesrepublik im In- und Ausland als wirtschaftlicher Riese gesehen wird und es – im Rahmen der Europäischen Gemeinschaft – auch ist, verstellt den Blick dafür, daß die wirtschaftlich-soziale Entwicklung in Frankreich seit 1945 eigentlich noch erstaunlicher ist als in Deutschland. Gewiß war der ökonomisch-soziale Zusammenbruch bei Kriegsende diesseits des Rheins tiefer. Die Zerstörungen waren gründlicher und umfangreicher, die Hilfen geringer, die Belastungen größer. Am westdeutschen Nachbarn gemessen war Frankreich 1950 ein reiches, weltweit Handel treibendes und modern produzierendes Land. Zwanzig Jahre später bezweifelte niemand, daß eben jene Merkmale eher die Wirtschaftskraft der Bundesrepublik beschreiben.

Bemerkenswert ist nicht, daß die Bundesrepublik wirtschaftlich schwergewichtiger geworden ist als Frankreich, sondern daß Frankreich – alles in allem – überhaupt mitgehalten hat mit dem Entwicklungstempo der kapitalistischen Industrienationen. Denn während es Deutschlands Wirtschaft bei Kriegsende bereits seit mehreren Jahrzehnten gewöhnt war, dynamisch zu denken und für größere Märkte zu produzieren, vollzog sich der Wandel der mikro- und makroökonomischen Mentalität in Frankreich erst Ende der fünfziger Jahre. Der Start zur modernen Industrie- und Handelsnation wird von vielen Nationalökonomen allgemein in die zweite Hälfte des 19. Jahrhunderts gelegt; in Frankreich ist er im Grunde erst Mitte dieses Jahrhunderts erfolgt.

Von daher erübrigt sich die Diskussion darüber, ob die „Planifikation", jene französische Form einer Globalsteuerung der Wirtschaft, mehr Nutzen oder mehr Schaden stiftet und ob der relativ bedeutende staatliche Sektor eher Bremse oder eher Motor gewesen ist. Die „Planifikation" und die verhältnismäßig große Zahl der staatlichen oder halbstaatlichen Unternehmen haben jedenfalls die auffälligste Wandlung des französischen Wirtschaftslebens nach dem Kriege nicht verhindert oder behindert: die Wandlung vom Protektionismus für die ganze Wirtschaft und von der Selbstgenügsamkeit des kleinen Betriebs zum Wettbewerb im internationalen Rahmen und zur Konkurrenz untereinander. Frankreich ist im Grunde erst durch und nach seinem Beitritt zum Gemeinsamen Markt zu einer offenen Industrie- und Handelsnation geworden.

Weniges ist völlig anders als in der Bundesrepublik, aber vieles hat ganz andere Akzente. Ob es sich um ökonomische und soziale Ungleichheiten und Ungerechtigkeiten handelt, um die Aufnahme der Jugend in das schulische, berufliche und gesellschaftliche Leben oder um das Abschieben der Alten in die Bereiche Gesundheit und Versorgung, ob es um das Verhältnis von persönlicher Freiheit und von Ansprüchen der Gesellschaft in einer Gesellschaft geht, die sich immer mehr technisiert und bürokratisiert, oder um die Sorge für die Umwelt, um das wirtschaftliche Wachstum und seine Folgen – die Liste der Probleme, deren Lösung der Plan des französischen Premierministers Raymond Barre vom Frühjahr 1977 langfristig anvisiert, bisher übrigens ohne durchschlagenden Erfolg, könnte ohne weiteres auch aus einem Prioritätenprogramm der Bundesregierung entnommen sein: Sanierung des Sozialversicherungssystems, Senkung der Kosten im Gesundheitswesen, Verringerung der Rohstoff- und Energieverschwendung, Kampf gegen Kartelle und Preisabsprachen, wirksamere regionale und sektorale Strukturpolitik, mehr öffentliche Mittel für die Berufsausbildung ...

Die großen Fragen, die großen Probleme der Gesellschaft in Frankreich und in der Bundesrepublik entwickeln sich immer stärker aufeinander zu. Die ökonomische Entwicklung der kapitalistischen Welt, die ja nationalstaatliche Dimensionen seit langem hinter sich gelassen hat, wirkt gleichrichtend und gleichmachend auch auf Strukturen, Probleme und Lösungsversuche. Aber ungeachtet der Angleichung des Lebensstils in den Industriegesellschaften westlicher Prägung wirken in beiden Ländern doch Unterschiede der Mentalität und der historischen Tradition.

So gleich die Probleme sein mögen, die Frankreich mit der Bundesrepublik wie mit anderen westlichen Staaten gemein hat, so unterschiedlich können die Antworten ausfallen, die aus jeweils anderen geschichtlichen Erfahrungen, in Anbetracht jeweils anderer politischer Kräfteverhältnisse, unter Berücksichtigung im einzelnen jeweils anderer ökonomischer und sozialer Strukturen gegeben werden. Frankreich ist auf seine Weise zur Industriegesellschaft geworden. Es trägt auch an seinen Lasten und Widersprüchen auf seine Weise.

„Unter den westlichen Industrienationen ist Frankreich das Land mit den größten Einkommensunterschieden." Das ist nicht die polemische Anklage eines wahlkämpfenden KPF-Funktionärs, sondern die nüchterne Feststellung einer kämpferischen Übertreibungen gewiß unverdächtigen Organisation wie der OECD im Jahre 1976. Die 20 Prozent der Haushalte mit den höchsten Einkünften kassieren 47,1 Prozent der Gesamteinkommen in Frankreich (Vergleichszahlen: Bundesrepublik 46,3 Prozent, Spanien 45 Prozent, USA 42,1 Prozent, Großbritannien 39,3 Prozent, Niederlande 36,3 Prozent und Schweden 35 Prozent). Andererseits verfügen die 20 Prozent der Haushalte mit den niedrigsten Einkünften nur über 4,2 Prozent der Gesamteinkünfte (4,2 Prozent in Spanien,

4,9 Prozent in USA, 6,1 Prozent in Großbritannien, 6,5 Prozent in der Bundesrepublik, 7,3 Prozent in Schweden und 9,1 Prozent in den Niederlanden).

Anders ausgedrückt: Das Fünftel der Bevölkerung mit hohem Einkommen verfügt in Frankreich über 11,2mal soviel Einnahmen wie das Fünftel mit dem niedrigsten Einkommen (in Spanien 10,7mal, USA 8,6mal, Bundesrepublik 7,1mal, Großbritannien 6,4mal, Schweden 4,8mal, Niederlande 4mal). Mithin sind also in Frankreich die Einkommensunterschiede fast dreimal so groß wie in den Niederlanden und sogar größer als in Spanien.

Dies ist vor Abzug der Steuern gerechnet. Werden diese berücksichtigt, verschärft sich das Bild eher noch. Zwar ist in Frankreich, wie anderswo auch, kaum etwas so populär wie die Klage über zu hohe Steuern – begründet ist sie dort jedoch weitaus weniger. Nur 28 Prozent seiner Einnahmen kassiert der Staat direkt von den Lohn- und Gehaltskonten seiner Bürger (in der Bundesrepublik immerhin rund 46 Prozent). Zur Kasse bittet der französische Fiskus vor allem durch die indirekten Verbrauchssteuern: 60 Prozent seiner Einnahmen (Bundesrepublik: 46 Prozent) schöpft er aus dieser Quelle. Und diese indirekte Steuerlast bekommen die niedrigen Einkommen, die den größten Teil der Familienbudgets für den Konsum ausgeben müssen, ungleich stärker zu spüren als die Großverdiener.

Wer besser verdient, ist darüber hinaus bei der Einkommensteuer mit wesentlich geringeren Prozentsätzen belastet als etwa in der Bundesrepublik – wenn er überhaupt Steuern zahlt. Die Möglichkeiten, Steuern zu hinterziehen, sind nicht nur zahlreich, sie werden auch kräftig genutzt. Staatliche Stellen schätzen, daß jährlich zwischen 10 und 30 Prozent des gesamten Steueraufkommens auf diese Weise verlorengehen; sie bleiben in den Taschen, die ohnehin voller sind als andere. In der Bundesrepublik schätzt der Bund Deutscher Steuerzahler diesen Verlust auf 2 Prozent. Das französische Steuersystem funktioniert noch viel besser nach dem Motto „Je mehr man verdient, desto mehr setzt man ab."

Eine allgemeine Vermögenssteuer gibt es nicht. Damit ist über die Verteilung des Vermögens noch weniger bekannt als etwa in der Bundesrepublik. Immerhin schätzt das „Institut National de Statistique et d'Etudes Economiques" (INSEE), daß die Ungleichheit bei der Verteilung des Besitzstandes noch einmal doppelt so groß ist wie bei den Einkommen. Und dabei waren die ganz großen Vermögen noch nicht einmal erfaßt.

„Wir sind ein Land der Kasten. Übersteigerte Einkommensunterschiede und eine unzureichende gesellschaftliche Mobilität halten zwischen den sozialen Gruppen anachronistische Mauern aufrecht. Wir leben in einer zementierten Gesellschaft. Archaische Sozialstrukturen stehen dem wirtschaftlichen Fortschritt ebenso im Wege wie der schlecht funktionierende Staat. Unser ungerechtes Steuersystem wird durch den Steuerbetrug verfälscht", so 1969 die Regierungserklärung des gaullistischen Premierministers Jacques Chaban-Delmas, der dann selber in eine Steueraffäre hineinschlitterte.

Daß Lohnkämpfe unter diesen Umständen andere Dimensionen annehmen können, als wir sie in der Bundesrepublik kennen, liegt auf der Hand. Die schlichte Notwendigkeit, zuerst die materielle Lage ihrer Mitglieder zu verbessern, steckt mindestens so stark hinter der Zurückhaltung, mit der französische Gewerkschaften allen Formen der Mitbestimmung und Gewinnbeteiligung gegenüberstehen wie ideologische Vorbehalte.

Die Tradition der politisch-ideologisch geprägten Gewerkschaften, ihre strukturelle Schwäche durch Zersplitterung, geringer Organisationsgrad und chronische Finanzknappheit geben den Arbeitskämpfen ein anderes Gesicht. Man streikt häufig in Frankreich − jedenfalls verglichen mit der Bundesrepublik −, aber man streikt selten sehr lange und selten sehr einmütig. Der Streik ist weniger das letzte Kampfmittel zur Durchsetzung bestimmter Forderungen nach einer langen Periode zäher Verhandlungen, sondern eher Warnschuß und Positionsbeschreibung vor der Aufnahme von Gesprächen.

Natürlich hat Frankreich mit den gleichen wirtschaftlichen Krisenerscheinungen zu kämpfen wie andere westliche Industriestaaten Mitte der siebziger Jahre auch. Preissteigerungsraten von 10 bis 15 Prozent in den letzten Jahren, eine Arbeitslosenquote von rund 7 Prozent sind globale Indikatoren. Nicht anders als anderswo sind von der Arbeitslosigkeit Frauen und Jugendliche besonders betroffen. Etwa eine halbe Million, das sind 48 Prozent der Arbeitslosen, sind junge Leute unter 25 Jahren. Der Sockel der Arbeitslosigkeit aus Arbeitskräften, die schon seit mehr als drei Jahren eine Beschäftigung suchen, ist mit 46 Prozent sehr hoch. Die Arbeitslosenunterstützung ist kompliziert und ungleich geregelt.

Vor solchem Hintergrund wundert es nicht, daß ein möglichst starkes wirtschaftliches Wachstum zu den Forderungen jeder politischen Couleur gehört. Hier scheint die öffentliche Diskussion (noch?) nicht so weit zu sein wie in der Bundesrepublik; aber die großen politischen Themen Ende der siebziger Jahre sind in beiden Ländern die gleichen.

Die Kosten der sozialen Sicherheit, vor allem des Gesundheitswesens, stehen zur Debatte: Frankreich gibt 5,7 Prozent des Volkseinkommens für das Gesundheitswesen aus, gegenüber 7,3 Prozent in der Bundesrepublik (1973).

Welche Umwelt hat sich der Mensch in den letzten Jahrzehnten geschaffen, und wie muß sie aussehen, damit Kinder und Enkelkinder sich wohl fühlen können: Erstmals formierte sich bei den letzten Kommunalwahlen in Paris eine regelrechte Umweltschutzpartei („écologistes"), die durch ihre Resonanz in der Öffentlichkeit die etablierten Parteien zwang, sich dieses Themas anzunehmen.

Wieweit soll und kann der einzelne an den Entscheidungen mitwirken, die seinen Lebensraum und Lebensweg noch unmittelbarer betreffen als die nationale Politik, an der Gestaltung seines Arbeitsplatzes und am Schicksal seines Betriebes? Mitbestimmung im Betrieb wird in Frankreich eher kleingeschrieben.

Das Problem des verwalteten Bürgers, dessen Lebensraum zunehmend von anonym bleibenden Mächten in Wirtschaft und Verwaltung gestaltet wird, steht hier wie dort zur Debatte. In Frankreich sogar noch faßbarer, weil die Bürokratie durch die traditionelle Zentralisierung zusätzlich gestärkt wird.

Die Möglichkeiten kommunaler Selbstverwaltung, durch die Jahrhunderte von der Zentralgewalt kleingehalten, sind mit denen deutscher Gemeinden nicht zu vergleichen. Etwas selbst zu planen, sich darüber auseinanderzusetzen und dann selbst zu entscheiden, ist eine weitgehend unbekannte Form kommunaler Politik. Wo welche Schule gebaut, wann und in welchen Abschnitten ein Abwassersystem erneuert werden soll, darüber hat nicht der Gemeinderat, sondern das Ministerium in Paris das letzte Wort.

Damit gehen Einfluß und Pression vor Beteiligung und Verantwortung. Das wichtigste ist, einen guten Mann zu haben, der die Geschäfte der Gemeinde in der Hauptstadt besorgt. Dieser gute Mann soll der Abgeordnete in der Nationalversammlung oder im Senat sein. Es gibt wenige Abgeordnete, die nicht zugleich Bürgermeister einer Gemeinde sind – sei sie so groß wie Bordeaux oder Marseille, die seit Jahrzehnten ihre Bürgermeister Jacques Chaban-Delmas und Gaston Defferre in das Palais Bourbon schicken, oder so winzig wie Château-Chinon, wo François Mitterrand noch heute an den Wochenenden die Schärpe des Bürgermeisters anlegt.

Das Bildungswesen in den Stand zu setzen, daß es quantitativ und qualitativ modernen Anforderungen gerecht wird, ist seit dem Mai 1968 ein ständiges Bemühen. Auf französische Schüler und Eltern sind in den letzten zehn Jahren nicht weniger Reformen, Umstellungen, Neuorientierungen zugekommen als auf Eltern und Schüler in allen deutschen Bundesländern. Struktur und Geschichte der beiden Bildungssysteme sind zu unterschiedlich, als daß auf ähnliche Probleme gleiche Antworten gefunden werden könnten. Dennoch ist es kaum verständlich, wie wenig die Geschichte, die Organisation und die Inhalte des französischen Bildungssystems in Deutschland bekanntgemacht werden.

Erstaunlich, daß so unterschiedliche Systeme so ähnliche Probleme hervorbringen: In Frankreich besuchen mehr als 90 Prozent der Kinder eine Vorschule; die ersten fünf Schuljahre sind als Gesamtschule organisiert; die Hochschulreife wird schon nach zwölf Schuljahren erworben; einen formellen Numerus clausus gibt es nicht. Doch das Bildungssystem ist nicht sozialer, nicht durchlässiger für den einzelnen wie für die Gesamtheit, nicht leistungsfähiger als das westdeutsche. Im Prinzip ist die formale Gleichheit aller, durch das System der „Concours" im Bildungssystem bis in die letzte Konsequenz verwirklicht und durchgehalten, weit rigoroser als in der Bundesrepublik. Tatsächlich jedoch gibt dieses Prinzip denen die besseren Chancen, deren Bildungsgut und Sozialisation den inhaltlichen Anforderungen in Schule und Hochschule besser entsprechen. Angesichts des besonderen Werts, der auf Ausdruck, literarische Bildung, Form im französischen Erziehungssystem gelegt wird, sind das allemal die bürgerlichen Schichten.

Für den deutschen Studenten, der die Gelegenheit hat, für ein oder zwei Semester an einer französischen Hochschule zu verbringen, sei es nun eine Universität oder, selten genug, eine „Grande Ecole", ist das immer wieder eine „expérience chocante". Gewöhnt, sich über eine zunehmende Reglementierung, ja „Verschulung" des Studiums in Deutschland zu beklagen, entdeckt er, daß an deutschen Hochschulen, gemessen am französischen Lehr- und Lernbetrieb, eine geradezu anarchische Freiheit herrscht. Was er sich dort an reinem Faktenwissen für rigoros durchgeführte Prüfungen, Leistungsbescheinigungen, „Versetzungen" einpauken muß, hätte ihn hier längst in die Revolte oder in die Resignation getrieben. Sein französischer Kommilitone wird Mühe haben, ihm deutlich zu machen, daß das französische Lern-, Prüfungs- und Rangordnungssystem von der Vorschule bis zur Hochschule sich in den letzten zehn Jahren erheblich liberalisiert hat und daß das vor 1968 alles noch viel strenger gehandhabt wurde. Dennoch erwarten ihn die gleichen Berufs- und Arbeitsfindungsprobleme wie seinen deutschen Kommilitonen.

Das Land, das diese Entwicklung genommen hat, wird seit fast zwanzig Jahren von der gleichen gaullistisch-liberal-konservativen Mehrheit regiert. Seit der Großen Revolution hat es stabile Mehrheitsverhältnisse über einen so langen Zeitraum nicht gegeben. Gibt es ein bürgerlich-gaullistisches „Lager" auf der einen Seite, eher älter, bewahrender, weiblicher und gerade stark genug, um den konservativ-liberalen Valéry Giscard d'Estaing 1974 mit einer knappen, äußerst knappen Mehrheit von 400000 Stimmen zum Präsidenten der Republik zu wählen, das sich gegen jede Reform sträubt und bei der Lösung aller wichtigen sozialen, ökonomischen und politischen Probleme versagt? Steht dem auf der anderen Seite ein kommunistisch-sozialistisches „Lager" gegenüber, das, jünger, aktiver, männlicher bei der letzten Präsidentschaftswahl für François Mitterrand gestimmt hat und nun auf die nächste Gelegenheit wartet, um ein Frankreich zu regieren und zu gestalten, das von dem heutigen ganz verschieden wäre? Müßte Cäsar, wenn er heute schriebe, Gallien zweigeteilt statt dreigeteilt beschreiben?

Die 1962 eingeführte direkte Wahl des Staatspräsidenten durch das Volk hat die zersplitterten politischen Kräfte, die zerfaserten und zerstrittenen politischen Parteien, gezwungen, sich neu zu formieren und zu konzentrieren. Wer Frankreich deshalb zweigeteilt sieht, könnte das von den Vereinigten Staaten von Amerika ebenso behaupten, aber auch von Großbritannien und von der Bundesrepublik Deutschland.

An den Wahlen zur Nationalversammlung 1956 hatten sich 28 politische Gruppierungen beteiligt, davon neun große Formationen. Von ihnen blieb bis 1976 kaum ein Stein auf dem anderen.

Die zahlreichen rechten Parteien und Gruppierungen gingen im Sog der gaullistischen Bewegung unter, die ihrerseits jeden ihrer Schritte von der Gefolgschaft des großen Generals zur Partei der kleinen Konservativen mit einer Änderung ihres Namens begleitete. Inzwischen ähnelt das „Rassemblement pour la République" (RPR) des Pariser Bürgermeisters und ehemaligen Premierministers Jacques Chirac nicht nur dem Namen nach jenem „Rassemblement du Peuple Français" (RPF), mit dem Charles de Gaulle Ende der vierziger Jahre, die Woge des Antikommunismus nutzend – vergeblich –, an die Macht zurückkehren wollte. Neben den Gaullisten leistet sich die großbürgerliche Spielart des Konservativismus in Frankreich eine eigene Formation, den Gaullisten nach dem Motto „Wasch mir den Pelz, aber mach mich nicht naß!" in einer Politik des „ja – aber" verbunden: die „Unabhängigen Republikaner" des heutigen Staatspräsidenten Valéry Giscard d'Estaing.

Frankreichs Christliche Demokraten, als Volksrepublikaner eine Führungspartei der IV. Republik, ebenso europäisch wie kolonialistisch, ursprünglich stärker sozial und weniger klerikal orientiert als ihr deutsches Pendant, wurden im Geschiebe der Blockbildungen Anfang der sechziger Jahre aufgerieben. Ihre Reste sind heute im rechtsliberal orientierten „Demokratischen Zentrum" Jean Lecanuets aufbewahrt.

Der Liberalismus, wie andernorts auch in Frankreich an Spaltungen gewöhnt, teilte sein politisches Leitfossil, die traditionsreiche Radikalsozialistische Partei, ein weiteres Mal. Die Rechtsliberalen um Jean-Jacques Servan-Schreiber halten nach einigen Irrungen das Firmenschild „Reformer" für die am wenigsten irreführende Beschreibung einer politischen Position, nach der die heutige Regierungsmehrheit schon die richtige ist und das Richtige tut – nur eben leider mit dem falschen Etikett. Die Linksliberalen um Robert Fabre sehen als „Radicaux de Gauche" ihre politische Heimat im Bündnis der Linken, in dem sie vor allem die Sorge haben, daß es eine sozialistische Politik machen könnte.

Haben die rechtsliberalen Splitter den Wunsch, jenes unverzichtbare Gewicht in die Waagschale zu legen, ohne das die Rechte nicht Regierungsmehrheit bleiben oder werden kann, so hegen die linksliberalen Späne in der „Vereinigten Linken" die gleiche Hoffnung für die Linke.

Die sozialistisch-sozialdemokratische Bewegung schließlich, deren verbaler Revolutionarismus in der Vergangenheit nur noch von ihrem praktischen Reformismus übertroffen wurde, wirtschaftete sich an ihren Widersprüchen zwischen dem, was sie tun wollte, und dem, was sie tat, zugrunde. Schließlich erstickte sie an der Verkrustung ihrer innerparteilichen Strukturen und am Immobilismus ihrer Führer. Als die Wähler bei der Präsidentschaftswahl 1969 dem sozialistischen Kandidaten Gaston Defferre mit nur 5 Prozent der Stimmen jenes Zeichen gaben, das in der Politik zum Verlassen des Spielfeldes auffordert, war das Ende der ehrwürdigen „Section Française de L'Internationale Ouvrière", der Partei eines Jean Jaurès und Léon Blum, gekommen.

Die „Sozialistische Partei", 1969 gegründet, ist denn auch mehr als nur eine Fortsetzung der alten SFIO unter neuer Flagge. Gestützt auf die alte Organisation zwar, aber erweitert und aufgefrischt durch die Mitglieder jener zahlreichen linksliberalen und sozialistischen Vereinigungen („Clubs"), die sich in den sechziger Jahren neben und gegen die etablierten Linksparteien gebildet hatten, und, integriert von einem gegenwärtig so unumstrittenen wie unersetzbaren Führer wie François Mitterrand, ist sie in kurzer Zeit zu einer hinreichend modernen, kräftig intellektualisierten und leicht bourgeoisierten Partei geworden, deren Attraktivität bislang von Jahr zu Jahr zugenommen hat.

Die Kommunistische Partei Frankreichs, in diesem verwirrenden Spiel neu auftauchender und wieder verschwindender Organisationen und Kombinationen mit einem guten Fünftel der Wählerstimmen seit 1947 die einzige Konstante, ist auch die einzige politische Kraft, die heute noch den gleichen Namen trägt wie vor zwanzig oder dreißig Jahren. Ob das aber noch die gleiche Partei ist, wird seit dem Zustrom an Neumitgliedern und seit dem 22. Parteitag 1976 von vielen außerhalb und von manchen innerhalb der KPF bezweifelt.

Das Linksbündnis ist eine Koalition. Es hat Gemeinsamkeiten und es will Gemeinsames. Sein weitgespannter Bogen von den sich langsam wandelnden Kommunisten über die neue Sozialistische Partei zu den alten linksliberalen Splittern der Radikalsozialisten umgreift aber ein Meinungs- und Wählerspektrum, das alles andere als homogen, geschlossen und eindeutig in seinen Wünschen, Erwartungen und Befürchtungen ist. So bleibt es nicht nur fraglich, ob es 1978 das Gemeinsame Regierungsprogramm von 1972 fortschreiben kann, sondern auch, ob es eine gemeinsame Politik fortsetzen will. Auf der anderen, der rechten Seite geht der Streit zwischen dem Staatspräsidenten Giscard d'Estaing und dem Gaullistenführer Chirac nicht bloß darum, wer das bürgerliche Lager in und durch die nächsten Wahlauseinandersetzungen führt, sondern auch um Ziele und Inhalte der Politik im konservativ-liberalen Lager.

Zwar wird eine Regierung aus Radikalsozialisten, Sozialisten und Kommunisten, wenn Wähler und Parteiführungen eine solche wollen, härter mit dem Vorherigen brechen, als es bei Regierungswechseln in Frankreich bislang und in anderen westlichen Demokratien allgemein üblich war. Die Probleme werden aber weniger in der Radikalität des Wechsels als in der Weise liegen, mit der die neue Mehrheit mit den Konsequenzen fertig wird, die die Franzosen daraus ziehen werden, daß sie von einer neuen Mehrheit regiert werden.

Wie würde der Verfassungskonflikt ausgehen, der, anscheinend unausweichlich, entstünde, wenn eine sozialistisch-kommunistische Parlamentsmehrheit einem konservativ-liberalen Staatspräsidenten gegenübersteht, und beide sich daraus legitimieren, daß sie vom Volk direkt gewählt wurden? Führte das zur Auflösung einer frisch gewählten Nationalversammlung?

Der Staatspräsident könnte verfassungsrechtlich dazu greifen, aber das hätte verfassungspolitisch den Charakter eines Staatsstreichs. Oder überläßt der Staatspräsident die Politik ganz dem Premierminister und beschränkt sich selbst auf rein repräsentative Funktionen? Das wäre die politische und persönliche Resignation dessen, der 1974 von einer wenn auch knappen Mehrheit der Franzosen für sieben Jahre als politischer Führer gewählt wurde.

Wie würde die neue Mehrheit mit der zu erwartenden Kapitalflucht fertig, mit der Investitionsverweigerung? Könnte es ihr gelingen, eine kohärente Politik nicht nur zu konzipieren, sondern auch durchzuhalten, wenn sich in der Praxis herausstellt, daß den einen alles schon zuviel und den andern alles noch zu wenig ist, was an Reformen realisiert wird? Hätten die Franzosen akzeptiert, was sie mehrheitlich gewollt haben? Wird andererseits die erneut siegreiche Regierungskoalition in der Lage sein, den Wechsel auf Reformen einzulösen, den Giscard d'Estaing bei seiner Wahl 1974 ausgestellt hat? Oder kommt es nach der Wahl zu neuen Bündnissen und Kombinationen, die den Wähler, wie schon in der Zeit der IV. Republik, nicht mehr erkennen lassen, was er gewollt hat?

Von den Antworten, die auf solche Fragen gefunden werden, kann es abhängen, ob es in den nächsten Jahren zu einer der politischen und sozialen Eruptionen kommt, die Frankreich in den letzten zweihundert Jahren häufiger als jedes andere europäische Land erschüttert haben. Diese Geschichte ist aber zugleich auch der Beweis dafür, daß Frankreich es auch – vielleicht besser als andere – gelernt hat, mit Gegensätzen, ja mit Extremen zu leben.

Was sich an ökonomischen und sozialen Brüchen und Entwicklungen seit der Großen Revolution vollzog, fand den Nationalstaat immer schon als Hülle vor und brauchte ihn nicht erst zu schaffen. Frankreichs nationale Identität ist seit Jahrhunderten unumstritten. Es ist das Land Europas mit der längsten nationalstaatlichen Kontinuität. Die feudalistischen Zersplitterungen des Mittelalters wurden früher als anderswo überwunden. Das Schwert spielte dabei keine geringere Rolle als die dynastische Heiratspolitik. Verwirklicht in der absolutistischen Monarchie Ludwigs XIV., demokratisiert und nationalisiert durch die Große Revolution, rationalisiert und glorifiziert von Napoleon und seiner Verwaltung, schließlich restauriert und zugleich modernisiert von Charles de Gaulle und seinen Anhängern und akzeptiert und verteidigt auch von den Kommunisten – „la France" hat Wert und Anziehungskraft behalten. In keinem Land Kontinentaleuropas scheinen Geschichte und Tradition nachhaltiger zu wirken, die Grundanschauungen über Volk, Staat und Regime tiefer zu wurzeln als in Frankreich. In der aktuellen Politik führt die leidenschaftliche Orientierung an historischen Ereignissen immer wieder zu „scheinbar unwiderlegbaren Warnungen und Weisungen" (Henry Ehrmann).

Verhaltensweisen, Denkkategorien und Wertvorstellungen als Ergebnisse gemeinsamer geschichtlicher Erfahrungen, gemeinsamen kulturellen und zivilisatorischen Erbes und gleichorientierter Erziehung in Schule und Elternhaus haben sich in den politischen Gruppierungen, in Verfassung und Staat, in Wirtschaft und Außenpolitik eines Volkes niedergeschlagen, von dem die Beobachter sagen, daß das Frankreich des zwanzigsten Jahrhunderts dem des vergangenen gleiche (Raymond Aron) und daß man es heute noch in den Porträts wiedererkennt, die vor zwei Jahrtausenden von ihm gemacht wurden (Alexis de Tocqueville).

Nicht Rasse oder Sprache haben die Zugehörigkeit zu dieser Nation bestimmt. Franzose ist, wer sich zu Frankreich und das heißt zu den Prinzipien von 1789 bekennt: „Die Nation ist ein tägliches Plebiszit" (Ernest Renan), das „Produkt einer moralischen Entscheidung, nicht eine Sache der Identität des Idioms" (Carlo Schmid). Die Franzosen haben ein ungebrochenes Nationalbewußtsein. Das Gefühl, einer Nation anzugehören, und die Überzeugung, daß sie als kulturell-politische Einheit in der Welt zu handeln und zu spielen hat, sind beherrschende Züge des französischen politischen Lebens − nicht erst durch und seit de .Gaulle.

Weniger die politischen Institutionen, die sie sich im Laufe des 19. und 20. Jahrhunderts gegeben haben, als die großen Augenblicke ihrer Geschichte sind die Orientierungsmarken für die nationale Identität. Je nach politischer Zugehörigkeit und Mentalität gilt die Zeit der Jakobinerherrschaft oder des Konsulats, der Revolution von 1848 oder der Kommune von 1871, der Sieg im Ersten Weltkrieg von 1918, die Volksfrontregierung von 1936, die Widerstandsbewegungen 1940/44 als Bezugspunkt, auch wenn die Große Revolution mit ihren Forderungen nach Recht und Menschenwürde, nach „Freiheit, Gleichheit, Brüderlichkeit", das zentrale Ereignis bleibt.

Der Staat wird nur in Ausnahmefällen, häufig auch nur nach außen, mit „la France" identifiziert. Als konkrete Erscheinung, die in das Leben des einzelnen eingreift und es bestimmt, ist er seit 1789 Gegenstand der Auseinandersetzungen geblieben. Als Inhaberin der politischen Gewalt im Staate begegnet man besonders der Regierung von vornherein mit Mißtrauen. Gleich, ob monarchischen, autoritären oder demokratischen Ursprungs, ist sie eine schädliche und korrupte Macht, die auf ständige Übergriffe aus ist.

Das Individuum, das der große Historiker und Soziologe André Siegfried einmal als „Grundlage der französischen Kultur" bezeichnet hat, steht von Natur aus in Opposition zur staatlichen Macht. „Le Français est Frondeur …", das sagen die Franzosen nicht ohne augenzwinkernden Stolz von sich selbst. Ein existentielles Mißtrauen gegen den Staat und die Politiker in Paris hat Frankreich sicher schon um manche notwendige Reform gebracht. Der bewußt kultivierte Individualismus hat sich als wirksamer Schutz gegen den Mißbrauch politischer Macht erwiesen als noch so ausgeklügelte Institutionen. Gewohnt, sich bestenfalls darin einig zu sein, daß man über alles uneinig ist, haben die Franzosen die Grenzen der Toleranz weiter als anderswo hinausgeschoben gegenüber dem, was noch zumutbar ist, ohne den Grundkonsens über Staat und Gesellschaft zu zerstören.

Neigen dagegen nicht die Deutschen eher dazu, sich darin uneinig zu sein, welcher Einigkeit sich alle anzuschließen haben, weil wir noch immer auf der Suche nach unserer Identität sind? Daß Deutschland und die Deutschen keine Identität haben, daß sie sie verloren, vielleicht sogar nie besessen haben, gehört für die Franzosen, und übrigens nicht nur für sie, zum Rätselhaften, zum Bedrohlichen in unserer Geschichte und Gegenwart.

Geschichte – keine Geschichten

Mißbilligung, ja Empörung ist die Reaktion der französischen Öffentlichkeit auf diese oder jene „deutlichen" Worte aus der Bundeshauptstadt. „Europa braucht keinen deutschen Doktor" revanchiert sich dann der französische Staatspräsident in der deutschen Presse. Kein Zweifel, die französischen Medien reagieren empfindlicher als die deutschen auf vergleichsweise harmlose „Einmischungen". Mißtrauisch und sarkastisch wird registriert, wenn Deutsche, Firmen oder Privatleute, Grundstücke erwerben und wenn dies – ausgerechnet – im Elsaß oder in Lothringen geschieht. Unsicherheit, ja Furcht, scheinen das Urteil über die Wirtschaftskraft der Bundesrepublik zu bestimmen. In der Bewunderung für ihre Dynamik nistet der Argwohn.

Ist das Mißgunst gegenüber einem „tüchtigeren" Nachbarn? Richtet sich das nur gegen die überlegene Wirtschaftskraft eines Konkurrenten? Sind das gar nationaler Trotz und Hochmut? Oder verbirgt sich unter einem durchsichtigen Mantel der Sorge, daß die deutsche Vergangenheit auch die deutsche Zukunft sein könnte, lediglich der gewöhnliche Hang der einschlägigen Presse zur Sensation? Im Einzelfall sicher auch das, aber wer kann übersehen, daß solche Reaktionen aus einer langen Geschichte kommen? Deutschland und Frankreich – das ist eine lange Geschichte, die noch lange nicht bloß Geschichte ist.

Vor noch nicht allzu vielen Jahren konnte man in Frankreich Menschen treffen, die in ihrem Leben drei deutsche Invasionen ertragen hatten: 1870/71, 1914/18, 1940/44. Natürlich wird den Kriegerdenkmälern, die durch ihre oft unglaubliche Häßlichkeit eher abschrecken, höchstens noch ein Blick, kaum ein Gedanke gewidmet. Der Erinnerungsrummel der „anciens combattants", der von 14/18 wie der von 40/45, geht heute im Straßenlärm unter. Als Giscard d'Estaing die Feierlichkeiten zum Jahrestag der deutschen Kapitulation abschaffte, war die Reaktion darauf eher aus den Rivalitätskämpfen in der Regierungsmehrheit zu erklären als aus dem inneren Engagement für einen ritualisiert-pompösen Paradezug auf den Champs-Elysées.

Natürlich, was bei den Großvätern und Urgroßvätern einmal als „Erbfeind-schaft" zwischen Franzosen und Deutschen stand, ruft bei den Jüngeren höch-stens noch ungläubig-staunendes Kopfschütteln hervor. Hier wie dort ist sie längst als das entlarvt, was sie immer war: als Ideologie, als falsches Bewußtsein. In der Geschichte hat es durch die Jahrhunderte bis 1870/71 keinen Konflikt gegeben, der „in der Natur der Sache" oder „in der Natur der beiden Völker" gelegen hätte, trotz aller Mißverständnisse und Verkrampfungen, trotz aller sich gegenseitig aufladenden Vorurteile. Die Fundamente, auf denen die Ideologie der „Erbfeindschaft" hüben wie drüben ihre Funktion erfüllen sollte – drüben als Stimulans des Irredentismus nach 1870/71, vor allem aber hüben, wo sie als Ferment der Reichseinheit gebraucht wurde – sind unter den Trümmern der materiellen und geistigen Werte begraben worden, auf denen sich 1945 Deut-sche und Franzosen gleichermaßen neu zurechtfinden mußten.

Dennoch ist das nicht so einfach, wie manch junger Deutscher – aber auch man-cher von den älteren – es sich machen möchte, für den das alles auf den Müll-haufen der Geschichte gehört, auf dem man bei dieser Gelegenheit so nebenbei auch ganz gern die unakzeptierte und unreflektierte Vergangenheit des eigenen Volkes los werden möchte. Das Verhältnis der Franzosen zu ihrer Geschichte und damit auch zu ihrer Nation, ist ein anderes als das deutsche. Es ist enger, emotionaler, vor allem aber selbstbewußter. Weil das so ist und weil die Franzosen deshalb auch uns Deutsche nie bloß aus der Zeit seit 1945 sehen kön-nen – auch die nicht, die erst danach geboren wurden –, bleibt die Freundschaft der beiden Völker in Europa immer noch eine nie ganz ungefährdete, immer ein bißchen zerbrechliche und schutzbedürftige Angelegenheit.

Im Leben der Völker gibt es keinen absoluten Neubeginn. Niemand kann aus seiner Geschichte aussteigen. Wer dazu rät, verrät manipulatorische Absichten. Deswegen blicken wir auf die Geschichte der deutsch-französischen Beziehun-gen, auf die jüngste Geschichte zumal und wenigstens auf ihre Grundzüge, und deswegen lernen wir aus ihr, wie trotz aller Hemmnisse, Rückschläge und Miß-verständnisse nicht bloß vieles erreicht, nicht nur einiges gemeinsam getan, son-dern auch manche Gemeinsamkeiten geschaffen wurden.

Wenn zwischen Deutschland und Frankreich 1945 keineswegs alles neu ange-fangen hat, so ist doch auch nicht nur fortgesetzt worden, was vorher schon be-gonnen hatte. Beide Völker fanden sich nach dem Alptraum des Krieges und der Naziherrschaft in einer Welt wieder, die sich radikal verändert hatte. Deutschland, geschlagen, zerstört, geteilt, hatte als Nationalstaat zu existieren aufgehört, nachdem es der großen Kontinentalmacht im Osten den Weg nach Mitteleuropa geöffnet hatte. Frankreich, dank de Gaulle militärisch und mora-lisch zwar auf der Seite der Siegermächte, aber mit der unverarbeiteten Nieder-lage von 1940 und mit dem Kollaborationsregime von Vichy belastet, war als Großmacht entthront, hatte an politischem, militärischem und ökonomischem Gewicht auf dem europäischen Kontinent verloren und war darüber hinaus schon von 1946 an bis 1962 in die blutigen Auseinandersetzungen der Entkolonialisierung verstrickt. Beide, Deutsche wie Franzosen, hatten ihre selbstbestimmende Rolle in der Weltpolitik und in der Europapolitik ausgespielt.

Das war die Lage. Das war nicht die Erkenntnis. Zumindest in Frankreich nicht, das als eine der fünf ständigen Mitglieder im Sicherheitsrat der Vereinten Nationen und als Führungsmacht eines weltumspannenden Kolonialreiches die Fiktion aufrechterhalten konnte, es sei eine Großmacht geblieben, deren Ansichten und Ansprüche nicht nur gleichberechtigt und gleichgewichtig in die Debatten um die Zukunft Deutschlands und Europas einzufließen, sondern diese sogar zu bestimmen hätten.

Kein Zweifel, daß Frankreich deshalb vor dreißig Jahren sein Verhältnis zu Deutschland zunächst mit traditionellen Mitteln und im Blick auf traditionelle Ziele zu gestalten gedachte. Dies traditionelle Ziel war zuerst und vor allem anderen Sicherheit, und zwar Sicherheit total: militärisch, ökonomisch, politisch. Umfangreiche Reparationen, lange Besatzung, internationale Kontrolle, territoriale Abtrennungen im Westen wie im Osten waren die Mittel, mit denen dieses Ziel erreicht werden sollte. Vor allem aber durch eines: niemals wieder ein Deutsches Reich. Ein loser Bund aus möglichst vielen Einzelstaaten, das war, was Frankreich zwischen 1945 und 1948 in Deutschland durchsetzen wollte. Diese Politik war auf Sand gebaut. Sie deckte sich weder mit den Interessen der Sowjetunion noch mit denen der Vereinigten Staaten.

Das selber hilfsbedürftige und von den Großen abhängige Frankreich träumte von einer Position der Vermittlung und des Ausgleichs zwischen der sowjetischen und amerikanischen Politik, die es ihm zugleich erlauben würde, gleichsam als Provision, die für Frankreich jeweils interessantesten Stücke aus dem Konzept der einen oder der anderen Supermacht herausschneiden zu können. Das mit traditionellen Begriffen, Methoden und Zielen befrachtete Schiff der französischen Außenpolitik zerschellte an den Blöcken, die die Vereinigten Staaten und die Sowjetunion um sich herum aufbauten. Französische Sonderwünsche kümmerten sie wenig. Beide trachteten im Osten und im Westen Deutschlands danach, ihre jeweils eigenen Vorstellungen zu verwirklichen. Die Deutschlandpolitik der ersten französischen Nachkriegsregierungen war 1948 gescheitert. Mehr noch: Die Auseinandersetzungen zwischen Ost und West, der kalte Krieg, die Spaltung Deutschlands und Europas in ein Lager unter sowjetischer und eines unter amerikanischer Führung: All das deckte jene französischen Wünsche und Pläne zu, die aus dem Anspruch gewachsen waren, eine selbstbestimmende Macht in Europa zu bleiben und Frankreichs nationale Geltung in der Welt auf der Grundlage seiner Kolonien und Protektorate zu erhalten.

Die Deutschen hatten es im Grunde leichter, auch wenn sie, was die Gebiete östlich von Oder und Neiße und die Wiedervereinigung anlangt, noch viele

Jahre ihre eigenen Fiktionen nährten. Die Bundesrepublik konnte nach 1945 nichts mehr verlieren, weil sie nichts besaß, weder Kolonien noch Einfluß, noch Souveränität. Frankreich aber mußte das alles noch mehr oder weniger freiwillig aufgeben oder einschränken. Den Deutschen in ihrer Mehrheit erschien jeder Fortschritt in der europäischen Einigung, in der Atlantischen Allianz als Gewinn, den Franzosen dagegen als vielleicht unvermeidlicher, aber deshalb nicht weniger schmerzlicher Verlust. Wir sollten das nicht vergessen, wenn der französische Partner in der Nachkriegsgeschichte, vor allem in der Europapolitik, zu zögernd, zu egoistisch, zu nationalistisch zu handeln scheint.

Wer die Leistungen der Franzosen in dem Prozeß, der „Versöhnung" genannt wird, messen und beurteilen will, sollte das immer klar vor Augen haben: Die Franzosen hatten nicht nur den Krieg, die Besatzung, die Zerstörungen zu verarbeiten. Sie mußten es mühsam und schmerzlich auf sich nehmen, zum geschlagenen Gegner eine Stufe hinabzusteigen. Für die Franzosen war noch viele Jahre nach 1945 die Entwicklung in der Welt, in Europa und auch im Verhältnis zu Deutschland mit Niedergang, Einflußverlust und Statusminderung verbunden.

Innerhalb von acht Jahren, von 1956 bis 1964, entwickelte sich die öffentliche Meinung über den Nachbarn östlich des Rheins ganz sensationell positiv. Die Franzosen sahen plötzlich in Deutschland noch vor Großbritannien und den Vereinigten Staaten ihren „besten Freund". Aber so viel ist auch klar: Damit ist immer das geteilte Deutschland mit seinem westlichen Teil gemeint.

Und diesseits des Rheins? Da blicken 40 Prozent (1975) über den Atlantik, wenn man nach dem besten Freund fragt, und nur 15 Prozent auf Frankreich. Solche Meinungsbefragungen sollen gewiß nicht überbewertet werden, aber weisen sie nicht auf die Quelle mancher französischer Enttäuschungen und sind sie nicht Ausdruck manchen deutschen Mißverständnisses?

Mißverständnisse und Enttäuschungen, Kräche und Krisen hat es seit 1945 zwischen beiden Ländern immer wieder gegeben. Die deutsch-französischen Beziehungen in den fünfziger Jahren erscheinen nur aus der Perspektive nostalgischer Rückschau schattenlos. Die schwere Krise, die die Ablehnung der Europäischen Verteidigungsgemeinschaft 1954 zwischen Paris und Bonn hervorrief, die Auseinandersetzungen um das Saargebiet bis zur Volksabstimmung 1955 und der Rückkehr des Saarlandes zum deutschen Staatsgebiet zeigen, daß es auch vor de Gaulle schon Zerwürfnisse gegeben hat.

Nur eine kurze Zeit, bei jenem spektakulären und schmeichelnden Deutschlandbesuch des französischen Staatspräsidenten General de Gaulle im September 1962, in jenen Monaten vor dem Abschluß des Vertrags über die deutsch-französische Zusammenarbeit im Januar 1963, konnte man glauben, deutsche und französische Interessen seien von nun an und für immer harmonisiert. Die historischen Stunden, in denen deutsche und französische Truppen vor Adenauer und de Gaulle auf dem Schlachtfeld der beiden Weltkriege paradierten, das Gebet der beiden Staatsmänner in der Kathedrale von Reims, der triumphale Empfang, den die Deutschen dem französischen Staatschef bereiteten, und die Worte, die er für den Gegner von einst fand, die Unterzeichnung des Freundschaftsvertrages, das waren jene Augenblicke, in denen die Geschichte den Atem anhält – und dann im alten Rhythmus weiteratmet.

Schon bei der Ratifizierung des Freundschaftsvertrags, als der Deutsche Bundestag dem Vertragswerk eine Präambel voranstellte, die den Vertrag nicht nur in den Augen des französischen Staatspräsidenten seines Gehalts entleeren und ihn im Kern unanwendbar machen mußte, wurde deutlich, daß das Handwerk des mühsam-nüchternen Interessenausgleichs zwischen beiden Ländern seinen goldenen Boden behalten hatte. Der Alltag hatte sie wieder, die Politiker und die Bevölkerung diesseits und jenseits des Rheins.

Es gab weitere Mißverständnisse und Irritationen. Daß die Bundesrepublik Anfang der sechziger Jahre mit der multinationalen Atomstreitmacht einen Finger an den Abzug einer atomaren Waffe legen wollte, mußte Frankreichs unnachgiebigen Widerstand hervorrufen. Daß de Gaulles Kurs der nationalen Unabhängigkeit in die Konfrontation mit den Vereinigten Staaten führte, mußte die Sicherheitsinteressen der Bundesrepublik berühren. Schließlich war es, wovon noch zu reden sein wird, das Feld der westeuropäischen Einigung, auf dem der unterschiedliche Stil und Inhalt deutscher und französischer Politik lange Zeit und immer wieder Anlaß und Ursache für beiderseitige Verstimmung und wechselseitige Kritik war.

Mancher Entwicklung und mancher politischen Diskussion in der Bundesrepublik begegnet man in Frankreich mit Kopfschütteln, das Unverständnis signalisiert. Die Art, wie hier, zum Beispiel, „Extremisten" aus dem öffentlichen Dienst ferngehalten werden sollen, ruft dort Mißbilligung und Kritik nicht nur bei den Linken hervor – wie ja übrigens umgekehrt auch die „Volksfront" aus Sozialisten, Kommunisten und linken Liberalen in der Bundesrepublik Befürchtungen weckt, die über das Lager der Konservativen hinausgehen. Beides ist wohl nicht bloß mit der politischen Grundeinstellung des deutschen oder des französischen Beobachters zu erklären, sondern auch mit einer noch immer weitverbreiteten Unkenntnis der jeweils besonderen Strukturen, Bedingungen und Erfahrungen, die sich in der Geschichte diesseits und jenseits des Rheins gebildet haben.

Gegenwärtig steht die französische Linke Deutschland und den Deutschen wesentlich reservierter gegenüber als die Rechte. Die Gründe dafür liegen tiefer, als daß sie mit der kommerzialisierten Aufregung über den Erfolg des Films „Hitler – eine Karriere" in der Bundesrepublik oder mit dem begreiflichen Ärger über die Flucht eines ehemaligen SS-Offiziers aus einem italienischen Gefängnis beschrieben wären. Die Bundesrepublik gilt, auch unter der sozial-liberalen Koalition, als Speerspitze und Hort des amerikanischen Kapitalismus in

Europa. Das ist gleichsam der „politische" Aspekt. Wenn der Führer des linken Flügels der Sozialistischen Partei, Jean-Pierre Chevènement, aber fragt: „Gibt es etwas, das stalinistischer wäre als das Regime der DDR? Gibt es etwas, das konformistischer im Atlantismus und der Religion der Marktwirtschaft verharrt als die Bundesrepublik?", dann steckt dahinter noch mehr als ein bloßer antiamerikanischer, antikapitalistischer Reflex. Dann paßt das ganz wunderbar auch nahtlos in jenes alte Bild von den Deutschen, die – gleich, ob in Ost oder in West – in ihrer unheimlichen Fähigkeit zur Anpassung und ihrer unverständlichen Neigung zur Perfektion noch immer alles, was sie tun, bis zum Exzeß tun.

Dabei steht es besser als früher mit dem Wissen voneinander. Die großen deutschen Zeitungen berichten über Frankreich häufiger, ausführlicher und korrekter, als das noch vor zehn Jahren der Fall war. Französische Zeitungen ziehen jetzt allmählich nach. Es gibt drüben eine Menge sehr informativer, sehr ausgewogener und wohlwollender Bücher über Deutschland, viel mehr als bei uns über Frankreich. Die Fernsehprogramme, hier wie dort, zeigen mehr Filme des Nachbarlandes als in der Vergangenheit. Sicher ist das noch immer nicht genug, und über die Auswahl wird man ewig streiten können. Wem dabei mancher heftig antideutsche Ressentiments weckende und die Deutschen als durch und durch bösartige SS-Typen verunglimpfende Film einfallen, dem mag auch in den Sinn kommen, daß deutsche Dichtung (Bert Brecht, Heinrich von Kleist), deutsche Malerei (Caspar David Friedrich), deutsche Philosophie (Martin Heidegger), in den letzten Jahren in Frankreich ausgesprochen Konjunktur haben.

Sicher, da gibt es das Sprachproblem. Die Sprachbarriere ist und bleibt das größte Hindernis, wenn aus Kontakten Beziehungen werden sollen. Mit Recht unterstreicht man jenseits des Rheins, daß der Deutschunterricht dort eine weitaus größere Rolle spielt, als der Französischunterricht bei uns. Zwar verweist die Westdeutsche Kultusministerkonferenz, jenes für Franzosen nun ganz und gar rätselhafte Gremium, darauf, daß immer mehr Schüler Französisch lernen an deutschen Schulen. Aber genaugenommen sind es doch immer noch sehr wenig.

Es klappt ja auch mit den Begegnungen, Patenschaften, Austauschprogrammen. Das ist alles unspektakulär und selbstverständlich geworden. Die Aura des einmalig Neuen der fünfziger und frühen sechziger Jahre ist verblaßt. Das Pionierhafte des Anfangs hat dem Geschäftsmäßigen des Fortgangs Platz gemacht. Daher rührt wohl auch manche Unzufriedenheit bei vielen, die nach dem Kriege als erste, abseits der Politik und weit unterhalb des Offiziellen, engagiert und engagierend für die Verständigung zwischen den beiden Völkern geworben und gearbeitet hatten. Steht es aber schlecht zwischen Deutschen und Franzosen, wenn die Begegnungen so undramatisch, so alltäglich und so routiniert werden, daß darüber zu reden nicht mehr lohnt?

Jedenfalls hat das alles dazu geführt, daß die Schwankungen in der politischen Konjunktur zwischen beiden Ländern nicht mehr an die Wurzel der Beziehungen, der politischen wie der ökonomischen und gesellschaftlichen gehen. Die Nadel auf der Sympathieskala zeigt keine bedrohlichen Ausschläge zur Negativseite hin, auch dann nicht, wenn Stil und Inhalt aktueller politischer Auseinandersetzungen nicht ohne Rückwirkungen bleiben auf das Bild, das sich die öffentliche Meinung vom Nachbarvolk macht.

Frankreich in Europa

Durch Stil und Inhalt hat die gaullistische Politik dazu beigetragen, daß Frankreich in der Gemeinschaft als der Störenfried vom Dienst, als der unverbesserliche Egoist und ewige Hemmschuh galt, auch dann, wenn in Wirklichkeit auch alle anderen Partner sich in der Hartnäckigkeit nichts nahmen, mit der sie in Brüssel ihre eigenen Interessen verfolgen.

Heute scheinen ständig wiederkehrende Meldungen darüber, daß in Frankreich die ersten direkten Wahlen zum Europäischen Parlament aus diesen oder jenen Gründen in Frage gestellt seien, jene alte Politik zu bestätigen. Auf der Rechten schart sich um den Altgaullisten und Expremierminister Michel Debré ein „Komitee für die Unabhängigkeit Frankreichs", und auf der Linken findet sich um den Altphilosophen und Existentialisten Jean-Paul Sartre ein „Aktionsausschuß gegen ein germanisch-amerikanisches Europa" zusammen. Ihr gemeinsamer Feind ist ein „Europa", in dem, von Deutschland aus gesehen, vor allem Frankreich für negative Schlagzeilen zu sorgen scheint.

Und „die" Franzosen? Natürlich ist für die große Mehrzahl von ihnen ein simples „Aufgehen" Frankreichs in einem europäischen Superstaat unvorstellbar. Natürlich sind ihnen die Entscheidungen, die in Paris getroffen werden, nicht nur näher, sondern auch wichtiger als die in Brüssel. Ganz gewiß ist in Frankreich wie anderswo jener europäische Enthusiasmus der frühen fünfziger Jahre längst verflogen. Er hat einer eher mürrisch-gelangweilten Distanz zu Erscheinungen und Entscheidungen der Europäischen Gemeinschaft Platz gemacht. Daß Europa nicht zu „dem" Thema der französischen Politik zu machen war, hatte der damalige Staatspräsident Georges Pompidou im April 1972 zu spüren bekommen, als er die Franzosen in einem Referendum über die geplante Erweiterung der Europäischen Gemeinschaft abstimmen ließ und sich fast 47 Prozent der Wahlberechtigten der Stimme enthielten.

Heißt das, mit den Franzosen sei eine Gemeinschaft nicht zu machen? Nichts weniger als das. Die Einsicht bei den Verantwortlichen und die Bereitschaft bei der Bevölkerung, den Weg in ein ökonomisch und politisch geeintes Europa mit Behutsamkeit, aber auch mit Beharrlichkeit weiterzugehen, ist größer, als es manche spektakuläre Tagesparole ahnen läßt: Immerhin 66 Prozent der Franzosen waren Anfang 1977 der Meinung, daß die Idee des „Vaterlandes" heute weniger Bedeutung habe als früher, und die Hälfte der befragten Jugendlichen im Alter bis 25 Jahre hielten das auch für richtig. Vor allem aber: Die große Mehrheit, nämlich 67 Prozent gegenüber 9 Prozent sah keinen Widerspruch zwischen der Einstellung, Franzose (französischer Patriot) zu sein, und der Zustimmung zur Direktwahl des Europäischen Parlaments. Oder noch deutlicher: Im Dezember 1976 sprachen sich 68 Prozent der Franzosen für die direkten Wahlen zum Europäischen Parlament aus und nur 15 Prozent dagegen. Grund, am Willen der Franzosen zu zweifeln, an der europäischen Einigung festzuhalten und sie auszubauen? Sicher nicht, wenn wir uns selbst zum Vergleich heranziehen. Zum gleichen Zeitpunkt waren 70 Prozent der befragten Deutschen für und 13 Prozent gegen die Direktwahl.

Europapolitik sei heute größtenteils französische Innenpolitik, sagte der damalige Premierminister Jacques Chirac in seiner Regierungserklärung am 5. Juni 1974. Das gilt in doppeltem Sinne. Was in Brüssel entschieden wird, betrifft französische Bauern, französische Unternehmer, französische Verbraucher unmittelbar. Welche Haltung Paris in der Europäischen Gemeinschaft und zur Europäischen Gemeinschaft einnimmt, hängt direkt von den innenpolitischen Auseinandersetzungen und Kräfteverhältnissen ab. Der Grundkonsens zwischen den Parteien ist allerdings in dieser Frage, anders als in der Bundesrepublik, noch nicht erreicht. Das Abschneiden von Kommunisten und Gaullisten, die der europäischen Integration skeptisch bis ablehnend gegenüberstehen, wird nach den nächsten Wahlen den französischen Beitrag zum Fortgang der Einigung entscheidend mitbestimmen.

Hatten nicht 1954 Gaullisten und Kommunisten vereint und von Teilen der Sozialisten unterstützt die Europäische Verteidigungsgemeinschaft (EVG) zu Fall gebracht? Hatte nicht General de Gaulle die Europäische Wirtschaftsgemeinschaft 1962 zunächst nach dem Plan seines Ministers Fouchet aus einer Staatengemeinschaft in ein Regierungsdirektorium verwandeln wollen? Hatte er nicht 1965 mit der Politik des leeren Stuhls seine Partner zur Aufgabe des supranationalen Prinzips der Mehrheitsentscheidungen gezwungen? Hatte er nicht 1963 dem beitrittswilligen Großbritannien die Tür gewiesen mit der Begründung, es sei noch nicht reif für die Europäische Gemeinschaft und außerdem das „Trojanische Pferd" der Amerikaner in Europa? Waren nicht der französischen Landwirtschaft im Gemeinsamen Agrarmarkt immer wieder Vorteile zugeschanzt worden, weil allein Frankreich es riskierte, mit dem Bruch in Brüssel zu drohen?

Das ist jedoch nur ein Aspekt der französischen Europapolitik, die, von de Gaulle mit Klarheit und Schärfe formuliert, von seinen Nachfolgern weniger laut, aber nicht weniger nachdrücklich weitergeführt, die Einigung Westeuropas als Instrument der nationalen Interessenwahrung begreift. Sie will Westeuropas Einigung, aber sie will sie nur so weit, wie sie den nationalen Interessen Frankreichs dient: der Sicherung seiner Landwirtschaft, der Stärkung seiner Industrie, der Entwicklung seiner Wirtschaftskraft, der besseren Versorgung seiner Verbraucher. Handeln die anderen anders? Beruht nicht das Konzept der ökonomischen Einigung des alten Kontinents, wie es sich Anfang der fünfziger Jahre durchsetzte, auf eben jenem Grundgedanken, daß die „nationalen" ökonomischen Interessen am ehesten auf einem größeren, eben dem Gemeinsamen Markt zu verwirklichen seien, daß ihre Verwirklichung diesen Gemeinsamen Markt geradezu erzwinge?

Frankreich ist nach 1945 gerade deswegen mehrmals Vorreiter der europäischen Einigung gewesen. Es war der französische Außenminister Robert Schuman, der am 9. Mai 1951, sechs Jahre und einen Tag nachdem Hitler-Deutschland die Waffen gestreckt hatte, einen Plan für die Vereinigung der deutschen und französischen Ressourcen und Potentiale auf dem Kohle- und Stahlsektor im Rahmen einer Union der westeuropäischen Staaten vorschlug. Mit dem Namen Jean Monnet sind Konzeption und Aufbau jener Europäischen Gemeinschaft für Kohle und Stahl (Montanunion) verbunden, in der erstmals ein Gemeinsamer Markt, gemeinsame Organisationen und supranationale Entscheidungen realisiert wurden. Der Plan für eine Europäische Verteidigungsgemeinschaft, später in Paris gescheitert, ist von Paris aus propagiert worden. Ohne Frankreichs aktive Mitarbeit keine Römischen Verträge, keine Europäische Wirtschaftsgemeinschaft, keine Europäische Atomgemeinschaft!

Zusammenarbeit mit Deutschland statt, wie traditionell, mit Großbritannien, Integration statt lockerer Zusammenarbeit!

Das waren die Entscheidungen, die Frankreich Anfang der fünfziger Jahre getroffen hat und akzeptieren mußte. Gewiß war das ein Europa aus christdemokratischem Gedankengut, ein Europa eher des Kapitals als der Arbeit, eher der Verteidigung des Abendlandes als der Fortentwicklung sozialer Gerechtigkeit, das Robert Schuman im Verein mit dem italienischen Ministerpräsidenten Alcide de Gasperi und dem deutschen Bundeskanzler Konrad Adenauer zimmerte, aber für ein anderes gab es keine Mehrheiten und keine Konstellation.

Die französische Politik litt an den Widersprüchen, die bereits vor de Gaulle angelegt, aber erst durch ihn offensichtlich gemacht worden waren: Die europäische Einigung war auch als eine Fortsetzung der Deutschlandpolitik mit anderen Mitteln gemeint und sollte Frankreich die Führung in Westeuropa und die Kontrolle über den geschlagenen Gegner sichern, aber sie brachte diesem die Gleichberechtigung und ein ungleich größeres ökonomisches Gewicht. Sie sollte das Potential und den Spielraum für eine Politik der nationalen Unabhängigkeit und eine eigene Rolle im Dialog der beiden Supermächte schaffen, doch eben dies hemmte die Einigung Westeuropas und verringerte damit zugleich das Potential, auf das sie sich stützen wollte. Sie versuchte, die Sowjetunion als Partner im weltpolitischen Spiel zu gewinnen, und doch verstieß sie zugleich mit der Politik der nationalen Lockung und Lockerung in Osteuropa eklatant gegen die Status-quo-Interessen der östlichen Supermacht.

Inzwischen haben sich die Relationen auch in Europa verschoben. Frankreich hat von manchen seiner ursprünglichen Ziele Abschied genommen. Es hat seine von de Gaulle so spektakulär beanspruchte Führungsrolle in Westeuropa, aber auch im Dialog mit Osteuropa und mit der Dritten Welt, aufgegeben. Die französische Wirtschaft erreichte, was Expansion und Produktivität anlangt, nicht nur nicht das deutsche Niveau, sondern sie blieb in den letzten Jahren sogar erheblich darunter. Die überdimensionale Gestalt de Gaulles hatte zehn Jahre lang den Blick auf die realen Fähigkeiten und Möglichkeiten Frankreichs in der Welt-, Europa- und Deutschlandpolitik verstellt. Nach der Mai-Krise 1968 trat dann das Mißverhältnis zwischen Wunsch und Wirklichkeit um so schärfer zutage.

Schon während der Präsidentschaft Pompidous beginnend, hat Frankreich in den letzten drei, vier Jahren die Dimension seiner Ansprüche den Dimensionen seiner ökonomischen und politischen Möglichkeiten angepaßt. Das gleiche gilt übrigens zunehmend für eine Bundesrepublik, die sich seit 1969 aus ihren ostpolitischen Verkrampfungen zu lösen begonnen hat und auch im Begriff ist, die politische Rolle, die ihr ökonomisches Gewicht erzwingt, zu ergreifen und zu füllen.

Das ist der Kern der Normalisierung in den deutsch-französischen Beziehungen: Was beide Länder heute miteinander unterhalten, sind nicht die exklusiven Beziehungen, die Anfang der sechziger Jahre viele – hier wie dort – sich gewünscht hatten, teils aus irriger Interpretation der gaullistischen Interessen und Absichten, teils aus fehlgehendem Kalkül der deutschen Möglichkeiten und Interessen. Dafür stehen aber zum erstenmal in einer langen Geschichte bei dem einen wie bei dem anderen Ansprüche und Möglichkeiten nicht in einem Mißverhältnis zueinander. Nie war die Chance größer, daraus ein Miteinander zu entwickeln, das ebenso unprätentiös wie dauerhaft, ebenso normal wie beispielhaft auf andere und für andere Völker in Europa wirkt.

Unterschiedliche Standpunkte, Interessen und Blickwinkel prägen unterschiedliche Bilder von Frankreich. Keines sagt: Das ist Frankreich! Jedes sagt: Auch so ist Frankreich! Manches bleibt widersprüchlich, manches fordert zum Widerspruch heraus. Wie könnte es anders sein mit einem Land, von dem man auch heute mit Recht sagen kann, was bereits im 17. Jahrhundert jener französische Geograph und Ökonom wußte, der sagte: „Man irrt sich immer, wenn man von Frankreich spricht..." Aus Blicken in ein Land und auf ein Volk, mit dem wir heute ökonomisch, politisch und kulturell enger und vielfältiger verflochten sind als in den vielen Jahrhunderten europäischer Geschichte, können Einblicke werden. Wenn aus Einblicken Einsichten erwachsen, ist damit mehr gewonnen als durch ein Dutzend Bekundungen einer Freundschaft, die aus dem Alter der Schwüre längst in das der Gewißheiten gelangt sein sollte.

Josef Müller-Marein

Freunde und Nachbarn

Bei einer der heute so beliebten Umfragen ging es darum zu erfahren, was „die"
Franzosen über „die" Deutschen denken. Nun, niemand sagte, die Deutschen
seien faul. Sie seien fleißig, sagten weitaus die meisten. Sie seien diszipliniert und
tüchtig. Allerdings auch rechthaberisch und arrogant. Mit einer bestimmten Eigenschaft sah es ganz besonders traurig aus: Die Deutschen verfügen in den Augen der Franzosen fast gar nicht über jenes „savoir vivre", das sie sich selber
als Nationaltugend zuschreiben. „Savoir vivre" – Lebenskunst. Mußte hier nicht
ein wenig nachgefaßt werden?

Lebensart

Zwar war ich ein einzelner und meine Umfrage-Kraft gering, doch erhielt ich
in meiner Pariser Bekanntschaft Antworten wie: Nun ja, man müsse Ausnah-
men machen. Sicherlich seien die Rheinländer mit Lebenskunst begabt, aber die
seien ja auch die „Franzosen unter den Deutschen"; nicht unbegabt wohl auch
die Bayern, doch bei ihnen ginge es dann leicht etwas laut und obendrein un-
mäßig im Essen und Trinken zu. Wem tauchen da nicht vorm „geistigen Auge"
der Karneval und das Oktoberfest auf?

Es ist merkwürdig, daß die Franzosen mit ihrer „Ausnahme von der Regel" hier
zwei deutsche Stämme meinen, die kulturell wesentlich durch den Katholizismus geprägt wurden. Danach ist es nur logisch, daß sie unter ihren eigenen
Landsleuten die Protestanten beschuldigen, keine Lebenskünstler zu sein, das
heißt: dem Dasein nicht genug Freude abgewinnen zu können. Für das große
Ganze spielt das keine Rolle, denn die Protestanten sind nur eine Minderheit:
zwei Prozent der Bevölkerung. Doch diese Armen können sich durch den Gedanken trösten, daß sie reich oder wohlhabend sind oder wenigstens mit ihrem
Einkommen auskommen.

Solange wir in dem Loire-Dorf Dampierre-en-Burly eine „résidence secondaire", einen Zweitwohnsitz, hatten, war uns Monsieur „Tout-est-foutu" ein an-
genehmer, hilfreicher Nachbar. Obwohl er seinen Beinamen nach jenem ständig
angewandten Satz hatte, der im Munde eines Berliners „Alles-im-Eimer" heißen
müßte, hatte er als Mitglied des Gemeinderates das Ressort „Feste und Vergnü-
gungen" inne, ein Ehrenamt, das dieser Pessimist mit Eifer verwaltete. Er mußte mit Fahnen und Girlanden, Feuerwerkskörpern und Knallfröschen, Clairons

und Klarinetten natürlich vor allem für den 14. Juli gerüstet sein. Zu denken, daß in mehr als 37 000 französischen Gemeinden Alt und Jung diesen Nationalfeiertag begehen, der Bürgermeister mit seiner Schärpe an der Spitze ... Überall diese Mischung aus tönender Feierlichkeit und naiver Ausgelassenheit! Doch da wir in Frankreich sind, dürfen auch die Spötter nicht fehlen.

Der Spott der Traditionalisten: „Seht mir nur die Majoretten dort im Zug mit ihren Stiefelchen und Schenkelchen und Stäben und Trommeln! Hatten wir's nötig, daß wir diesen Unfug aus Amerika übernehmen mußten? Die armen Kinder! Benehmen sich amerikanisch und wissen's nicht einmal!"

Der Spott der „Wissenden": „So feiern wir denn wieder mal die Erstürmung der Bastille, die gar nicht erstürmt worden ist! Denn das hat sich mittlerweile herumgesprochen: Als das Volk von Paris am 14. Juli 1789 zum Staatsgefängnis der Bastille kam, hatte die Besatzung keine Lust, die alte Festung zu verteidigen. Sie ließ mit sich reden und zog kampflos ab. Samt ihren Luxus-Gefangenen, die im Kerker weit besser gelebt hatten als das aufgeregte Volk, das sie befreite. Und die Zerstörung der Bastille? Nun, sie ist ja eher mit einem friedlichen Abbruchunternehmen zu vergleichen. Und das soll ein Grund sein, daß jährlich einmal die Putzfrau in Paris mit dem P. D. G. auf offener Straße tanzen darf?"

Ist es in der noch immer streng hierarchisch gefügten Sozietät Frankreichs die große Ausnahme, daß der „Président Directeur Général" sich volkstümlich gibt – einmal im Jahr am 14. Juli –, so ist es doch gleichgültig, ob es damals zum Kampf um eine alte Stadtburg kam oder nicht; eigentlich war die friedliche Übergabe ja sogar besser. Schon oft haben sich historische Anlässe als etwas wurmstichig herausgestellt. Ob das Fest aufrichtig ist, darauf kommt es an. Und in diesem Punkt können wir ganz beruhigt sein. Denn die Franzosen wissen die Feste zu feiern, wie sie fallen. Und nicht bloß die großen, die „nationalen", sondern auch die kleinen, die familiären. Auf höchster Ebene aber gibt es – daß wir's nicht vergessen! – ein Ministerium, das dem Ehrenamt unseres Monsieur Tout-est-foutu entspricht. Es ist das „Ministère de la Qualité de la Vie" – eine hohe Behörde, die wohl nicht nur dem Namen nach schwer ins Deutsche übersetzbar ist. Lassen wir es also beim „Ministerium für Lebensqualität"!

Hier ahnen wir etwas, was uns Deutschen fehlt, etwas, was die Franzosen ehrt; ahnen eine Fülle und einen Mangel, einen jener Unterschiede der Temperamente, der uns andeutet, daß wir, Deutsche und Franzosen, einander ergänzen. Wir ahnen eine jener französischen Eigenschaften, die das Leben in Frankreich angenehm machen: auch für Deutsche.

Das „savoir vivre" ist also eine Fähigkeit, die den Franzosen eigen ist. Schränken wir diese Feststellung durch ein „mehr oder weniger eigen" etwas ein, so erweitern wir sie wieder, indem wir auf die Verschiedenheit der Bürger Frankreichs hinweisen. Was verbindet die Flamen im nordwestlichen Zipfel des Landes mit den Bretonen? Was die Basken und die Katalanen mit den Elsässern? Und wenn die Bewohner Okzitaniens auf ihre Eigenrechte pochen, wie sie es letzthin immer energischer tun: Was haben sie dann noch gemeinsam mit den Menschen des Nordens, der Ile-de-France, des Zentrums oder Burgunds?

Antwort: Sie haben über sprachliche, historische, geographische Unterschiede hinaus bestimmte Lebensarten, bestimmte Haltungen in großen oder kleinen Sachen, Verhaltensweisen, die sie allesamt als Franzosen kennzeichnen. Ob wir es nun unter die großen oder die kleinen Dinge rechnen: Unsere Nachbarn haben gelernt, die angenehmen Seiten des Lebens zu genießen und selbst aus bescheidenen Blüten noch Duft zu ziehen. Sie sind begabt für das individuelle Glück. Und sie haben diese Begabung gepflegt.

Staatspräsident Giscard d'Estaing nennt in seinem Buch „Democratie Française", das im Herbst 1976 erschien, andere Eigenschaften als die des „savoir vivre". Doch widerspricht die Charakterisierung seiner in sich so widersprüchlichen Landsleute unserer schmeichelhaften Feststellung nicht. Er nennt die Franzosen „schnellebig bis zur Wechselhaftigkeit; großzügig, aber dabei von bäuerlichem Besitzinstinkt; diskussionssüchtig, aber manchmal mit einer Vorliebe für vollendete Tatsachen; brennend stolz auf Frankreich, aber wenig darüber informiert, wie man im Ausland urteilt; offen für alle neuen Ideen, aber konservativ gegenüber der engeren Umgebung; geistreich, empfindlich, anständig, aber mit einer Neigung zu billigen Scherzen, zur Schlemmerei, zum Widerspruch; sich zynisch gebend, nörgelnd, aber im ganzen das empfindsamste Volk der Erde". Dies ist also nach Giscard d'Estaing der „französische Charakter", der sich immer gleichgeblieben sei.

Übrigens sind von alters her die Eigenschaften der Bewohner Frankreichs literarisch unters Licht gesetzt worden. Das fing mit Cäsar an, der sich im Bericht über seinen eigenen Eroberungskrieg „De bello gallico" auch mit der Psychologie der französischen Vorfahren, soweit sie Kelten waren, beschäftigte; und dies gar nicht so untalentiert, denn große französische Autoren, aber auch Politiker haben sich immer wieder über die „gallischen Unarten" geärgert, die schon dem römischen Feldherrn in den Jahren von 58 bis 51 vor Christi Geburt zu schaffen machten.

Neu ist nun eine Entwicklung, die wir schon angedeutet haben: der gesteigerte Drang der französischen „Minderheiten" nach Selbstdarstellung, nach Wahrung und Wiedergewinnung ihrer eigentümlichen Wesensart, nach dem Recht, öffentlich zu sein, was sie jahrzehnte- und jahrhundertelang nicht sein konnten, ohne diffamiert zu werden. Das bekannteste Beispiel war hier das Verbotsschild in den Polizeistationen der Bretagne: „Ausspucken und Bretonisch sprechen streng verboten!" Und wenn die Empörung über solche Behandlung nicht neu ist, so doch die Tatsache, daß diese Verordnungen sich sehr gelockert haben.

Vor allem die Sitten haben sich geändert. Wohl kommt es hier und dort noch vor, daß etwa ein bretonisches oder elsässisches Kind seinen ersten Schultag ängstlich und fremd wie auf einem fernen Stern verbringt, weil es den Lehrer nicht versteht. Doch während vor nicht allzu langer Zeit im Unterricht, ja, im ganzen Schulbereich einzig und allein die Sprache zugelassen war, wie sie in ganz Frankreich gesprochen wurde, das Französische also, bekümmert es heute eher die Unterrichtenden, wenn sie sich dem Kind in seinem Heimatidiom so gar nicht verständlich machen können. Heute gibt es ein Gesetz, das die Sprache der „Minderheiten" schützt. Bretonisch beispielsweise kann jetzt Unterrichtsfach sein, wenn, wie es heißt, die Möglichkeiten vorhanden sind. Aber diese Möglichkeiten sind häufig nicht vorhanden. Absichtlich nicht.

Anders ist der Brief nicht erklärlich, den Le Moal, der Chemiker und Professor der Universität Rennes, im Mai 1976 an die Pariser Tageszeitung „Le Monde" schrieb. Er beklagte sich, daß alle ernsthaften Versuche, das Bretonische auf breiterer Basis zu pflegen, bisher gescheitert seien, ja, daß sie – willentlich oder unwillentlich – sabotiert würden: „Seit Jahrzehnten kämpfen verantwortungsbewußte Menschen vergeblich für einen Sprachunterricht, der dieses Namens würdig wäre und sich auf verschiedenen Stufen vollziehen müßte: vor der Volksschule, auf der Volks- und der höheren Schule, der Universität und dargeboten von kompetenten Lehrmeistern."

Und warum solcher Aufwand? Professor Le Moal begründet sein Verlangen: „Für uns Bretonen ist unsere Sprache eines der wichtigsten Elemente unserer Kultur. Dieser mehr als 15 Jahrhunderte alte Kulturbesitz hat unser Inneres geformt. Wir könnten ihn nicht entbehren, es sei denn auf die Gefahr, unser eigenes Selbst zu verlieren. ‚Hep brezonneg, Breiz ebet!' so sagen wir gern. ‚Ohne Bretonisch keine Bretagne!' Die Bretonen lieben ihre Sprache und können nicht gleichgültig miterleben, wie sie dahinstirbt. Sie haben das Gefühl, selber mit ihr zu verschwinden."

Aber solche Sprachpflege, wenn sie ernstgenommen wird, führt zu Zweisprachigkeit. Belastet dies die Schüler nicht zu sehr?

Le Moal erzählt von seiner Heimatgemeinde Plozévet im Finistère, wo die Eltern-Generation praktisch nichts anderes als Bretonisch sprach, ihre Kinder jedoch auf französisch unterrichtet wurden: „Plozévet kann sich rühmen, die meisten Gelehrten hervorgebracht zu haben: natürlich bezogen auf die Zahl seiner Einwohner … Die andauernde Übung in zwei Sprachen, in zwei verschiedenen Denkarten ist sehr bereichernd. Und dann: Welcher Arzt, um nur ein einziges Beispiel zu nennen, würde leugnen, daß es von Nutzen ist, das Bretonische zu beherrschen in jenem Dialog mit seinem Patienten?"

In der Tat weiß ich von einem jungen Arzt, der aus Sète stammt und eine ländliche Praxis im Esaß übernahm. Nicht wegen der Verständigung, sondern um des Vertrauens willen, das zwischen dem Kranken und seinem Doktor herrschen müsse, hat er das Alemannische gelernt: Er braucht es für den „besonderen Dialog".

Anders als in der Bundesrepublik, wo es Sprachminderheiten nicht gibt, es handele sich denn um Fremdarbeiter, begegnet man in Frankreich manchen Eigenforderungen. Als „dickschädelig", dazu noch aufbrausend haben sich vor allem immer die Bretonen erwiesen: die Erben der Gallier, deren keltische Sprache der irischen nahe verwandt ist. Von zweieinhalb Millionen Bretonen geben noch an die 800 000 an, sie sprächen oder verstünden Bretonisch. Schon hatte es den Anschein, diese Sprache mit ihren vielen Dialekten sieche dahin, so wie das Niederländische der französischen Flamen unwiderruflich verschwindet. Da ging ausgerechnet von Rennes, wo man einst so gut wie nie Bretonisch auf der Straße hörte, eine Erneuerung aus. Und einmal erregten junge politische Hitzköpfe die Gemüter, indem sie den wichtigen Fernsehturm inmitten der Bretagne durch Sprengstoff außer Betrieb setzten, um gegen die Tatsache zu demonstrieren, daß in der Bretagne weniger Bretonisch ausgestrahlt werde als Gälisch im britischen Wales. (So jedenfalls gaben sie ihrer Empörung im Gespräch mit uns Ausdruck.)

Das Beispiel der Bretonen ist hier angeführt, weil sie am längsten und am grimmigsten für die Anerkennung ihrer Eigenart gekämpft haben. Und da sie als die nächsten Verwandten der alten Gallier wahrlich wechselhaften Temperaments sind, konnte man sich zuzeiten auf allerhand gefaßt machen. Jedenfalls waren sie die ersten, die vor unseren Zuschaueraugen die später auch andernorts erprobte „Besetzung" von Büroräumen der „Mächtigen" vornahmen. Sie ließen aus den Fenstern von Bürgermeister- und Finanzämtern Aktenblätter ins Freie flattern, warfen wütend einen Polizeiwagen um und gingen – friedlich zum Essen. Nach Tisch machten sie einen Protestmarsch, versuchten, die Gefangenen vom Vormittag wieder zu befreien, und schäumten voll gerechten Zornes, als sie von der Polizei aus dicken Wasserschläuchen bespritzt wurden. Anschließend besprachen sie am „Zinc", an der Theke, die Ereignisse.

Es war ein Samstag, als wir dies miterlebten. Wir sahen, daß ein löwenhaft aussehender weißhaariger Priester am Treiben beteiligt war, und hörten von zwei jungen Vikaren, die sich besonders als Aktenwerfer ausgezeichnet hatten. Am Sonntagvormittag gingen die Aufständischen wohl allesamt zur Kirche, um den Kontakt zu den bretonischen Heiligen, etwa zu Saint-Fiacre, nicht zu verlieren, den wir uns nicht als den Schutzheiligen der Wiener Droschkenkutscher, sondern aller Gärtner vorzustellen haben.

Oft hören wir die bretonische Weisheit, daß niemand, noch nicht einmal ein Bretone, sich bei den Bretonen auskenne; sie wechseln zu schnell. Ein Hamburger Journalist beispielsweise hielt sie für deutschfeindlich, und das bekümmerte ihn. Er hatte ihnen den ganzen Tag hindurch zugelächelt, doch keinen einzigen freundlichen Rückblick geerntet. Anstatt hastig im Hotel seinen Artikel über die „Deutschfeindlichkeit" der Bretonen zu schreiben, hätte er vielleicht den Abend abwarten sollen. Wir haben erlebt, daß Bretonen, die morgens nur etwas introvertiert gewesen waren, abends auf die kleinste Kundgebung von Sympathie freudig reagierten. Jetzt waren sie extrovertiert und griffen zu ihren Binious, den Dudelsäcken, und zu den anderen Nationalinstrumenten, den Bombarden, einer sehr schrillen Art von Oboen. Auf unsere Frage an einen älteren, gesetzten Musikanten, warum er nicht ein anderes Tonwerkzeug gewählt habe, erhielten wir die stolze Antwort, er spiele eigentlich, und zwar recht gut, Klarinette. Aber die Bombarde bliese er aus Patriotismus. Es hörte sich schrecklich an.

Die beiden Pyrenäen-Völker, die Katalanen und die Basken, haben offenbar geschickter operiert. Jedenfalls ist es bei der Verteidigung ihrer Sprachen und Sitten nicht so wild hergegangen. Dabei ist zweifelhaft, ob sie ein besser ausgewogenes Temperament besitzen als die Bretonen. Aber sie sind wohl die geübteren Diplomaten.

Die Katalanen in der Mittelmeerlandschaft des Roussillon fühlen sich den Bewohnern des spanischen Katalonien ebenso verbunden wie die Basken am anderen Ende der Pyrenäenkette ihren zahlreicheren und wohlhabenderen Brüdern in Spanien. Regt sich zuviel katalanische oder baskische Eigenständigkeit, so gehen sowohl in Paris als auch in Madrid die Alarmlichter an. Dabei hat man den Eindruck, daß es im Roussillon die einfachen Leute, die Winzer, Landwirte und Obstbauern sind, die das Katalanische am treuesten bewahrt haben: eine Sprache, die auf ein latinisiertes iberisches Element zurückgeht und ein gutes Jahrtausend alt ist. Das Baskische hingegen beschäftigt vor allem auch die Forscher. Es ist, das Finnisch-Ligurische ausgenommen, die einzige Sprache auf unserem Erdteil, die nicht das geringste mit den indoeuropäischen Idiomen zu schaffen hat. Und so werden die Basken als das älteste Volk Europas gepriesen. Sie tragen diesen Ruhm mit Würde.

Es ist in der deutschen Bundesrepublik ein merkwürdiger Vorgang zu beobachten: Nachdem man jahrelang vom Dahinsiechen der Dialekte gehört hatte, wobei das „Bairische" freilich für leidlich stabil, das Westfälische hingegen für anfällig gehalten wurde, brach plötzlich eine neue Blüte aus. Der Norddeutsche Rundfunk sendet täglich eine Betrachtung „auf Platt", und von Schleswig-Holstein bis nach Niedersachsen und zum Sauerland füllen sich die Kirchen, wenn ein Pfarrer „plattdütsch" predigt. Daß hier keinerlei Politik mitspielt, ist offenkundig. Auch in Frankreich muß man nicht überall und unbedingt politische Tendenzen wittern, wenn es um die Pflege regionaler Sprachen geht. Das Auf und Ab der elsässischen Mundart – die offiziell als Dialekt einer Fremdsprache, nämlich des Deutschen, angesehen wird – ist dafür ein gutes Beispiel. Sie ging zu Zeiten politischer Spannung in den Städten zurück, so daß sie besonders der Jugend kaum noch verständlich war. Sie nahm in politisch windstillen Jahren zu und zog vom Land aus, wo sie unvergessen geblieben war, wieder in die Städte ein. Erleben wir dies, wenn wir an Straßburg und Kolmar denken, nicht gerade heute? In jenem Teil Lothringens, der gemeinsam mit dem Elsaß nach dem Kriege von 1870/71 „Reichsland" wurde, herrscht allerdings das Französische absolut. Viele, die zur Arbeit ins Saarland fuhren, hatten den Klang des lothringisch-deutschen Dialekts, den ihre Väter sprachen, gerade noch im Ohr. Mehr nicht.

Komplex ist der Hergang, wie sich in letzter Zeit der Begriff „Okzitanien" herausgebildet hat. Es handelt sich um jenes große südfranzösische Gebiet, in dem die „Oc"-Sprachen gebräuchlich waren – im Gegensatz zu der „Oil"-Sprache des französischen Nordens und Zentrums, wobei das „Oc" sowie das „Oil" und spätere „Oui" nichts weiter als „Ja" bedeuten. Nun hat es gewiß die „Langue d'oc" als sprachliche wie geographische Kennzeichnung seit alters her gegeben. Und da die Franzosen gern von ihrem Land als einem „Sechseck", einem „Hexagon" sprechen, als hätten sie das geographische Bild stets vor Augen, erinnern sich ältere Leute aus dem „Midi", dem Süden, noch gut, daß sie in ihrer Schulzeit nichts anderes als „Hexagonisch" reden durften: das Allgemein-Französisch, zu dem sich das Idiom der Ile-de-France und der Picardie seit dem 16. Jahrhundert entwickelt hatte. Was die Könige begonnen hatten, nämlich das Werk der Einigung, haben die Revolutionäre und die Republikaner fortgesetzt: eine einzige Nation und eine einzige Sprache! Nun ist Okzitanien nie eine politische Einheit gewesen, gewiß aber eine kulturelle. Seine Sprache mit ihren vielen Abarten steht dem Lateinischen noch näher als das Hochfranzösische; es ist gleichwohl die Sprache der Troubadours, die im 12. und 13. Jahrhundert die erste weltliche romanische Lyrik und Liedkunst erblühen ließen. Für die Nähe des Okzitanischen zum Lateinischen ein Beispiel?

Nun, nehmen wir die beiden Themen, um die sich angeblich alles dreht: die Liebe und das Geld! Der Römer sprach von seiner Geliebten als der „Amata", der Okzitane sagt „Amada", die übrigen Franzosen sagen: „Aimée". „Zahlen" heißt auf lateinisch „pagare", auf okzitanisch „pagar", auf französisch „payer".

Es war der provenzalische Dichter und Nobelpreisträger Mistral, der im vorigen Jahrhundert die Wiedergeburt der okzitanischen Sprache am meisten gefördert hat. Heute spricht man sogar von einer „okzitanischen Bewegung". Sie tut sich besonders in den Städten Toulouse und Montpellier hervor und hat, wie dies heute Mode ist, auch eine Abkürzung: „V.V. A. P.". Das heißt im Klartext: „Volem viure al Païs!", „Wir wollen im Lande leben!". Und hier wird die Sache politisch.

Spricht man mit den „V.V. A. P."-Leuten, wird man an das Wort von der „Mainlinie" erinnert. Nördlich des Mains, so heißt es dann wohl, dächten die Menschen anders als südlich des Flusses. In Frankreich müsse man sich eine solche Linie denken, die südlich von Grenoble beginnt und zur Gironde-Mündung führt. Südlich hätten wir neun historische Provinzen: Limousin, Auvergne, Gascogne, Guyenne, Béarn, Languedoc, Provence, Dauphiné méridional und das Land um Nizza. Das Ganze ergäbe rund dreißig heutige Departements mit einer Einwohnerzahl von 13 Millionen „Okzitanen" und erstrecke sich vom Mittelmeer bis zum Atlantik, wobei das mediterrane Wesenselement ausschlaggebend wäre.

In der Tat hat es immer Schriftsteller gegeben, die das französische Volk wesentlich „mittelmeerisch" nannten. Las oder hörte man es im Norden Frankreichs, im Centre oder in Paris, kam es einem sonderlich vor. Streifte man jedoch in der Provence oder im „Midi" umher – im Wagen auf guten Straßen abseits der Autobahn, mit dem Fahrrad oder zu Fuß auf stillen Pfaden –, dann begriff man selbst angesichts von Ruinen, was das Wort „Kulturlandschaft" besagen will. Und zwar verbinden wir damit die Bezeichnung „französisch" auch an diesem Ort, an dieser Stelle. Die mediterrane Kultur hat tief ins übrige Frankreich hineingestrahlt.

Der Angriff der okzitanischen Rebellen richtet sich gar nicht so sehr gegen Nordfrankreich, gegen „Francien" (um die historische Bezeichnung zu wählen), sondern gegen Paris. Und dies in zweifacher Hinsicht. Einmal – so behaupten sie – übt die Hauptstadt, besser gesagt: ihr Umkreis, die „Région parisienne", einen Sog aus, zum anderen dirigiert Paris administrativ alles und jedes, was in Frankreich geschieht. „Wir wollen nicht nach Paris ‚steigen' müssen", sagen sie. „Wir wollen in unserem Lande leben!"

Sie führen dabei mit Vorliebe wirtschaftliche Beispiele an, wie man sie auch in der streitbaren Schrift „La France en miettes" („Frankreich in Stücken") findet, die der Okzitane Jean-Pierre Richardot bei Pierre Lafont, Paris, erscheinen ließ. Ihm erzählte ein Landsmann, der aus der Gegend von Les Baux kam, dem ersten und sehr reichen Fundort jenes erdigen Minerals, aus dem man Aluminium herstellt, daß er daheim keine Arbeit gefunden habe: „Bei mir gibt's Bauxit; auch Talsperren, die Strom erzeugen, haben wir genug im Umkreis von weniger als 50 Kilometern, aber Arbeit gibt es nicht. So bin ich also in den Norden ‚gestiegen', um dort Beschäftigung zu suchen. Ich habe auch eine gefunden: Ich verarbeite Bauxit aus unserer Heimat mit Hilfe der Elektrizität aus unserem Land: das Ganze transportiert in die Région parisienne."

Nun wird neuerdings der Zentralismus, der ein Grundzug der französischen Geschichte ist, noch heftiger kritisiert als früher. Ob diese Kritik, die insbesondere von der Jugend in der Provinz ausgeht (und alles ist „Provinz", was nicht Paris ist), raschen Wandel schafft, ist allerdings zweifelhaft. Immerhin ist beachtlich, daß General de Gaulle – im Gegensatz zu seinem Premierminister und späteren Nachfolger im Amt des Staatspräsidenten, nämlich zu Pompidou, der „Zentralist" blieb – schließlich die „Dezentralisation" ernsthaft gewollt hat. Unter anderem bestätigt dies Alain Peyrefitte, der Gaullist, der wichtige Ministerposten innehatte, in seinem Ende 1976 bei Plon, Paris, erschienenen Buch „Le Mal Français". So müßte man also von Tragik sprechen, wenn man an das Referendum des Jahres 1969 zurückdenkt?

Im „Französischen Übel" schreibt Peyrefitte über de Gaulle: „Weil er die Gesellschaft neu konstruieren wollte, indem er die Regionalisation, die Dezentralisation, die beruflich-soziale Konzertation, die Mitbestimmung durchzusetzen suchte, wurde er zum erstenmal vom Volk zurückgewiesen: weil er die Wurzeln des Übels anging, anstatt die Symptome zu kurieren." Und bitter fügt Peyrefitte hinzu: „Die Franzosen wollen, daß man die Wirkungen beseitigt, nicht die Ursachen. Vielleicht denken sie, daß, wenn die Mauer rissig wird, der Efeu sie noch zusammenhält. Es braucht viel Zeit und Vorsicht, sie zur Sinnesänderung zu bringen."

Nun, zur Vorsicht hatte auch Pompidou geraten. „Sehen Sie nicht", so hatte er zu Peyrefitte gesagt, „daß das Unternehmen der Regionalisation und der Partizipation des Generals de Gaulle voreilig war und ungenügend vorbereitet? Das Land hat es nicht zufällig zurückgewiesen."

Natürlich hat bei dieser „Zurückweisung" die Tatsache eine Rolle gespielt, daß der Senat reformiert werden sollte. Das heißt: Diese zweite gesetzgebende Kammer sollte eine beratende Instanz regionaler Institutionen werden. Nicht die Senatoren allein, sondern die Deputierten aller Parteien außer den Gaullisten machten 1969 dagegen Front, obwohl die Regionalisation im Volk prinzipiell Zustimmung fand. Daß das Hexagon 22 Regionen habe – ein Begriff, der sich schon vorher, wenn auch ziemlich vage, herausgebildet hatte –, ist dann durch ein Gesetz aus dem Juli 1972 festgelegt worden: Es schuf den Regionalrat und regelte seine Befugnisse, die nicht allzu groß sind, aber, wie es den Anschein hat, in Zukunft zunehmen können; jedenfalls ist dies die Ansicht optimistischer Regionalpolitiker. Immerhin: Als Verwaltungsbereiche gedacht, die eher wirtschaftliche als politische Bedeutung haben sollten, sind die Regionen, ob die Regierenden es wollten oder nicht (Pompidou, wie angedeutet, hielt nichts von ihnen), ins Bewußtsein der Franzosen gedrungen. Nicht allein von der „Région parisienne" mit ihren sieben Départements hört man heute geläufig sprechen, sondern auch von anderen Regionen, während vordem viel eher das heimatliche Département genannt wurde. Die Korsen haben es da am leichtesten: Diese extremsten Gegner der Machtzentrale Paris – bei ihnen kann man nicht nur von „Zentralisierung", sondern schlicht von „Parisierung" Frankreichs reden hören – haben ihre eigene Region, die aus einem einzigen Département besteht. Übrigens erhebt sich hier, wo das dem Italienischen immer noch recht nahe Korsisch von jung und alt gesprochen wird, am ehesten die Frage, die von Fremden auch prompt gestellt wird: Wollen die Korsen selbständig werden? Wollen sie los von Frankreich?

Niemand will es – von einigen Wirrköpfen abgesehen: weder in Korsika noch anderwärts. Nach der berühmten Formulierung von Ernest Renan besteht eine

40

Nation „aus der Union von Menschen, die zusammen leben wollen". Und die beredtsamsten Wortführer der „Sprachminderheiten" wollen bei aller Kritik an der „Parisierung" die Nation, wie Renan sie sah, nicht leugnen, sondern bejahen. Sie wollen ihren Anteil an der Nation aller Franzosen. Das heißt: Sie wollen nicht nur „haben", sie wollen auch „geben". In ihrem Zorn auf den allmächtigen Staat, zürnen sie eigentlich „nur" der Verwaltung. Und dann: Im Erstaunen darüber, daß die Kulturgemeinschaften gegenwärtig ihre Ansprüche stellen und sich energisch regen, sind wir Beobachter leicht versucht, ihre Bedeutung zu überschätzen. Es sprechen weitaus weniger „Okzitanen" eine okzitanische und weitaus weniger Bretonen die bretonische Sprache, als sie glauben machen wollen.

Alain Peyrefitte zitiert allerdings in seinem bedeutenden Buch über das „Mal Français" einen dickschädeligen bretonischen Autonomisten, der die Bretagne mit Holland verglich: „Die Bretagne ist genauso groß wie Holland. Als die Bretagne annektiert wurde, war sie viel volkreicher. Heute hat sie fünfmal weniger Einwohner und ist zehnmal weniger reich. Da sieht man, was Frankreich uns gebracht hat!"

Peyrefitte widerspricht dem Bretonen nicht. Die Tatsachen sind klar, der Vergleich ist frappant. Er habe nur eines vergessen, so fügt der Autor hinzu: daß sein Vergleich nicht nur auf die Bretagne, sondern auf jede andere französische Provinz zuträfe. Bis auf die Ile-de-France.

Als bei der Pressekonferenz des Staatspräsidenten im Januar 1977 ein Journalist mit deutlicher Anspielung auf Peyrefitte fragte: „Gibt es ein ‚Mal français'?", antwortete Giscard d'Estaing, der sich bei anderer Gelegenheit beeindruckt gezeigt hatte von der Analyse dieses Buches, ebenso schlagfertig wie liebenswürdig mit optimistischem Hinweis auf die Zukunft Frankreichs. Und da ist nun kein Zweifel, daß die Franzosen längst begonnen haben – seit mindestens zwei Jahrzehnten –, ein neues Frankreich zu schaffen und dieses Werk, wenn auch unter großen Schwierigkeiten und mit notwendigen gründlichen Reformen, fortsetzen werden. Die Regionalisation und die Regionen sind, wie uns scheint, aus der Entwicklung gar nicht mehr fortzudenken. Auf jeden Fall wird man künftig an der Beharrlichkeit, mit der über die Köpfe der Franzosen hinweg verwaltet wird, oder an dem Mut, mit dem größere Verantwortung in die Regionen und Départements, in die Gemeinden oder die aus mehreren Kommunen gebildeten Distrikte verlagert wird, ablesen können, in welchem Zustand Frankreich sich befindet oder an welcher Station der Entwicklung es anhält. Herrscht eine Periode der Stagnation? Lassen gegeneinander wirkende Kräfte im Augenblick Bewegung nicht zu? Oder entsteht Aufschwung? Kommt es zu einem Wandel auch in sozialer Hinsicht? Oder bleibt es dabei, daß getadelt werden kann, die Reichen würden immer reicher, die Armen immer ärmer?

Wenn man den Aufstieg Frankreichs zu einer Industriemacht ersten Ranges in den letzten zwei Jahrzehnten beobachtet, zugleich aber auch gesehen hat, daß

Wandlungen – beispielsweise in der Landwirtschaft – später vollzogen wurden als in anderen Ländern oder auch heute noch nicht zu Ende geführt worden sind, so hatte man Gelegenheit, in gerade diesem Verzug auch einen Vorzug, in dieser „Verspätung" auch eine Chance zu gewahren. Es konnten Fehler vermieden werden, die anderswo gemacht worden waren. Es konnten bei den Bemühungen um die Industrialisierung, wie sie Pompidous größtes Anliegen gewesen ist, die Beweise geführt werden, daß neu entstehende Industriegelände um alte Städte, denen es im weiten Frankreich ja an Raum nicht mangelte, keine Ansammlung zementener Häßlichkeiten werden mußten.

Der weite Raum Frankreichs, das mit seinen 52 Millionen Einwohnern über doppelt soviel Platz verfügt wie die Bundesrepublik Deutschland mit ihren 62 Millionen Bürgern, ist die andere große Chance. Gerade weil sie die Chance Frankreichs spüren, registrieren junge Bretonen, für die in der modernisierten Landwirtschaft keine Arbeitsplätze mehr waren, es als einen Gewinn, daß sie wenigstens die Bretagne nicht mehr unter allen Umständen zu verlassen brauchten. Vor kurzem noch, als die Bretagne das Armenhaus Frankreichs war, drohte ihnen der Zwang, sich in Paris oder seiner Umgebung niederzulassen. Dies wurde in den meisten Fällen als Auswanderung, ja Ausstoßung empfunden. Heute ist immerhin so viel Industrie in die bretonischen Städte gekommen, daß zur Umschulung und Spezialisierung bereite Kräfte sich dort eher halten können. Und zur Industrie wollen wir dann auch die neuen Hotels rechnen. Denn Ferienbetrieb und Tourismus spielen an der bretonischen Küste eine immer größere Rolle.

Im übrigen zeigen Umfragen und Statistiken, daß in fast allen Gegenden Frankreichs die Menschen, wären sie des „Okzitanischen" mächtig, den Satz: „Volem viure al Païs!" ausrufen würden. Sie wollen alle, alle in ihrem Land bleiben, auch wenn sie den Hof mit dem Dorf oder das Dorf mit der regionalen Stadt vertauschen müssen.

Seit einigen Jahren aber bemerkt man, daß diese Treue für die Einwohner von Paris nicht in gleichem Maße zutrifft. Das alte, das eigentliche Paris, das von dem „Boulevard périphérique" umschlossen wird, jener breiten Autostraße, die die Stadt und die Vororte trennt, nimmt ab, während ringsum die „Région parisienne", die „Ile-de-France", an Bevölkerung wächst. Sie hat gemeinsam mit Paris bereits mehr als zehn Millionen Einwohner: eine einzige, wenn auch aufgelockerte „Stadtlandschaft" von der Bevölkerungszahl Belgiens.

Eigenschaften

Wir haben die Seßhaftigkeit als ein gemeinsames Charaktermerkmal aller Franzosen festgestellt, mögen sie untereinander so verschieden sein wie die französischen Landschaften. Sie haben das Reisen ins Ausland später als andere Westeuropäer und in geringerem Maße zu ihrer Gewohnheit gemacht, wobei sie sich allerdings darauf berufen können, daß ihr „Hexagon" alle europäischen Landschaftsformen quasi noch einmal wiederholt: schroffe und sanfte Küsten, Nebel-Ebenen, große Heidegebiete und Wälder, idyllische Täler und sanftes, fruchtbares Hügelland, Mittelgebirge wie das Zentralmassiv, wo die schönen Flüsse entspringen; und die Alpen sind dort am gewaltigsten – siehe den Montblanc – wo sie französisch sind. Was sollen die Franzosen sich in fremden Ländern herumtreiben!

So können die Feststellungen des „Deutsch-Französischen Jugendwerks" auch nicht verblüffen, nach denen nur jeder sechste junge Franzose Deutschland für ein sehr interessantes Land hält, während jeder dritte deutsche Jugendliche genau diese Meinung von Frankreich hat. Nur 16 Prozent der französischen Jugendlichen haben den dringenden Wunsch, in den nächsten zwei, drei Jahren einmal in die Bundesrepublik zu reisen; von hundert deutschen Jugendlichen wünschen sich hingegen 35 einen Besuch in Frankreich. 38 Prozent der jungen Deutschen waren schon einmal in Frankreich; in Deutschland aber waren nur 29 Prozent der jungen Franzosen. Dabei ist beachtenswert, daß es in Frankreich mehr Schüler gibt, die Deutsch lernen, als in der Bundesrepublik Teilnehmer am Französischunterricht.

Wurden die jungen Franzosen gefragt, was sie in Deutschland besonders interessiere, so nannten sie die wirtschaftliche Entwicklung, den Erfolg der Sportler und die Begabung der Deutschen für Ordnung und Disziplin. Die jungen Deutschen hingegen lobten die Schönheit der französischen Städte und Landschaften und zeigten sich angetan von der Lebensart der Franzosen.

Notabene: Es ist ein Unterschied, ob jemand Eigenschaften wie Disziplin, Talent für Ordnung und Organisation, dann auch Fleiß typisch und interessant findet oder ob einer eine bestimmte Lebensart bejaht und andere gar darum beneidet. Sollte es sein, daß die Deutschen, die das „savoir vivre" der Franzosen rühmen, diese Kunst in eins setzen mit Mangel an Disziplin und Ordnung – unwillkürlich und unbewußt –, so ist an Jean Cocteau zu denken, der sagte: „Die Deutschen lieben unsere schlechten Eigenschaften, und wir mögen ihre guten nicht!" Es steckt ein Körnchen Wahrheit in diesem Scherz, der garantiert nicht verächtlich gemeint war. Immerhin, einen Leitfaden für Deutsche beim Umgang mit den Franzosen zu spannen, wäre eine so abwegige Idee nicht.

Von der französischen Nation, die eben doch ein Ganzes bildet, hat Paul Valéry gesagt, sie sei „offen", doch zugleich geheimnisvoll. Keine Nation böte sich so leicht dem Beobachter dar, der sie auch auf den ersten Blick zu durchschauen glaube. Er bemerke erst später, daß keine andere so schwer in ihren möglichen Bewegungen, Wiederholungen und Wendungen zu beurteilen sei.

„Ihre Geschichte", sagt Valéry, „bietet ein Bild von äußersten Grenzsituationen, eine Kette von Gipfeln und Abgründen, wie sie zahlreicher und zeitlich mehr einander angenähert keine andere Geschichte zeigt … Frankreich erhebt sich, schwankt, fällt, steht wieder auf, es schränkt sich ein, findet zurück zur Größe, es zerreißt sich und konzentriert sich wieder, zeigt ein ums andere Mal Stolz, Resignation, Sorglosigkeit, Eifer und unterscheidet sich von anderen Nationen durch einen seltsam persönlichen Charakter. Diese kraftvolle, kontrastreiche Nation findet gerade in ihren Gegensätzen ungeahnte Hilfsquellen. Das Geheimnis ihrer wunderbaren Widerstandskraft liegt in den großen und vielfachen Unterschieden, die sie in sich vereint. Bei den Franzosen geht eine offensichtliche Leichtigkeit des Charakters mit besonderer Ausdauer und Elastizität einher. Allgemeine Gefälligkeit und Anmut in den Umgangsformen verbinden sich bei ihnen mit einem schrecklichen, stets wachsamen Sinn zur Kritik. Vielleicht ist Frankreich das einzige Land, wo das Lächerliche eine historische Rolle gespielt hat: Es hat Regime untergraben und zerstört. Es genügt ein ‚Wort‘, eine ‚glückliche Formulierung‘ (die manchmal zu glücklich ist), um in der öffentlichen Meinung starke Mächte zu vernichten."

Mit diesem Frankreich-Bild Valérys vor Augen, gehen wir weniger leicht in die Irre. Französisch sein, das ist auch eine Verhaltensweise. Erlernbar!

Deutschfeindlichkeit bei den Bretonen? Ach was! Wir hörten bei ihnen, es sei ein sympathischer Klang in der deutschen Sprache, weil es darin diese „ewigen Nasallaute" ebensowenig gebe wie im Bretonischen.

Erwiderung: Wir hätten in der Schule gelernt, die Franzosen hätten die Nasale von den Franken.

Gegenrede: „Ach, diese Schulen!"

Anders zu Mülhausen im Elsaß. Hier wurden wir nicht nur auf die Nähe zu so verschiedenen Ländern wie der Schweiz und Deutschland aufmerksam gemacht, sondern auch auf das unterschiedliche Verhalten der Generationen: Der Vater des Vierzigjährigen, mit dem wir uns unterhielten, spräche, so hörten wir, das Alemannische, wie es im Elsaß, ähnlich aber auch in der Schweiz und im Badischen gebräuchlich ist; seine Kinder lernten Deutsch in der Schule; er selber sprach ausschließlich Französisch. Nicht, daß er deutschfeindlich war, aber er beurteilte die Politik Bonns gegenüber Frankreich gelinde skeptisch und erinnerte sich an das Mißbehagen, das gerade die gutwilligen Franzosen empfunden hätten, als 1963 der von Adenauer und de Gaulle geschlossene Freundschaftsvertrag prompt vom Bundestag mit einer Präambel versehen und durch sie eingeschränkt wurde.

Unser Gesprächspartner in Mülhausen war nicht Gaullist und war es nie gewesen, fand jedoch, daß wir Deutsche allen Grund hätten, in dem Falle, daß wir die Freundschaft mit Frankreich vertiefen und ihr den höchsten Platz auf der Liste der Freundschaften geben wollten, dem General de Gaulle ebenso dankbar sein sollten wie dem Kanzler Adenauer. Übrigens stimmten wir hier völlig mit ihm überein. Er meinte, daß die meisten Franzosen dächten wie er. Doch hatte er noch eine Frage: Zu Lebzeiten de Gaulles hätten deutsche Zeitungen, wie aus Pressezitaten in den französischen Blättern ersichtlich gewesen sei, vom General gern wie von einem Pascha, einem starrköpfigen Tyrannen, einem altmodischen Königdarsteller gesprochen; sie hätten begierig den verächtlichen, überheblichen, spöttischen Ton gewisser Pariser Intellektueller nachgeahmt. Ob dieser Stil der Besserwisserei und unterkühlten Verdächtigung auch heute noch üblich sei? Hier blieben wir die Antwort schuldig.

Wenn man von Deutschfeindlichkeit der Franzosen nicht mehr reden kann, so doch von einem gewissen, vielleicht unter einer Decke von Liebenswürdigkeit schlummernden Mißtrauen: Das wacht leicht wieder auf. Wie sich dann verhalten? Nun, mit schnellen Umarmungen ist es jedenfalls nicht getan.

Und dann die Vorurteile auf beiden Seiten!

Wie sind wir Deutschen bloß auf die Idee gekommen, die Franzosen seien faul? Die französischen Landwirte arbeiten genausoviel wie die deutschen, die Arbeiter gewiß mehr als ihre Kollegen in der Bundesrepublik. Und wenn wir Deutsche besserwisserisch sind und demnach häufig taktlos – ein Vorwurf, an dessen Berechtigung ich für meinen Teil nicht zweifle –, warum kreiden sie uns diese Fehler besonders an? Und nicht etwa den Italienern, deren Schriftsteller und Journalisten sich in dieser Hinsicht auch einiges geleistet haben? Ein französischer Freund hatte darauf die Antwort: „Weil wir mehr an euch Deutschen interessiert sind!"

Warum halten die Franzosen uns Deutsche sowohl für fleißiger als auch für reicher, als wir sind? Wo doch nicht nur die Lektüre amerikanischer Futurologen, sondern auch eigene Alltagsbeobachtungen in beiden Ländern uns den Eindruck vermittelt haben, daß der französische „Rückstand", wenn denn verglichen werden muß, bald aufgeholt sein wird. Wahr ist, daß die Franzosen nicht gar so große Angst vor Arbeitslosigkeit und vor Inflation haben wie wir Deutschen, die wir die Notstände unserer Väter in den zwanziger Jahren noch nicht vergessen haben. Aber vielleicht ist auch ein Körnchen Wahrheit in der witzigen Variante verborgen, die ein Pariser auf die Tatsache fand, daß französische Zeitungen und Fernsehsender immer wieder die deutsche „Musterhaftigkeit" in wirtschaftlichen und sozialen Sachen erwähnen: „Auch Tacitus", so sagte er, „hat über die Germanen ebenso langweilige wie nachahmenswerte Geschichten verbreitet, die – egal, ob sie stimmten oder nicht – die eigenen Landsleute, die Römer, zum Nacheifern anregen sollten."

Warum müssen die Franzosen von Zeit zu Zeit gewaltige Kraftakte unternehmen, Werke schaffen, die als „die größten der Welt" vor dem staunenden Publikum stehen? Die Oper in Paris, vor dem Krieg von 1870/71 begonnen und nach ihm fortgesetzt? Den Eiffelturm ein paar Jahre später? Den nach Charles de Gaulle benannten Flugplatz von Roissy im Norden und die Markthallen bei Orly im Süden von Paris? Das Kultur-Zentrum im Viertel Beaubourg, diesen riesigen, überraschenden Bau, den die Pariser schon vor seiner Einweihung Ende Januar 1977 mit einer Ölraffinerie oder einem gigantischen Schiff verglichen? Brauchen sie solche nationale Selbstbewährung? Aber warum haben sie dann einem Schweizer – Rolf Liebermann – die etwas eintönig gewordene Oper hundert Jahre nach der Entstehung zur kulturellen Renovierung anvertraut? Warum ging ihr Auftrag beim Wettbewerb um das „Centre Beaubourg", das von Pompidou angeregt wurde und seinen Namen trägt, an englische und italienische Architekten? Warum beriefen sie den Schweden Pontus Hulten zum Leiter des darin eingerichteten „Museums für moderne Kunst"? Diese nur von wenigen kritisierte Berufung von Ausländern zeugt nicht von „Chauvinismus", den man den Franzosen gelegentlich vorwirft.

Wie im Falle des mit den Engländern gemeinsam gebauten „Überschall"-Flugzeugs „Concorde", das sich in unseren siebziger Jahren als der modernste Langstreckenkreuzer der Welt in die Luft erhob, ist auch das „Centre Pompidou" in einer wirtschaftlich gesunden Zeit geplant worden, wo alle vorwärtsdrängten und Lust hatten, groß zu sehen. Den ersten Zweiflern am wirtschaftlichen Erfolg der „Concorde", den frühen Propheten, die der „Air France" rote Zahlen an die Wand malten, hatte de Gaulle, der gelegentlich seine eindrucksvolle Redeweise mit saloppen Bemerkungen zu würzen liebte, entgegnet: „Wir haben mit der ‚Caravelle' ric-rac gemacht; wir werden auch mit der ‚Concorde' ric-rac machen." Wobei das „ric-rac" für das Geräusch der Ladenkasse stand. Inzwischen kam die Krise, die weltweite. Die großen, die „überdimensionalen" Werke waren begonnen und mußten zu Ende geführt werden, mochten die Überklugen drinnen und draußen auch die Köpfe schütteln und sich als die sparsamen Rechenmeister des kleinen Einmaleins rühmen.

Was aber, wenn der Griff in die Zukunft, den Frankreich wagte, nicht nur mutig, sondern richtig war? Was das „Centre Beaubourg" angeht, so ist es ja nicht nur für Pariser, nicht nur für Franzosen errichtet. Schon heute kann man sagen: Es ist eine Reise nach Paris wert. Und diese Reise wird ja auch gemacht.

Neuerdings konnte man wieder Betrachtungen lesen und Diskussionen hören, in denen viele Eigentümlichkeiten Frankreichs und der Franzosen auf den Einfluß der katholischen Kirche zurückgeführt werden. In dem schon erwähnten Buch „La France en miettes" hatte Jean-Pierre Richardot die These vertreten, die übrigens nicht neu, doch wohl in jedem Fall protestantisch war, daß das bis auf die Merowinger zurückgehende Bündnis zwischen Papst und König Frankreich jenes streng hierarchische System aufgeprägt habe, das für die katholische Kirche charakteristisch ist: Das geheiligte Haupt befiehlt, die Glieder gehorchen. Richardot bemerkte dazu, was Françoise Giroud, die spätere Kultur-Ministerin, schon vor Jahren betont hatte: daß katholische Länder anfälliger für den Kommunismus seien als protestantische oder protestantisch stark durchsetzte, wobei er auch auf Italien verwies. Die Protestanten, unter denen der einzelne zur Selbstverantwortung erzogen sei, stünden allen autoritären Tendenzen weitaus kritischer gegenüber.

Religion

Nur wenige Wochen nach dem polemischen Buch des überzeugten „Okzitanen", der, wie er schreibt, einen Teil seiner Jugend in den Cevennen verbracht hat, erschien im Herbst 1976 das hier mehrfach zitierte Werk von Alain Peyrefitte „La Mal Français", das der „Nouvel Observateur", das Pariser Wochenmagazin, „das am meisten hugenottische Buch des Jahres" nannte, ungeachtet dessen, daß der Autor Katholik ist. In seinen Augen hat die unablässige Einstrahlung der Kirche einen großen Teil der Schuld an dem, wie er es nennt, „französischen Übel" zu tragen: an der allmächtigen Staatsverwaltung und ihrem Übermut, an dem Mangel des zivilen Sinns der Bürger, die sich auf der einen Seite daran gewöhnt haben, daß sie „von oben herunter" regiert oder verwaltet werden, auf der anderen Seite sich wenig Skrupel machen, den Verwaltern ein Schnippchen zu schlagen: Im Lande der indirekten Steuern ist es nicht leicht, direkte Steuern einzutreiben außer bei denen, die feste Löhne und Gehälter bekommen.

Françoise Giroud, damals Chefredakteurin des Wochenmagazins „Express", dann Minister für Kultur, hatte 1972 in ihrem Buch „Si je mens..." von den Hugenotten, die unter dem prachtliebenden, aber ruinösen Regime Ludwigs XIV. flüchteten, als den intelligentesten und fleißigsten Franzosen gesprochen: „Sie nahmen die Kunst der Seiden- und Tuchweberei mit, die dadurch aufhörte, eine französische Spezialität zu sein, das Handwerk der Hutmacherei und der feinen Messerschmiederei ... Aber das Schlimmste war, daß sie den Protestantismus mitnahmen, das heißt: die Überzeugung, es müsse die zivile Macht an die Stelle der religiösen und religiös geheiligten gesetzt werden; die Verneinung jeder Autorität, die höher sei als die individuelle Vernunft; die Intelligenz der Verfolgten, die nun einmal gezwungen sind, intelligent zu sein; schließlich ihr anderes Verhältnis zum Geld." Es blieb in Frankreich die „alte schöne französische" – und man muß hinzufügen: katholische – „Verachtung für die Industrie, den Handel, die Finanzen". Noch Balzac hat den Protestanten vorgeworfen, sie töteten den Glauben, die Kunst, die Liebe. „Auf jeden Fall" – so Françoise Giroud – „töteten sie den Dogmatismus."

Es sind schätzungsweise 300000 bis 500000 Hugenotten geflüchtet: viele nach Deutschland, zumal nach Berlin, wo sie am Aufstieg der Stadt und des Landes so tüchtig mitgewirkt haben, daß französische Namen – und sei es der des berlinerischen Stadtoriginals Madame Dutitre – gut preußische Namen wurden. Ihnen zuliebe wurden der calvinistische „Französische Dom" und das heute noch bestehende „Französische Gymnasium" errichtet.

47

Im Süden Frankreichs aber, und besonders in den Cevennen, ist das Gedächtnis an die Kämpfe, die sich die Truppen Ludwigs XIV. und die protestantischen „Camisards" mit unerhörter Grausamkeit lieferten, noch gegenwärtig unvergessen. Die Camisards hatten nicht nur religiöse, sondern auch soziale Ziele. Sie waren Rebellen in jeder Hinsicht. Und ob der von Fackeln erleuchtete Marsch, den Tausende heutiger Franzosen den gefallenen Vorfahren zu Ehren in den Cevennen veranstalten, mehr dem Andenken an die religiösen Märtyrer oder an die Rebellen gilt, wird nicht immer auszumachen sein.

„Die Bewegung der Camisards", so schrieb einer der besten Kenner der okzitanischen Kultur, Robert Lafont, Professor an der Universität Montpellier, „hat einen speziellen menschlichen Typus hervorgebracht: den ‚homme protestantaire huguenot'. Und dieser Typ hat in den Cevennen bis zu unseren Tagen überlebt, genährt von einem unbezähmbaren Drang der Gewissensfreiheit, aber auch von einem existentiellen und konkreten Freiheitswillen gegenüber allen Zwangsgewalten. Man weiß, daß sich im zwanzigsten Jahrhundert die Bewohner der protestantischen Gebiete der Cevennen als aufrechte Republikaner bewährt haben ... Nicht, daß der Protestantismus je eine Verbindung mit dem Marxismus eingegangen sei; aber wahr ist, daß der ‚homme protestant' dort, wo er außerhalb des Bürgertums blieb, in sozialer Hinsicht leicht zum ‚homme protestantaire' wurde. Unter der deutschen Besetzung ist dieser Urtyp wieder geschichtlich hervorgetreten: Die protestantischen Bauern der Cevennen haben großherzig die Widerstandskämpfer unterstützt und heldenhaft ihre gelichteten Reihen wieder aufgefüllt." („Clefs pour l'Occitanie", Editions Segher, Paris.)

Es traf sich, daß wir einmal nacheinander an einer Messe mit Pilgern in Lourdes zu Füßen der Pyrenäen, dem wohl bekanntesten Wallfahrtsort der katholischen Welt, und einem protestantischen Gottesdienst in den Cevennen teilnehmen konnten. Der Schauplatz war ein Wiesental dicht bei Mas Soubeyran, einem Dorf inmitten des „Désert", der Wüste, wie man diese rauhe, karge Landschaft in doppeltem Sinne nannte, wo noch das Haus des Bauern Roland erhalten ist, eines offensichtlich genialen Partisanenführers, da er der Übermacht von etwa 30 000 königlichen Dragonern mit 3 000 Camisards Jahr um Jahr standhielt. (Camisards hießen sie nach dem okzitanischen Wort für Hemd: „Camiso".) Der Aufstand hatte nach Aufhebung des Edikts von Nantes 1685 begonnen, durch das den Protestanten die Glaubensfreiheit zugesichert worden war, und dauerte bis 1704, dem Jahr, wo Roland durch Verrat in die Hände seiner Gegner fiel und hingerichtet wurde. Der lange Marsch durch die Wüste war beendet.

Weil sich das Dorf wenig verändert hatte, konnte man mit dem Blick auf die alten Häuser und auf die karge Berglandschaft glauben, die Dragoner des „Sonnenkönigs" seien erst gestern abgezogen. Um so eindrucksvoller wirkte die Feier im Freien. Man saß auf dem Grasboden. Es waren auch deutsche und skandinavische Pastoren gekommen. Kinder wurden getauft, Predigten gehalten,

Choräle gesungen. Und in der Strenge dieser Landschaft schien das Ganze geprägt von frommer Nüchternheit. Sogar auf einer Wiese, wo rasch zusammengezimmerte Tische und Bänke aufgestellt worden waren und wo Erfrischungen feilgehalten wurden, blieb die Atmosphäre ruhiger Würde erhalten, als die Menge hier gesellig zusammenkam.

Doch Lourdes – welch ein Unterschied, soweit wir von der Stadt, nicht vom Bezirk der religiösen Weihe sprechen! Wir mußten einen schlechten Tag erwischt haben, denn der Rummel war unbeschreiblich. Wir waren aus dem Baskenland gekommen, wo wir den verschiedenen Formen des Pelota-Spiels zugesehen und sie selbst stümperhaft erprobt hatten: den Wurf des Balles gegen eine eigens dafür hergerichtete Wand und sein Auffangen, sei es mit bloßer oder einer durch Leder geschützten Hand oder mit dem Chistera, einer Art Korb, den man über den Unterarm stülpt. Es ist ein Spiel, dessen Ursprung ebenso unbekannt ist wie die Herkunft der Basken selbst, aber gewiß im alten Rom, im alten Sparta, wahrscheinlich vorher in Asien gepflegt wurde und wohl als der Vorläufer des Tennis betrachtet werden muß. Lourdes aber wollten wir eines Kontrasts wegen sehen: Auf der einen Seite haben sich die Gascogner als die Meister des Rugby ausgewiesen, das allerdings erst vor einem Jahrhundert aus Irland via England nach Frankreich gekommen war. Hier sagt nun die Sportgeschichte, daß die Gascogne in den vergangenen zwei Jahrzehnten 15 von 20 französischen Meisterschaftsspielen gewann und daß die Rugby-Mannschaft von Lourdes daran den weitaus größten Anteil hatte. Nun ist Rugby ein Spiel für schnelle, kräftige, ausdauernde Jungen, doch gänzlich ungeeignet für empfindliche, übersensible Naturen. Es war ein Star unter den Spielern, und gut katholisch obendrein, der sagte: „Man muß sich wirklich überlegen, ob man nicht ausziehen soll aus Lourdes. Die Ausbeutung der Pilger hat von Jahr zu Jahr zugenommen."

Was die Geschäfte nicht alles verkaufen! Plastikflaschen in Gestalt der Madonna – der Kopf ist abschraubbar – als Behälter für das Wasser aus der heilsamen Quelle. In der Produktion „frommer" Andenken feiert die Geschmacklosigkeit Orgien. Eine widerstrebende alte Dame wurde vor unseren Augen mit sanfter Gewalt in das Geburtshaus der Bernadette geführt, des Hirtenmädchens, dem die Mutter Gottes achtmal erschienen war: Sie hatte das Haus einfach zu besichtigen und die entsprechenden Trinkgelder zu verteilen. Nichts gegen die Tatsache, daß die Hotels von Lourdes 15000 Zimmer für die Pilger bereithalten, daß die Restraurants täglich 20000 Gäste beköstigen können. Aber muß auf den Schildern anstatt „Zum Bären" der Titel stehen „Zum heiligen Erlöser"? Anstatt „Zum weißen Hirsch": „Zum Herzen Jesu"?

Die andere Seite von Lourdes – das ist die durch ein schönes Gitter von der Stadt getrennte Welt der Andacht und der Gläubigkeit. Die übereinander gebauten Kirchen, im vorigen Jahrhundert errichtet und im überschwenglichen

Stil der Zeit ausgeschmückt, könnten nicht anders sein als sie sind. Das gilt auch für die unterirdische Kathedrale, die 1958 geweiht wurde, genau hundert Jahre, nachdem die Madonna dem Mädchen Bernadette erschienen war: In dieser Kirche finden mehr als 20000 Pilger Platz. Und Beton ist nun einmal der Baustoff der heutigen Zeit. Hier hindert er die Menschen nicht, ergriffen zu sein.

In der Grotte von Massabielle unterhalb der beiden anderen Kirchen, wo die Heilquelle zutage tritt und wo die Statue der Mutter Gottes steht, so wie Bernadette sie beschrieb, bieten die Krücken, die am Felsen aufgehängt wurden, weil die Beter sie nicht mehr brauchten, einen etwas kurios-makabren Anblick. Und doch ist die Atmosphäre echt. Aus dem Hospital auf dem gleichen, dem Gebet gewidmeten Bereich werden Kranke in Liege- oder Sitzwagen herangefahren; es drängen sich die Menschen. Choräle in allen möglichen Sprachen. Kerzen, die, im Sonnenlicht flackernd, einen unwirklichen Eindruck machen. Dabei ist hier – im Gegensatz zum Betrieb der Stadt – die Szene echt. Zwar weiß man, daß unter den fünf Millionen Pilgern, die jahraus, jahrein hierher strömen, immer wieder Menschen sind, die plötzlich von ihrer Krankheit geheilt werden. Aber man weiß auch, daß die kirchlichen Instanzen selbst in ganz erstaunlichen Fällen der Gesundung hundert Zweifel bereithalten und tausend psychosomatische Erklärungen geben, ehe sie dulden, daß von einem Wunder gesprochen wird. In Lourdes gibt es eine theologisch-medizinische Kommission, deren Wirken nicht selten kritisiert wird. Erstens: Wo ist der seelsorgerische Kontakt zu den Menschen, die hier auf außergewöhnliche Weise geheilt wurden? Zweitens: Wo bleibt die medizinische Kontrolle ungewöhnlicher Gesundung: die Beobachtung auf Jahre hinaus? Der dritte Tadel wird von Journalisten ausgesprochen. Sie sagen: Warum erfahren wir von wunderbaren Heilungen nur dann, wenn sie nicht mehr aktuell sind: zehn Jahre später?

Seitdem Lourdes Wallfahrtsort wurde, also seit nicht ganz 120 Jahren, waren etwa zwei Millionen Kranke unter den Pilgern. Von ihnen bezeugten 4000 ihre „wunderbare Heilung". Die Kirche aber hat Wunder nur in zweiundsechzig Fällen anerkannt. Katholische Ärzte, die im Hospital von Lourdes arbeiten, sprechen viel eher von der Heilwirkung jenes Erhobenseins, in dem der Gläubige sich mit Gott eins fühlt. Es sei der Glaube, der heile.

Insgesamt ist der Einfluß, den die Kirche in Frankreich ausübt, unterschiedlich. Im Westen des Hexagon, in der Bretagne, der Vendée, dann auch im Osten, nämlich im Elsaß, in Lothringen und der Freigrafschaft (Franche Comté) gibt es mehr praktizierende Christen als beispielsweise in den Départements Loiret und Corrèze. Auch in Paris ist das religiöse Leben nicht überall von gleicher Kraft. Im bürgerlichen XVI. Arrondissement gehen 35 Prozent der Erwachsenen sonntags in die Messe, in Belleville, dem XX., dem Arbeiter-Arrondissement, nehmen nur 5 Prozent am Gottesdienst teil. Die Statistik zeigt, daß überall dort, wo das religiöse Leben intakt ist, die Geburtenziffern höher, die Zahl der

Ehescheidungen und der Selbstmorde geringer sind als anderswo. Dort sei deutlich ein Unterschied sogar in der Kundschaft der Warenhäuser und der Kinos erkennbar: Es gäbe ein katholisches und ein laizistisches Publikum.

Weithin bekannt ist, daß Kirche und Staat seit 1905 getrennt sind. Das heißt: Nur im Elsaß und in jenem Teil Lothringens, der 1871 ebenfalls an Deutschland fiel, beziehen die Geistlichen aus der Staatskasse ihre Gehälter. Das geht auf ein Konkordat (1801) mit dem Heiligen Stuhl zurück, das von den Deutschen, dann von den Franzosen respektiert wurde. Es gilt für die katholischen Priester, für die protestantischen Pastoren, die hier durchweg lutherisch sind, und für die jüdischen Rabbiner gleichermaßen. Die Juden machen übrigens, wie die Protestanten, zwei Prozent der Bevölkerung aus. Und man weiß, daß beispielsweise in der Pariser Region mehr Menschen jüdischen Glaubens leben als in Jerusalem. (In ganz Frankreich mehr als eine halbe Million.)

Wenig bekannt ist hingegen die Tatsache, daß die meisten Gotteshäuser nicht im Besitz der Kirche sind. Die Kathedralen sind seit jener Trennung Eigentum des Staates. Wer von kostspieligen, lang währenden Restaurierungsarbeiten zum Beispiel an „Notre Dame" zu Paris oder an der ältesten Pariser Kirche, der von Saint-Germain-des-Près, auf den Reichtum der Katholiken schließt, irrt also.

Im Gegensatz zu den zentralisierten Ämtern der Staatsfinanzen ist die kirchliche Finanzverwaltung stark dezentralisiert. Es sind die Diözesen, die ihre Gelder verwalten. Danach begreift man, daß die Sprengel nicht alle gleich arm sind. Wohl haben sie teilweise stattlichen Land- und Hausbesitz, aber Kapital ist wenig vorhanden. Praktisch ist die Haupteinnahme der „Denier", der „Kirchen-Heller", den in verschiedener Form ungefähr die Hälfte der Franzosen zahlt, darunter viele, die keine praktizierenden Christen sind. Hinzu kommen Gebühren für Dienste wie Taufe, Trauung, Beerdigung. Weitaus die Mehrzahl der Franzosen ist überzeugt, daß die Kirche ihre Gelder gut verwaltet, daß die Priester arm sind – tatsächlich erhalten sie, angefangen vom jungen Vikar bis zum Bischof, dasselbe Salär, das als Existenz-Minimum gerade ausreicht – und daß es notwendig sei, den Klerus durch Spenden zu unterstützen, wenn es sich um Hilfsaktionen handelt, um Werke der Nächstenliebe.

Gehen wir davon aus, daß die katholische Kirche von Anfang an die große Lehrmeisterin der Franzosen war, die mächtige Kraft, welche die allgemeingültigen Werte setzte, dann stellt sich die bedeutende Frage, was sie in der Gegenwart gilt. Nun, ihre Geltung ist groß, wenn ihre effektive Macht auch dahinschwand.

Erinnern wir uns der These, daß mangelndes Zivilgefühl gegenüber dem Staat und Gleichgültigkeit gegenüber der alles und jedes regelnden Verwaltung wesentlich ein Resultat katholischen Hierarchie-Denkens sei, so können wir wohl zugeben, daß die Führer der Großen Revolution zwar die Kirche verfolgten, aber nicht das antasteten, was sie ihnen beschert hatte: die Möglichkeit, das Volk zentral zu lenken. Die Girondisten des Südens mit ihren republikanisch-föderativen Vorstellungen unterlagen, und die Jacobiner behielten das Heft in der Hand: die Zentralisten. Aber schließlich hat es seit den Anfängen der Dritten Republik mit Staatsmännern wie Jules Ferry die Förderung des Laizismus, des Freidenkertums, gegeben. Es wurde die Volksschule gefördert, der Einspruch des Klerus in die Erziehung verhindert, der Religionsunterricht abgeschafft. Der Anti-Klerikalismus war so sehr Staatsangelegenheit geworden, daß die Feier des Staatsbegräbnisses für Victor Hugo (1885) der Nation zeigen sollte, wie man einen großen Mann würdig zu Grabe trägt, ohne daß Priester dazugebeten werden. Wenn also das Freidenkertum ebenfalls eine Tradition in Frankreich, der „ältesten Tochter der Kirche", besitzt, so wird man die Anklage, die Franzosen seien zu wenig geschult, verantwortungsbewußte Staatsbürger zu sein, wohl etwas einschränken müssen, jedenfalls was den kirchlichen Einfluß betrifft.

Es gibt im katholischen Klerus maßgebende Geister, die mittlerweile mit der Trennung von Staat und Kirche trotz der damit verbundenen Armut vollauf einverstanden sind. Die Kirche galt als monarchistisch, dann als konservativ. Spätestens zur deutschen Besetzungszeit, als die Oberen es fertigbrachten, den Arbeitern, die nach Deutschland verschleppt wurden, heimlich Priester mitzugeben, ist die Kirche wieder nahe beim Volk. Zwar hat der Vatikan die „Arbeiterpriester", deren Einrichtung auf die Zeiten der Deportation zurückgeht, wieder abgeschafft. Aber denken wir doch einmal an die „Frères de la campagne" und die „Sœurs de la campagne", wie sie uns im recht laizistischen Loiret begegnen, wo viele Kirchen ohne Pfarrer sind: Die Mönche betreuen von Lorris aus die Gemeinden im Umkreis dieses alten Städtchens mit der gotischen Kirche, die der heilige Ludwig gebaut hat; die Nonnen haben ein kleines Schloß, das eine adelige Dame ihnen vererbt hatte, zu einem Kloster ausgebaut. Mönche und Nonnen ernähren sich durch ihre Arbeit, und ihre Orden sind Gründungen der ersten Nachkriegszeit.

Mitte der siebziger Jahre hat es eine große Umfrage gegeben, die sorgfältig vorbereitet war und noch heute gilt. Danach sind von zehn christlichen Franzosen neun getauft. Im übrigen traten vier Kategorien zutage. Erstens die Indifferenten mit 21 Prozent, die allem kirchlichen Leben völlig gleichgültig gegenüberstehen; zweitens die freundwilligen Zuschauer und Gelegenheitskatholiken mit 38 Prozent, die die Kirche mindestens als Ordnungs- und Kulturfaktor bejahen, als wärmenden Beitrag zum Leben; drittens die Gläubigen mit 17 Prozent, die sich der Kirche verbunden fühlen, jedoch verwirrt sind durch moderne Entwicklungen; viertens die Integrierten, unter die man auch die 35 000 Priester, die 15 000 Mönche, die 110 000 Nonnen, und schließlich die kämpferischen oder sich aufopfernden Laien, die wirklich Frommen, zählen muß. Diese Integrierten mit sieben Prozent identifizieren sich völlig mit der Kirche.

Im Laufe der Zeit hat sich das Verhältnis der Protestanten zu den Katholiken gewandelt. Solange sie einst die Katholiken als Konservative sahen, fühlten sie, die Minderheit, sich eher „links". Heute, da die katholische Kirche um die Gleichgültigen wirbt und sich vor allem energisch auf die Seite der Notleidenden und Unterdrückten stellt, verhalten sich die Protestanten eher „liberal". Daß die Gegnerschaft beider Konfessionen aufgehört hat, dafür ist Taizé unter anderem ein Beweis: jenes protestantische Kloster in Burgund, das in seiner Art ganz einmalig ist. Obwohl die „Brüder von Taizé" Reformierte sind, hat der Gründer des Klosters, der Schweizer Theologe Roger Schutz, nachmals Träger des „Friedenspreises des Deutschen Buchhandels", die Ordensregeln unter dem Zeichen Armut, Gehorsam, Ehelosigkeit an die der Benediktiner angelehnt. Sein Ziel ist ökumenischer Natur. Und es ist faszinierend, die Ausstrahlung zu sehen, die die „Communauté de Taizé" mit ihren mehr als 60 Mönchen besonders auf die internationale Jugend ausübt. In den Tagen der Vorbereitung eines Treffens, an dem sich dann in dem kleinen Dorf und auf den Wiesen rundum mehr als 50 000 junge Leute versammeln sollten, sagte uns „Frère Roger": „Kontemplation und Engagement sind die beiden Elemente, die zur Wandlung führen, zur Überzeugung, daß Christus für jeden Menschen auferstanden ist." Auf diese hohen Worte folgten dann praktische, liberale Winke, wie man sich der Jugend zu nähern habe. Ihr Motto hieß: Es führen viele Wege zu Gott.

Und welche Rolle spielt der umstrittene Bischof Lefèbvre in seinem Heimatland?

Gewiß gehört er zu den Konservativen. Außerdem fand man ein theatralisches Element in ihm. Wollte er eine Messe in Latein lesen, so machte er eine Aktion daraus. Doch stand er mit seiner Ansicht nicht allein, daß Papst Johannes XXIII. in seinem Willen, die Kirche dem Leben wieder näherzubringen, einen Schritt zu weit gegangen sei. Er erlaubte nicht nur, daß die Messe in der Landessprache gelesen werde; er förderte dies sogar. Georges Pompidou verglich den Papst mit dem „Zauberlehrling", der die herbeigerufenen Geister nicht mehr loswurde. Und nicht nur dies: Der Staatschef setzte fest, daß seine eigene Totenmesse gregorianisch gesungen würde und von Benediktinern. Wie es auch geschah. In Frankreich, aber auch in Europa allgemein, ist seit Johannes XXIII. die Pflege des Gregorianischen Chorals stark vernachlässigt worden. Denkt man daran, daß sein Reichtum kaum ausschöpfbar ist und daß er die Grundlage aller abendländischen Musik war, so versteht man, warum der Bischof Lefèbvre auch bei solchen Menschen eine gewisse Zustimmung findet, denen er zu altmodisch, zu blickbegrenzt ja, hoffnungslos reaktionär ist.

Zu denken gibt eine Umfrage, die sich mit dem Thema „Die Franzosen und das Jenseits" befaßte. 40 Prozent der Befragten antworteten: „Nach dem Tod ist das Nichts." Und unter ihnen waren praktizierende Christen. Das erinnert an Ernst

Robert Curtius, der das Streben nach irdischer Ordnung und Gemeinschaft, nach klargeprägter Form und fester Norm für ein katholisches Bedürfnis der Franzosen hielt („Frankreich", 1930). Der Gedanke an das Jenseits scheint den deutschen Katholiken natürlicher zu sein. 20 Prozent der Antworten auf die französische Umfrage ließen erkennen, es sei eine beunruhigende Sache, sich mit dem Jenseits zu beschäftigen. 30 Prozent aber machten deutlich: Ob es ein Leben nach dem Tode gäbe oder nicht: In jedem Falle sei ein guter Grund gegeben, das Dasein zu genießen. Und dies ist wohl ein eminentes Zeugnis des französischen Katholizismus. (Calvinisten und Lutheraner pflegen hier strenger, wenn nicht gar pessimistischer zu reagieren.) Ein Kommentar zur Umfrage machte klar, daß der Glaube an das Jenseits eigentlich nur bei den Bauern noch stark und selbstverständlich sei. Uns scheint die Mitteilung, daß in jedem Fall Anlaß gegeben sei, sich des Lebens zu freuen, auf jenes charakteristische Talent der Franzosen hinzuweisen, das ihnen allen gemeinsam ist: die Lebenskunst. Es war ein Protestant, der die Franzosen gute Katholiken, aber schlechte Christen nannte.

Umgangsformen

Zur Lebenskunst gehört die Höflichkeit, die seit alter Zeit eine sprichwörtliche Tugend der Franzosen ist. Aber hier sind leider einige Einschränkungen zu machen. Und zwar geht den Parisern die Hast und Unrast und Menschenenge deutlich auf die Nerven. Wenn sie zusammengepfercht in der „Metro" rollen, wie es in der Stunde nach Büroschluß der Fall ist, kostet es sie Mühe, einander zu ertragen. Und nirgendwo sonst können wir so gleichgültige, in ihren Gedanken abwesende Verkäuferinnen treffen wie in den Pariser Warenhäusern. Wenn es in Deutschland heißt: „Seid nett zueinander", und wenn in Frankreich „Wochen der Höflichkeit" eingeführt werden müssen, ist man zu der Annahme berechtigt, daß die Umgangsformen zu wünschen übriglassen. Nur ungern gestehen Pariser dies gegenüber den Fremden ein. Dabei brauchten sie sich nicht zu genieren. Denn der Fremde, der in Frankreich herumgekommen ist, weiß ja sehr gut, daß außerhalb von Paris die französische Lebensweise intakt ist. Nur muß man Höflichkeit nicht unbedingt mit Herzlichkeit verwechseln.

Höflichkeit in Frankreich ist ein Erziehungsprodukt: Von früh auf werden die Kinder angehalten, „Madame" und „Monsieur" zu sagen und „Pardon", wenn sie auf der Treppe jemandem begegnen. Die Reisenden, denen auffällt, daß der Pariser Gruß nicht „Bonjour", sondern „Pardon" heißt, haben gut beobachtet. Das „Pardon" ist ja keineswegs ein Ausdruck der Unterlegenheit – „Entschuldigen Sie, daß ich auf der Welt bin" –, sondern der Überlegenheit: „Ich habe mich entschuldigt, und jetzt sollten Sie, meine Mitmenschen, so freundlich sein, etwas zusammenzurücken, damit ich auch noch ein bißchen Platz bekomme!" So und nicht anders muß man das sehen.

Höflichkeit – und das ist den Fremden nicht immer klar – ist auch ein Mittel, sich die Leute vom Hals zu halten. Freilich, man rückt beiseite, wenn's eng ist im Café, aber wer meint, die körperliche Nähe sei ein Anlaß, ein Gespräch anzuknüpfen, wird merken, daß es nicht nur liebenswürdige und gleichgültige Höflichkeit, sondern sogar ein direkt schneidendes „Pardon" gibt.

Höflichkeit ist für Franzosen das mindeste, was der Mensch vom anderen verlangen kann. Wenn zum Beispiel ein Staatsmann seinen Gegnern zuruft – wie Giscard d'Estaing dies während seiner Reise durch die Bretagne Anfang Februar 1977 mit Blick auf die Kommunisten tat –, die französische Politik sei momentan die unhöflichste der Welt, so ist das ein sehr schwerer Vorwurf.

„Unhöfliche Politik"? Ein deutscher, erst recht ein amerikanischer Politiker würde über solchen Tadel sanft lächeln. Dies einem französischen Parteimann ins Gesicht geworfen, und es bleibt ihm der Atem weg ...!

Es ist auch nicht höflich zu fragen, wieviel Geld der andere verdiene. (Geschieht es, so stöhnen die Franzosen gegenüber solcher Verrohung: „Amerika, du frißt uns auf!") Das selbstverständliche Gesetz der Höflichkeit verbietet beispielsweise auch den Journalisten, das zu machen, was die Amerikaner und wir Deutschen ein „knallhartes Interview" nennen. Privatangelegenheiten sind tabu und werden notfalls nur angedeutet. Ein sehr bekannter amerikanischer Jounalist sagte, bei den Pressekonferenzen im „Weißen Haus" daheim sei meist „etwas los", aber die des Staatschefs im Elysée seien nichts weiter als ein Menuett der Höflichkeit. Sachliche Fragen und Antworten.

Hin und wieder geistreiche Formulierungen – das ja! Aber niemand tanze aus der Reihe. Jene journalistische Manier, allein schon durch Stil und sprachliche Varianten Verdächtigungen anzudeuten, sind den Franzosen ein Greuel. Sie sind hilflos in solchen Fällen. Sie bemitleiden den Unhöflichen, wenn sie über ihn nicht lachen können. Ist er gegangen, so waschen sie hinterher die Wände ab, damit nur ja keine Dreistigkeitsbazillen hängenbleiben.

Und schon wieder muß eine Ausnahme gemacht werden: Die Autofahrer gehen zwar nicht so weit, daß sie einander den „Vogel zeigen", aber ein Mangel an Höflichkeit tritt bei den Franzosen leicht in Erscheinung, sobald sie sich hinter das Steuer klemmen.

Wer von rechts kommt, hat recht: Dieser Satz ist in Frankreich nicht bloß eine Verkehrsregel über die Vorfahrt, sondern auch eine Art Weltanschauung. Und sie bestehen so sehr auf ihrem Recht, daß es ohne Schrammen auf Dauer nicht abgeht. In den Großstädten beobachtet man auch, daß Fahrer, die einen Parkplatz einnehmen oder verlassen, unbekümmert das hintere oder vordere Auto ein bißchen anstoßen. Und sie wundern sich sehr, wenn sie bei gleichem Verfahren in der Bundesrepublik erleben müssen, wie die Besitzer der angerempelten Wagen zornschnaubend herbeigestürzt kommen. Obwohl die Franzosen ihre Autos über alles lieben – wahrscheinlich am meisten als Symbol der Freiheit –, sind sie doch nicht besonders „pingelig", und daß eine Schramme am Lack eines fremden (und eigenen) Autos unter die Rubrik Sachbeschädigung fallen könnte, kommt ihnen nicht so leicht in den Sinn.

Ihre Unhöflichkeit am Steuer besteht zum Beispiel darin, daß sie verlangen, der andere solle sofort Platz zum Überholen machen; sie fahren dem lieben Nächsten „vor die Schnauze", um es auf deutsch zu sagen, und erwarten, daß dessen Reaktion ebenso schnell ist wie die eigene. Sind aber Sachschäden zu registrieren, dann greifen sie, wenn die Umstände es erlauben, zu vorgedruckten Papieren, die sie im Handschuhkasten haben, und die eine Regelung „à l'amiable" erleichtern, das heißt: Man trägt die Fehde auf gütliche Weise aus, ohne Mitwirkung der Polizei, die sich überhaupt von der deutschen etwas unterscheidet: Deutsche Polizeibeamte verhalten sich gern, als hätten schon sie, und nicht erst die Richter, die Pflicht zu erkennen, wer Recht und wer Unrecht hat. Sie selber nennen sich „Hüter des Gesetzes", aber sie lassen sich herbei, im Auftrag eines Mieters dem Untermieter zu sagen, er solle nicht soviel Lärm machen.

Die französischen Polizisten, gleich welcher Kategorie, fühlen sich erst einmal als Schützer des Staates. Anzeigen gegen „Unbekannt", weil ein Hund vergiftet wurde – um ein erlebtes Beispiel zu nennen –, nehmen sie nur mürrisch auf und lassen sie dann auf sich beruhen. Sie sind offenbar nicht auf der Welt, um sich in den Streit zweier Mitmenschen einzumischen.

Aber um zu den „Verkehrsteilnehmern" zurückzukehren: Die Franzosen mit ihrer raschen Reaktionsfähigkeit und ihrem Sinn für Rhythmus (sie fahren quasi von Natur aus „zügig") haben sich mehr und mehr daran gewöhnt, Vorschriften zu beachten. Die Mehrzahl gab Ende 1976 an, die Geschwindigkeitsbeschränkung auf den Autobahnen mit 130 Kilometern pro Stunde, mit 120 auf zweibahnigen Straßen in jeweils einer Richtung und mit 90 Stundenkilometern auf normalen Landstraßen sei eine vernünftige Regelung. Es sind die Verkehrsunfälle auch beträchtlich zurückgegangen, was die Zahl angeht, nicht jedoch, was die Schwere der Fälle betrifft. Die Zahl der Toten und der Schwerverletzten ist gestiegen. Und die Behörde meldet offiziell, es seien die Achtzehn- bis Vierundzwanzigjährigen, die durch Leichtsinn und Rücksichtslosigkeit die schwersten Unfälle verschuldeten. 60 Prozent aller Unfälle gehen, wie es heißt, auf Alkoholmißbrauch zurück.

Zum Thema Höflichkeit als der französischen Nationaltugend paßt die Erfahrung, daß die Franzosen zu debattieren und Gespräche zu führen wissen. Schon Madame de Staël, die Gegnerin Napoleons und große Deutschland-Reisende, hat in ihrem Buch „De l'Allemagne" geschildert, wie sich in einer deutschen Gesellschaft bald herausstellt, wer das große Wort führen darf, und ihm wird dann brav gelauscht, während in französischen Salons der Ball der Gespräche und Plaudereien von dem zu jenem springt, elegant aufgefangen und weitergegeben wird, wie er verschiedene Farben annehmen kann, heitere, düstere, auch verschiedenen Inhalt und Charakter, ironischen oder pathetischen, geistvollen, epischen. Daran hat sich bis heute nichts geändert.

Kultur und Sprache

Vergleichen wir die Fernseh- und Rundfunkprogramme, so will uns scheinen, daß man sie hüben und drüben des Rheins in gleicher Weise qualifizieren und disqualifizieren kann. Vielleicht, daß in Frankreich die Chansonsendungen insgesamt besser sind, nicht nur, was ihre Spitzen angeht; sie haben eben großartige Künstler vom Schlage eines Yves Montand. Worin sie ganz sicherlich überlegen sind, ist die freie, oft geradezu anmutige, dabei auch in heißen Auseinandersetzungen noch höfliche Art, in der Gäste im Studio sprechen, zu debattieren, zu gestikulieren verstehen. In diesen Zusammenhang gehören auch einige Bemerkungen über Humor und Witz. War's nicht schon in der Schule, daß wir gelernt haben, die Kalauer kämen aus Kalau?

„Guckt mal im Atlas nach!"

Und da war es eine Kreisstadt bei Cottbus, der Heimat des „Cottbuser Postkutschers, der den Cottbuser Postkutschkasten putzte", und zwar so schnell, daß man sich die Zunge zerbrach. Es wunderte uns dann weiter auch nicht mehr, daß in dieser Gegend nahe dem Spreewald ein Meerrettich gezogen wurde: so scharf, daß er Tränen aufsteigen ließ. Im Gedächtnis blieb ebenfalls, daß der Kalauer ein dummer Wortwitz sei. Blödelei. Besser, man gewöhne sich's erst gar nicht an. Aber in Frankreich ist das anders.

In Frankreich, wo man vom „Calembour" spricht, weiß man von seiner Herkunft nichts Genaues. Kaum zu glauben, daß das Wort auf einen Mann mit Namen Kahlenberg zurückgehe, auf einen Deutschen, der schlecht Französisch gesprochen und alles durcheinandergeworfen habe. Eher haben wohl neuere Etymologen recht, wenn sie „Calembour" von „Bourde", einer „Aufschneiderei", ableiten! Sicher ist aber, daß der Calembour in Frankreich nicht als etwas Blödes gilt. Schließlich gehört ja auch nicht wenig dazu: eine gründliche Kenntnis der Sprache, ja ein regelrechtes Verliebtsein in sie, Sinn für Doppeldeutigkeit, für Vertauschbarkeit der Wörter, für ihre wandelbaren und doch logischen Wirkungen, wenn sie auseinandergezogen oder zusammengedrängt werden. Die musikalische Komposition gebraucht solche Verfahren. Kein Zufall, daß Musiker allgemein in guten und schlechten Augenblicken sich als Meister des Wortspiels, des Kalauers, gezeigt haben. Hans Pfitzner, der Ultrakonservative, in böser Stunde, als man ihn nach seiner Ansicht über zeitgenössische Komponisten fragte: „Ach, egk mich am Orff!" Doch Hans von Bülow in dem Augenblick, da er sich anschickte, ein Konzert für eine Lehrervereinigung zu dirigieren: „Ich habe das Haus schon voller gesehen; ich habe es auch schon leerer gesehen. Aber so voller Lehrer habe ich es noch nie gesehen." Blödelei? Die Redakteure des Pariser Blattes „Canard enchaîné" hätten ihre Freude daran. Denn ihre „Gefesselte Ente" lebt vom Calembour.

Leider hat die Kunst, geistvoll mit der Calembour-Technik umzugehen, einen großen Fehler. Sie läßt sich schlecht übersetzen. So bleibt vieles von dem, was der große französische Humorist Alphonse Allais schrieb, auf der Strecke, wenn sich jemand daran macht, aus seinem umfangreichen Werk zu übersetzen und zu veröffentlichen, wie dies nun endlich ein deutscher Verlag sich zur Aufgabe gemacht hat. Dabei ist Allais als Normanne den deutschen oder auch englischen Humoristen verwandt.

Die französischen Calembours unterscheiden sich von den deutschen Kalauern wie Gravensteiner von Holzäpfeln. Ganz nett schon die Äußerung, die Voltaire zugeschrieben wird: Der Philosoph zu einer Dame, die ihm eine Tasse Tee hatte servieren lassen: „Sie sind, Madame, wie diese Tasse. Pleine de bon thé (bonté gleich Güte)!" Und hier für Fortgeschrittene der berühmte Calembour des Königs Ludwig XVIII., dem als Thronerbe sein Bruder Karl X. folgen sollte: Der sterbende König liest auf den Zügen seiner Ärzte, daß sie ihn aufgeben, und murmelt seinen letzten Calembour: „Geben wir's auf, meine Herren, Charles attend." („Karl wartet" oder „charlatans".)

Wozu die alten Geschichten? – Weil sie ewig neu sind! Als am letzten Januartag 1977 das „Centre Pompidou", der Kulturpalast im Pariser Stadtteil Beaubourg eröffnet wurde, jener ultramoderne Bau, dessen Ähnlichkeit mit einem riesigen Schiff jedem auffiel, telefonierte eine Frau mit dem Rundfunk und sagte: „Wollen Sie wissen, wie ich das Centre Pompidou nenne? Bateau-Savoir!"

Große Freude im Rundfunkhaus. Der neue Name wurde sofort in alle Winde gestreut. Und nicht nur das: Es wurde der Dame ein kleines Geschenk gemacht, bestehend aus einer Jahreskarte für den Eintritt in das Haus, das sie so treffend getauft hatte. Und da jegliche weitere Erklärung fehlte, fragte ich: „Verstehen denn alle den Witz? Und wo sitzt er?"

„Mon Dieu! Das Haus, in dem der junge Picasso und seine Freunde in Montmartre hausten, hieß doch ‚Bateau-Lavoir'. Das weiß doch jeder!"

Ganz Frankreich glücklich über einen Calembour.

Es ist natürlich übertrieben zu behaupten, jeder wisse, wo Picasso in welcher Epoche seines Pariser Künstlerlebens gewohnt habe. Man müßte sich erst über den „Jedermann" einigen. Ob auch eine „Jedefrau" willkommen ist?

Madame L., in den Fünfzigern, Witwe eines Kolonialwarenhändlers zu Auxaire in Burgund, hält sich selber für eine „Durchschnitts-Französin". Sie hat als Verkäuferin im Laden ihrer späteren Schwiegereltern angefangen und ist gleich dort geblieben. Sie weiß, wer Picasso ist, und seine frühen Bilder, „auf denen die Menschen noch aussehen wie Menschen", gefallen ihr am besten. Vieles von ihrem Wissen hat sie aus dem Fernsehen. Bei Quizspielen macht sie im stillen mit und hat das Gefühl, sie würde in der Realität nicht ganz schlecht abschneiden. Einmal hatte sie eine große Stunde: In einer unterhaltenden Zeitschrift, in der ein Bild von Breughel reproduziert war, erzählte die Unterschrift, hier würde ein „Kirmesfladen" aufgetischt, doch mit näheren Erläuterungen schien man nicht dienen zu können. Da setzte Madame sich hin und teilte der Redaktion das Rezept mit, das sie von einem Besuch in Belgien mitgebracht hatte; ihr Beitrag wurde abgedruckt und sie erhielt ein Kompliment.

Einmal hat Madame, die heute in einem Dorf an der Loire wohnt, mit anderen Einwohnern – jung und alt – eine Omnibusfahrt nach Baden und an den Bodensee gemacht. Zimmer in billigen, sauberen Hotels waren vorbestellt. Die Mahlzeiten waren nicht interessant. Um ehrlich zu sein: Madame hatte kein einziges Gericht zu Ende gegessen, obwohl sie im allgemeinen über Mangel an Appetit nicht zu klagen braucht. Ein größeres Problem war es jedoch, in dem schmalen Bett Ruhe zu finden. Die Decken waren nicht festgesteckt. Und bitte: Was machen die Deutschen mit dem Ding, das sie „Plumeau" nennen? Legt man sich darauf, so kugelt man herunter. Deckt man sich damit zu, reicht es vorn oder hinten nicht.

Im übrigen war es ein gelungener Ausflug. Die Landschaft war wunderschön gewesen. Und am Bahnhof von Konstanz hatte es spätabends eine kleine Prügelei zwischen einigen jungen Omnibus-Franzosen und gleichaltrigen Schweizern gegeben. Polizisten hatten die Streitenden getrennt, jedoch davon abgesehen, ihre Namen zu notieren. Sie hatten sich darauf beschränkt, den jungen Leuten einen kurzen Sermon zu halten. Und zwar hatten die Schweizer den Sinn verstanden und ihn ihren inzwischen versöhnten französischen Gegnern übersetzt: Beide Gruppen seien Ausländer. Und wie benähme man sich im Ausland? Anständig!

Worin für ihre Freunde die liebenswürdigsten Eigenschaften von Madame L. bestehen, ist leicht zu erraten: Sie ist eine meisterhafte Köchin. Bei ihr zum Mittagessen eingeladen zu sein, ist ein Genuß und eine Veranstaltung. Sie hat den vorigen Nachmittag und den folgenden Vormittag mit Vorbereitungen und dem Kochen verbracht. Wir verzehren keine großen Portionen, wir „kosten"; wir essen nicht, aber erfreuen uns mit Vor- und Nachspeisen an fünf oder sechs Gängen, und es herrscht eine gewisse Feiertagsstimmung, angefangen vom Apéritif bis zum Cognac, der den Kaffee begleitet.

Über die Kunst der Küche, die nirgendwo unter den westlichen Völkern so hoch im Ansehen steht wie bei den Franzosen, ist schon viel geschrieben worden. Aber ich habe noch keine Beschreibung gelesen, die übertrieben wäre, wobei auch hier natürlich die Einschränkung gilt, daß man in Frankreich mühelos genauso schlecht zu essen bekommen kann wie anderwärts, wenn man Pech hat. Doch spürt man unter diesen Umständen die Enttäuschung um so mehr; man hat sich soviel versprochen.

Bezeichnend für den Stolz auf ihre Küche ist, wie eine französische Reiseorganisation, die gut mit einem deutschen Unternehmen zusammenarbeitete, sich gegenüber einem Vorschlag verhielt: Die Deutschen hatten verlangt, daß für Teilnehmer einer Serie von pauschalen sogenannten „Bildungsreisen" auf die „Freuden der Tafel" nicht soviel Wert gelegt werden sollte; ein einfaches Essen genüge diesen Gruppen von Touristen, die sparen müßten und lieber mehr Schönes sehen und weniger anspruchsvoll bei Tisch sein wollten. Die Franzosen hielten dagegen, daß das eine wie das andere Inhalt der Kultur sei. Sie meinten, einen gutwilligen Fremden einfach „abspeisen", sei ihrer nicht würdig. Übrigens gaben die Deutschen nach.

Noch zwei Ergebnisse von Umfragen, die etwas Verblüffendes haben: Im ersten Fall wurde um die Jahreswende 1976/77 gefragt, ob man die Zukunft eher optimistisch oder pessimistisch betrachte, und dies zuerst im allgemeinen und dann auch für die privaten Aussichten. Antwort: allgemein pessimistisch, doch für die eigene Person und Sphäre: gut. Grundtendenz: Die Zeiten werden schlechter, aber wir für unseren Teil, wir kommen schon durch. (Ähnlich so hatten Meinungsforscher ein paar Jahre vorher gefragt: „Sind die Zeiten dazu angetan, glücklich zu sein?" − „Nein" − „Sind Sie selber glücklich oder unglücklich?" − „Glücklich!")

Im zweiten Fall wurde Anfang 1977 gefragt, wie eine Skala vom Wichtigsten und Wünschenswertesten bis hinunter zum Nebensächlichen aussehen müsse. Es stellte sich heraus, daß die Freiheit, die persönliche Freiheit ganz obenan stand; das Zweitwichtigste war die Pressefreiheit. Unten auf der Skala waren die politischen Parteien und die Gewerkschaften eingestuft. Als ob die Parteien, welche die Demokratie tragen, an der Freiheit, dem höchsten Wert, nicht mitgewirkt hätten ...

Darf man daraus schließen, daß es den Franzosen − mindestens in „normalen" Zeiten − an einem Empfinden fehlt, das man „Gemeinschaftssinn" nennt? − Ohne Zweifel: Man darf. Doch das hat auch sein Gutes: In Frankreich, wo der einzelne den größeren Gemeinschaften gern den Rücken kehrt, sind, wie nirgends sonst in westlichen Ländern, die Familienbindungen noch intakt, was nicht sagen soll, daß es keine Spannungen zwischen Eltern und Kindern gäbe. Die Eltern machen sich Sorgen, und die Kinder rebellieren, aber die Familie selbst, ihr Sinn, ihre Eigenwelt wird nicht angezweifelt, wenn auch kritisiert. Unter dieser Kritik und bei dem allgemeinen Bewußtsein, daß Wandlungen im sozialen Leben eintreten werden und daß Reformen notwendig seien, haben sich viele Umgangsformen geändert. Die Arrivierten und die Alten haben nicht mehr so ausschließlich recht wie noch vor einem Jahrzehnt. Die „Ereignisse vom Mai 1968", wie der Aufstand der Jungen mit gewollter Ungenauigkeit genannt wird, haben Nachwirkungen bis heute: Die Jugend existiert nicht nur als Konsument für Sachen wie Jeans, Motorräder, Schallplatten, sie existiert nicht nur als Generation, als Lebensform, sondern sie wird auch beachtet. Dies hat die Familie in Gefahr gebracht, aber nicht gesprengt.

Dem Umstand, daß die Familie leidlich intakt ist, schreiben Umfrageinterpreten die Verschiedenheit von Mann und Frau in puncto ehelicher Treue zu. (Ob wir rettungslos im dunkeln tappten, gäbe es die demoskopischen Institute nicht?) Junge Frauen, der Aufsicht des gestrengen Elternpaares entronnen, lassen sich eher auf romantische Abenteuer ein als ihre Männer: Die holen's dann später nach. Wem käme dies nicht etwas altmodisch vor?

Mit größerem Ernst muß man wohl der Tatsache gegenüberstehen, daß die große Mehrzahl der Franzosen für Geburtenregelung ist (80 vom Hundert), jedoch nur eines von fünf weiblichen Wesen in entsprechenden Altersklassen „die Pille" nimmt. (Über die moralische Berechtigung der Abtreibung gibt es Meinungskämpfe, die noch lange nicht ausgetragen sein werden. Doch Madame Simone Veil, die das Ressort Gesundheit leitet und deren Name für die Franzosen mit der Legalisierung der Abtreibung verbunden ist, durfte sich rühmen, der populärste, der beliebteste Minister zu sein.)

Die berufliche Situation der französischen Frauen, soweit die Statistik Auskunft gibt, ist rasch geschildert: Mehr als acht Millionen Frauen sind Mitte der siebziger Jahre im Beruf; das sind 38 Prozent der arbeitenden Bevölkerung; die meisten sind 20 bis 25 Jahre alt. Danach verringert sich durch Heirat, vor allem durch Mutterschaft die Zahl der berufstätigen Frauen. 80 Prozent der arbeitenden Frauen sind Angestellte. 65 Prozent sind im Handel, in den öffentlichen Diensten und in der Verwaltung tätig. 25 vom Hundert arbeiten in der Fabrik, zehn Prozent in der Landwirtschaft: die Hälfte davon als Mägde oder Arbeiterinnen, die anderen als Bauersfrauen.

Ein Beispiel in Zahlen: Von den rund acht Millionen arbeitenden Frauen sind eine Million Kurzarbeiterinnen; eine halbe Million davon besteht aus Frauen, die in anderen Haushaltungen arbeiten.

Doch ziehen wir vorsichtig aus dem Netz der Zahlen einen sehr typischen Fall heraus, damit uns vor lauter Statistik die Wirklichkeit nicht verlorengehe!

Odette, eine lebendige, hübsche Pariserin, hat nach der Elementarschule Buchhaltung gerlernt, doch ehe sie ein bißchen Karriere machen konnte, heiratete sie mit achtzehn Jahren den, wie sie sagt, ersten und einzigen Mann ihres Lebens. Sie hat gern im Büro gearbeitet und fröhlich weitergemacht, bis eine kleine Wohnung mit Möbeln, einer Waschmaschine und einem Fernsehapparat ausgerüstet war. Ihr Mann, vier Jahre älter und Angestellter in der Verwaltung eines Arrondissements, verdiente nicht genug für ihre – übrigens nicht unbescheidenen – Ansprüche. Als das erste Kind gekommen war, überlegte Odette, ob sie ihren Posten aufgeben sollte. Sie behalf sich indessen erst mit Halbtagsarbeit (in ihrem Büro war man ihr sehr gewogen); dann war es so weit, daß sie den Jungen in einen Kindergarten brachte, wo sie ihn nach Büroschluß abholte. Als das zweite Kind kam, das zart war und mehr Pflege brauchte als das erste, blieb sie zu Hause; es stellte sich anderthalb Jahre später ein drittes ein. Da das – wenn auch gestiegene – Gehalt ihres Mannes immer noch nicht völlig ausreichte, nahm Odette, die den Kontakt mit ihrer alten Arbeitsstelle nicht verloren hatte, allerlei Nebenbeschäftigung im Dienst eben dieser Firma an. Ihre Hausarbeit befriedigte sie nicht – ja, wenn's ein Haus auf dem Lande mit einem Garten gewesen wäre! Als auch das letzte Kind zur Schule kam, verpflichtete Odette eine Haushaltshilfe und trat eine günstige Stelle als Buchhalterin an. Das heißt: Sie verließ – vorläufig – die Kategorie der Hausfrauen (sechs Millionen) und trat zurück in die der Berufstätigen (acht Millionen). Als wir Odette fragten, welche der beiden selbstgewählten Positionen nun die „richtige" für sie sei, erwiderte sie, daß sie keine Wahl gehabt habe, sondern nur der Notwendigkeit gefolgt sei. Unter ihren Kolleginnen sei keine einzige, die unter den gleichen Umständen anders gehandelt hätte. Von freier Entscheidung nach Lust und Vorliebe könne keine Rede sein. Anders sähe es natürlich aus, wenn eine Frau einen freien Beruf ergriffen habe, der ihr Freude mache und sie praktisch den Männern gleichstelle. Odette war jetzt 33 Jahre. Ihre Mutter war „nur" Hausfrau gewesen. Mutter und Tochter halfen einander, wann immer und so gut sie konnten. Sie hatten das Gefühl, daß die Welt sich sehr verändert und daß der Bruch der Wandlung sich zwischen ihrer Generation vollzogen habe.

Die Welt der Mutter: Frankreich war eine Nation von Bauern und Handwerkern. Sie selber hatte eine einzige Tochter zur Welt gebracht: Odette. Es war in der Zeit, wo man in Paris den Charleston und ähnliches tanzte und sich mit wenig Kindern begnügte. (Kinderreiche Familien waren nicht „modern".) Menschen, die von wirtschaftlichen Zusammenhängen etwas verstanden, waren leicht anrüchig in diesen kleinbürgerlichen Kreisen, zu denen Odettes Eltern gehörten. Die Leute, die den Ton angaben, waren im „besten Alter". Daher kam ein konservativer Zug, der sich allerdings nicht deutlich manifestierte. Indessen: Die Weltkriegsteilnehmer wurden geehrt; bei nationalen Feiern erhielten sie ihren „Ehrenwein"; die Legende von Frankreichs „Grandeur" wurde nicht laut, doch immer noch vernehmlich deklamiert. Der Glaube an Frankreichs Größe erleichterte das Leben.

Kein Zweifel, daß sich seither mancherlei geändert hat! Unangetastet blieb im Bewußtsein die Überzeugung von den Franzosen als der ersten Kulturnation Europas. Wenn wir André Maurois und sein „Portrait de la France et des Français" zu Rate ziehen (Hachette 1955), so lesen wir, daß die Franzosen am meisten die Intelligenz respektieren (während die Engländer den Charakter loben), daß sie eher kritisieren als bewundern, daß sie in sehr schwierigen Augenblicken sich zusammenschließen, sonst aber finden, es sollte jeder selbst sich aus der Affäre ziehen (se débrouiller: ein französischer Lieblingsausdruck), daß sie Vorschriften und Regelungen gefunden hätten wie keine andere Nation und sich nicht daran hielten, daß sie von der Notwendigkeit des Zusammenschlusses großer Industrien überzeugt seien und dabei die kleinen Unternehmen jedem Konzern in der Leistung für überlegen erachteten, schließlich, daß „la culture" auf der Werteskala ganz obenan stünde.

Und hier sind wir an einem Punkt, der sehr nachdenklich macht. Die Statistik jedenfalls hilft hier nicht weiter. Denn was soll uns die Mitteilung, daß drei Viertel der Bevölkerung alle zwei Tage das Fernsehprogramm ansehen? Daß spannende Filme bevorzugt werden? Daß Sendungen über Tiere sehr beliebt seien (natürlich: in keinem anderen europäischen Volk werden Hunde und Katzen so verwöhnt) und danach Veranstaltungen mit Chansondarbietungen, die unter den wenig französischen Begriff „Music-Hall" fallen?

Die französische „Culture" deckt sich nicht völlig mit dem deutschen Kulturbegriff. Wir Deutschen sind geneigt zu glauben, daß wir beispielsweise mehr musikalische Kultur hätten als die Franzosen, weil die Orchester in Berlin, Hamburg, Köln, München besser sind. Das Wort „Civilisation" sagt uns in diesem Zusammenhang wenig. Für unsere französischen Nachbarn ist es ein Schlüsselwort, weil es das ganze Leben umfaßt.

In welcher französischen Stadt und Landschaft wir uns auch aufhalten, wir begegnen der Zivilisation als einer Lebensform, die zu den unverwelklichen Blüten der europäischen Geschichte gehört. Sie gibt den Ton an – wenn auch „unmerklich" – in Pariser Gesellschaften, nennen wir sie getrost: Salons. Sie wirkt gleicherweise auf dem Dorf, wenn jemand den Vorübergehenden einlädt, ins Haus zu treten und ein Glas Wein zu nehmen.

Es gibt Einschränkungen. Warum macht der Etat für die Kultur nicht mehr als ein Prozent des gesamten staatlichen Haushalts aus? Warum müssen in einer Zeit, da die Regionen auf die eigenen Werte pochen, in Paris die künstlerischen Leistungen sich auch heute noch so sehr zusammenballen, daß die Provinzen sich verarmt vorkommen? Die Oper! Die Staatstheater! Die Museen! Zum Schluß jenes kühne und – wie wir finden – großartige Kulturzentrum, das den Namen Pompidous trägt!

Möglich allerdings, daß von hier aus ein neuer Kulturbegriff ausgeht, der für Europa gültig ist.

Karl Jetter

Partner und Konkurrenten

Draußen in der Welt wird die Wirtschaft Frankreichs recht unterschiedlich eingeschätzt. Für die einen ist Frankreich der traurige Überrest eines weltumspannenden Kolonialreichs ohne Kolonien. Für die anderen ist Frankreich ein reiches Agrarland geblieben mit ein paar Luxusindustrien, die von Champagner und Parfüm über die Haute Couture bis zu Cognac und Concorde reichen. Daß Frankreich heute zur Spitzengruppe der modernen Industrieländer zählt, das mag man mancherorts noch nicht so recht glauben.

Aufstieg zur Handelsmacht

Am Ende des Zweiten Weltkriegs war der einheitliche Wirtschafts- und Währungsraum des französischen Empire unter der Trikolore mit 13 Millionen Quadratmetern gut zwanzigmal so groß wie das Mutterland. Mit der teilweise blutigen Entkolonialisierung (Indochina- und Algerienkrieg) schrumpfte Frankreichs Herrschaft über zeitweilig 110 Millionen Menschen auf 52 Millionen Franzosen mit einem Wirtschaftsraum von 0,6 Millionen Quadratkilometern zusammen.

Die Unabhängigkeit Algeriens (1962) besiegelte das Ende eines wirtschaftlich autarken Weltreichs. Mit anderen Worten: Das Ende von politisch und militärisch garantierten Absatzreservaten für den französischen Export und auch das Ende eines ebenso vorteilhaften Einkaufsmonopols des französischen Mutterlandes war gekommen.

Der Verlust gewinnträchtiger Kolonien war für Frankreich ebenso fatal wie für Großbritannien, nur haben die Engländer ihr Weltreich mit mehr diplomatischer Eleganz liquidiert. Alles in allem ist die französische Wirtschaft mit Weltkrieg und Entkolonialisierung aber weit erfolgreicher fertig geworden als die einstmals so mächtige Industrienation jenseits des Kanals. Und wenn die Bundesrepublik Deutschland im internationalen Vergleich zeitweilig besser abschneidet als Frankreich, so haben französische Leitartikler dafür jederzeit anscheinend plausible Erklärungen parat: Erstens hatten die Deutschen keine Kolonien zu verlieren; zweitens liegt das an den Kriegszerstörungen in Frankreich; und drittens haben die Amerikaner mit ihrem Marshallplan („European Recovery Program") das deutsche Wirtschaftswunder finanziert.

Abseits solcher subjektiven Einschätzungen und Behauptungen gibt es freilich auch noch internationale Vergleichsrechnungen. Und danach gilt, daß Frankreich, verglichen mit anderen, im Zweiten Weltkrieg verhältnismäßig geringe Kriegsschäden zu verkraften hatte. Zumeist unbekannt, aber wahr ist weiter, daß Frankreich aus dem Marshallplan fast doppelt soviel Hilfe erhielt wie Westdeutschland, nämlich 2,06 gegen 1,17 Milliarden Dollar vom April 1948 bis Juni 1951 (Angaben der amerikanischen Botschaft in Paris). Heute steht Frankreich in der Weltwirtschaft mit seiner Exportleistung an vierter Stelle. Nach der Welthandelsorganisation „GATT" (Allgemeines Genfer Zoll- und Handelsabkommen) exportierten die Vereinigten Staaten 1975 Güter und Leistungen im Werte von 107 Milliarden Dollar. Zweitgrößter Lieferant des Weltmarkts war die Bundesrepublik mit 90 Milliarden Dollar oder 84 Prozent der amerikanischen Exportleistung. Mit großem Abstand folgten Japan mit knapp 56 und Frankreich mit gut 52 Milliarden Dollar; das sind 48 Prozent des amerikanischen Ausfuhrwertes. Großbritannien folgte mit Exportleistungen von gut 44 Milliarden Dollar.

Die Vereinigten Staaten sind die erste Handelsnation dieser Welt, nicht aber auch der wichtigste Handelspartner der Bundesrepublik. Der erste Kunde der deutschen Wirtschaft ist und bleibt Frankreich: Die Bundesrepublik lieferte 1975 Waren im Werte von 26 Milliarden Mark nach Frankreich, das sind 12 Prozent der deutschen Gesamtausfuhr und genau doppelt soviel Güter, wie nach den Vereinigten Staaten von Nordamerika geliefert worden sind. Bei genauerer Betrachtung der Exportleistungen zeigt sich, daß die Deutschen mehr technisch hochveredelte Produkte (Werkzeugmaschinen, Investitionsgüter) ausführen, die Franzosen umgekehrt mehr Agrarprodukte. Die Landwirtschaft ist immer noch Frankreichs wichtigster Wirtschaftszweig, der größte Devisenverdiener.

Steigender Wohlstand

Es ist schwierig, die wirtschaftliche Leistungskraft einer Nation zu messen. Noch fragwürdiger ist der Versuch, das Realeinkommen je Kopf der Bevölkerung zu errechnen und international zu vergleichen. Stark unterschiedliche Inflationsraten von Land zu Land, Wechselkursänderungen, autonome Aufwertungen und Abwertungen nationaler Währungen trüben das Bild. Trotz aller Mängel aber gibt es keinen besseren Vergleichsmaßstab als die Entwicklung des Bruttosozialprodukts der einzelnen Länder.

Umgerechnet auf die Weltwährung Dollar ergibt sich für das Jahr 1974 nach Berechnungen der Organisation für Wirtschaftliche Zusammenarbeit und Entwicklung (OECD) etwa folgendes Gefälle: 1974 erwirtschafteten die Vereinigten Staaten je Einwohner ein Sozialprodukt von 6 660 Dollar. Die Bundesrepublik erreichte mit einem Pro-Kopf-Einkommen von 6 195 Dollar 93 Prozent des amerikanischen Standards. Frankreich schaffte mit 5 061 Dollar 76 Prozent davon. Wesentlich ungünstiger lautet die Rechnung für Großbritannien (3 371 Dollar) und für Italien (2 706 Dollar).

65

Ein Blick zurück ins Jahr 1950: Damals erreichte das Bruttosozialprodukt je Kopf in Deutschland 30 Prozent und in Frankreich rund 42 Prozent des amerikanischen Standards. Ein Jahrzehnt danach, im Jahre 1960, belief sich das französische Einkommen auf 51, das deutsche auf 49 Prozent des amerikanischen Sozialprodukts je Einwohner. Während das britische Sozialprodukt je Einwohner bis heute auf diesem Stand blieb, haben die Franzosen ihr Realeinkommen in der Zeit von 1950 bis 1975 von 42 auf 87 Prozent des amerikanischen Sozialprodukts und die Deutschen von 30 auf 97 Prozent verbessern können.

Die Entwicklung des Bruttosozialprodukts

in Milliarden Dollar	1967	1972	1974	1975*)	Zuwachs 1967/75 absolut/in Prozent	
Frankreich	109,3	196,1	266,1	326,4	217,1	199
Deutschland	121,4	257,6	384,5	424,9	303,5	250
Dollar je Kopf:						
Frankreich	2 190	3 790	5 060	6 190	4 000	183
Deutschland	2 030	4 180	6 200	6 870	4 840	238

Quelle: OECD
*) Krisenjahr 1975, vorläufige Zahlen.

Der Sprung in den Gemeinsamen Markt

Der Erfolg hat viele Väter. Das gilt ganz besonders auch für den Vorstoß Frankreichs in die Spitzengruppe der großen Exportländer, für die durchgreifende Modernisierung von Industrie und Landwirtschaft, für sein überdurchschnittliches Wirtschaftswachstum. Für die Zeit von 1960 bis 1973 errechneten sich die Franzosen jährliche Zuwachsraten ihres Sozialprodukts von durchschnittlich 5,7 Prozent (Bundesrepublik: 4,7). Sollten die Zahlen wirklich international vergleichbar sein, so hätte Frankreich damit in diesem Zeitraum das höchste Ergebnis der westlichen Industrieländer – nach Japan (10,5 Prozent) – erreicht.

Zuvor waren große Entscheidungen gefallen. In den fünfziger Jahren hatte ein Kolonialgebiet nach dem anderen eigenstaatliche Selbständigkeit erreicht. Immer mehr auf sich selber angewiesen, wagte Frankreich nach einem Jahrhundert ängstlichen Protektionismus den Sprung ins kalte Wasser des freien Wettbewerbs. Paris stellte die Weichen neu. Politisch und wirtschaftlich ging die Fahrt nach Europa. Am 1. Januar 1958 traten die Römischen Verträge zum Aufbau der Europäischen Wirtschaftsgemeinschaft in Kraft. Der schrittweise Abbau der Zölle und Schutzmauern setzte einen tiefgreifenden Prozeß struktureller Veränderungen in Gang. Mit der Verwirklichung des Gemeinsamen Marktes avancierte die internationale Wettbewerbsfähigkeit zum ersten Ziel der französischen Wirtschaftspolitik.

General de Gaulle rüttelte das protektionistische, industriell verschlafene und landwirtschaftlich rückständige Frankreich auf. Ihm ging es darum, das Land mit einer stabilen Währung zu einer großen Industrie- und Exportnation zu machen. Klar und logisch analysierte er die neue Zeit: Nichts beherrsche Frankreich in diesen Jahren mehr als der Wandel. In vielen Jahrzehnten des Protektionismus und der Autarkie seien die Strukturen des Landes verhärtet und veraltet. Mehr der Sicherheit als dem Fortschritt zugetan, sei Frankreich gegenüber den übrigen Industrienationen des Westens in einen immer größeren Rückstand geraten. Um so wichtiger sei es jetzt, „daß die Franzosen ehrlich und glühend an der Erneuerung Frankreichs mitwirken, die Konsequenzen des Strukturwandels auf allen Gebieten begreifen und offenherzig akzeptieren". So hat de Gaulle die große Aufgabe umrissen, mit der sich die französische Politik seit Kriegsende immer härter konfrontiert sah.

Das wirtschaftlich vorrangige Ziel Frankreichs war von Anfang an die Öffnung der europäischen Verbrauchermärkte für die französische Agrarproduktion und eine gemeinsame europäische Finanzverantwortung für die wachsenden französischen Agrarüberschüsse. Ende 1963 hatte General de Gaulle rundweg gedroht, daß der Gemeinsame Markt verschwinden könne, wenn der Agrarmarkt nicht rasch Wirklichkeit werde. Mit aller Entschiedenheit hat sich der General stets gegen eine politische Integration der sechs Nationen der Europäischen Wirtschaftsgemeinschaft zu einem einheitlichen Staatsgebilde gewehrt, doch im Interesse der französischen Bauern scheute er sich nicht, eine politisch souveräne Agrarbehörde für die gemeinsame Agrarpolitik zu fordern.

Chance für die Landwirtschaft

Französische Agrarpolitiker schilderten uns ihre Vorstellungen zu Beginn der sechziger Jahre etwa so: „Wir erwarten für unsere Bauern alles vom Gemeinsamen Markt. Wir waren bereit, mit der Liberalisierung unserer Einfuhr für Industrieerzeugnisse ganze Branchen zu opfern, wir sehen umgekehrt in der Öffnung der europäischen Märkte für unsere Agrarprodukte die große Chance zur Lösung unserer agrarsozialen Probleme. Große Hoffnungen setzen wir dabei auf die Aufnahmefähigkeit des deutschen Marktes, auf die rasch wachsende Kaufkraft der deutschen Industriegesellschaft. Es geht darum, die steigende Agrarproduktion Frankreichs nicht zu niedrigen Weltmarktpreisen verschleudern zu müssen, sondern zu höheren, sozial kalkulierten europäischen Inlandspreisen auf einem Markt verkaufen zu können, der zu organisieren sein wird wie bisher die einzelnen nationalen Agrarmärkte. Soweit zur Ergänzung der Eigenproduktion noch Einfuhren nötig sind, werden diese zu niedrigen Weltmarktpreisen eingekauft und zu höheren europäischen Preisen im Gemeinsamen Markt abgegeben. Die daraus resultierenden Importgewinne (‚Abschöpfungen') sollen einem europäischen Agrarfonds zufließen, dessen Mittel mit dem Hauptgewicht zur Finanzierung agrarsozialer und agrarstruktureller Aufgaben in Frankreich zu verwenden sind, einfach deshalb, weil Frankreich als größte Landwirtschaft Europas die schwierigsten Probleme zu lösen hat."

Frankreichs agrarpolitische Wünsche sind erfüllt worden. Und entgegen allen Befürchtungen brauchte das Land mit der Liberalisierung der industriellen Einfuhr keinen Industriezweig zu opfern. Wie in anderen Ländern auch, mußte mancher schlechte Betrieb ausscheiden. Der wachsende Wettbewerb hat zur Modernisierung, zur Konzentration, zur Produktivitätssteigerung gezwungen. Der französische Wohlstand insgesamt ist dabei um so größer geworden.

Der wirtschaftliche Aufschwung Frankreichs ist zu einem guten Teil der gemeinsamen Agrarpolitik zu danken. Sie hat den größten Wirtschaftszweig des Landes aus einer fast hoffnungslosen Lage befreit. Schon Anfang der sechziger Jahre war das französische Angebot weit über die Inlandsnachfrage hinausgewachsen. Die steigenden Agrarüberschüsse konnten nur zu Schleuderpreisen auf dem Weltmarkt abgesetzt werden. Für Getreide, Wein, Zuckerrüben konnte der Staat auskömmliche Preise nur noch für ein bestimmtes „Quantum" garantieren. Anbaubeschränkungen mußten beschlossen werden. Jede weitere Produktionssteigerung verlangte nach höheren Exportsubventionen aus der Staatskasse. 23 Prozent der Bevölkerung (Bundesrepublik: 13 Prozent) arbeiteten in der Landwirtschaft. Ihre Aussichten beschränkten sich auf Landflucht, auf einen elenden Schrumpfungsprozeß.

Die gemeinsame Agrarpolitik mit ihrer totalen Absatzgarantie zu hohen europäischen Preisen hat Frankreichs Landwirtschaft erlöst. In wenigen Jahren wurde der Leistungsrückstand in den Erträgen gegenüber Deutschland und Holland stark vermindert. In den Jahren 1959 bis 1961 erwirtschafteten die französischen Bauern im Durchschnitt nur 25 (in der Bundesrepublik 33, in Holland 42) Doppelzentner Weizen je Hektar. Mit einem Ertrag von kaum 14 Doppelzentner Roggen blieben sie um die Hälfte hinter dem deutsch-holländischen Durchschnitt zurück. Eine holländische Kuh brachte damals mit 4 200 Liter Milch die Leistung von zwei französischen Kühen.

Ähnlich stand es mit der Produktivität bei Fleisch und Eiern. Seit Beginn des Gemeinsamen Marktes (1958) haben die Franzosen ihre Getreideproduktion um 160 Prozent von 18,5 auf zeitweilig 43 Millionen Tonnen (1973) steigern können. In der gleichen Zeit erhöhte sich die Getreideproduktion der neun Länder der Europäischen Gemeinschaft nur um 65 Prozent auf 105 Millionen Tonnen.

Rasch und wirksam haben sich die französischen Bauern um die Verwendung von Düngemitteln, moderner Technik, leistungsfähigeren Zuchten und Saaten, um Schädlingsbekämpfung und künstliche Bewässerung bemüht. Wie in der Bundesrepublik ist der Anteil der landwirtschaftlichen Arbeitskräfte an der berufstätigen Bevölkerung um die Hälfte auf 12 (in der Bundesrepublik: 7,3) Prozent geschrumpft. Die Konzentration der Böden auf immer weniger Betriebe hat sich beschleunigt. In Frankreich ist die Zahl der Höfe seit Beginn des Gemeinsamen Marktes von 2,1 auf 1,26 Millionen zurückgegangen (in Deutschland von 1,4 auf 0,93 Millionen Betriebe). Mit fast 27 Hektar Nutzfläche im Durchschnitt sind die französischen Betriebe annähernd doppelt so groß wie die deutschen Höfe (knapp 15 Hektar).

Dank der europäischen Absatzpräferenz und Finanzsolidarität für unverkäufliche Überschüsse konnte Frankreich seine Agrarproduktion ohne jedes Risiko explosiv steigern. Der Agrarexport stieg Jahr für Jahr in Größenordnungen von bis zu 25 Prozent. Zu europäischen Agrarpreisen, die ein Jahrzehnt lang um 100 Prozent über den Preisen des Weltmarktes lagen, stiegen die Deviseneinnahmen der französischen Landwirtschaft seit 1963 von 6 auf fast 40 Milliarden Francs (1974). Das ist knapp ein Fünftel der gesamten Ausfuhr Frankreichs. Die Landwirtschaft ist dank den „grünen Privilegien" zur wichtigsten Exportindustrie aufgestiegen. Ihre Ausfuhr übertrifft die der erfolgreichen französischen Autoindustrie um fast 5 Milliarden DM. Ohne den Gemeinsamen Agrarmarkt hätte Frankreichs Außenhandel in den letzten Jahren regelmäßig mit Milliarden-Defiziten abgeschlossen.

Seit einiger Zeit wächst freilich die Sorge, daß die Absatzprivilegien für Frankreichs Bauern auf den Märkten der europäischen Nachbarn eines Tages schwinden könnten. Denn die Einfuhrländer der Gemeinschaft wollen nicht länger für Frankreichs wachsende Überschüsse finanziell geradestehen. Sie wollen oder können auf billigere Agrareinfuhren aus Übersee – zum Nachteil ihres Industrieexports – nicht ewig verzichten. Die gemeinsame Agrarpolitik zum einseitigen Vorteil Frankreichs ist zu weit vorgeprescht. Das politische Europa ist zu sehr Traum geblieben, als daß die Partner ihre nationalen Landwirtschaften der französischen opfern und ihre Versorgung mit Lebensmitteln Frankreich überlassen wollten. Viele sind zudem des Zahlens müde. Runde 30 Milliarden Mark kostet die europäische Einrichtung jährlich, davon rund ein Drittel aus deutscher Kasse.

Die französische Regierung weiß auch, daß die Amerikaner festen Zugang zu den europäischen Agrarmärkten wollen und dabei Bonner Hilfe erwarten. Seit 1972 haben die Amerikaner 24 Millionen Hektar aus der Bodenstillegung entlassen. Das entspricht fast der gesamten Getreidefläche der Europäischen Gemeinschaft (27 Millionen Hektar). Zu den jetzigen Weltmarktpreisen könnten weitere 40 Millionen Hektar rentabel bewirtschaftet werden. Sobald die übersteigerte Nachfrage, vor allem aus China und der Sowjetunion aufhört, wird Amerika seine Absatzprobleme in Europa lösen wollen. Der amerikanischen Regierung sind ihre Bauern und Deviseneinnahmen fast so lieb wie der französischen. Das militärische Sicherheitsbedürfnis der Deutschen und ein drohendes Einfuhrverbot für europäische Industrieprodukte sind für die Amerikaner wirksame Hebel, ihrer viel billigeren Agrarproduktion den Weg nach Europa aufzubrechen.

Von alldem unbeeindruckt, fordert der französische Bauernpräsident Debatisse jedoch: „Wir wünschen unsere Produktion noch weiter zu steigern. Ungerechtfertigte Einfuhren müssen unterbleiben."

Für Paris ist und bleibt der Gemeinsame Agrarmarkt in seiner bisherigen Form europäisches Recht. Die französische Regierung wird sich mit allen Mitteln gegen Angriffe auf ihre grünen Privilegien wehren. Doch die Mittel sind beschränkt. Repressalien, so etwa gegen deutsche Industrielieferungen, sind sinnlos. Frankreich hängt nicht nur mit seinem Agrarexport, sondern auch mit seiner Industrieausfuhr vom deutschen Markt weit stärker ab als umgekehrt. Aber gerade weil für Frankreich der europäische Agrarmarkt von so großer Bedeutung ist, muß es selbst ein Interesse an einer vernünftigen Neuordnung haben, weil sonst dieser Markt mit seinen immer höheren Kosten politisch und wirtschaftlich nicht mehr zu halten ist.

Bewährungsprobe für die Industrie

Den französischen Bauern mußte der Gemeinsame Markt als ein Weg ins Paradies erscheinen. Nicht so dem Großteil der Industrieunternehmen. Ihnen drohte mit dem Abbau der Handelsschranken, der Zölle und Kontingente der Verlust angestammter Absatzmärkte, monopolistischer Vertriebseinrichtungen. Die Konfrontation mit billigeren, besseren, technisch überlegenen Produkten aus großen Serien war nicht mehr zu vermeiden.

Hundert Jahre lang hatten französische Firmen geruhsam produzieren und ihren Output – unter Ausschluß aller ausländischen Konkurrenz – im Mutterland und in den Kolonien „verteilen" können. In wenigen Jahren sollte sich das gründlich ändern. Die eigenen Märkte mußten gegen eine aggressive Konkurrenz mit noch ungewohnten Verkaufsmethoden und Kundendienstleistungen verteidigt werden. Und zum Ausgleich eigener Umsatzverluste im Inland mußten draußen in Europa neue Märkte erschlossen werden, draußen in Ländern, wo man – schlimmer als in den Kolonien – noch nicht einmal französisch lesen und sprechen wollte.

Der Vergleich wirtschaftlicher Leistungskraft, die internationale Wettbewerbsfähigkeit eines Produkts, wurde schließlich zum Maßstab aller Dinge. Nicht das Erzeugnis, das sich der Franzose seit alters aufdrängen ließ, sondern das „Exportmodell", das im Gemeinsamen Markt gekauft wurde, bestimmte von nun an über Erfolg oder Mißerfolg eines Unternehmens. Neuinvestitionen, Rationalisierungsmaßnahmen, Produktionsumstellungen, Neuentwicklung und Marketing brachten die französische Industrie langsam, aber sicher weiter. Quer durch alle Branchen kam es zu beträchtlichen Konzentrationsbewegungen. Kleinere und mittlere Betriebe gingen in großen Konzernen auf. Hohe amerikanische Kapitalinvestitionen brachten Frankreich nicht nur den Anschluß an die modernste Industrietechnik, von der Lebensmittel- über die Landmaschinenindustrie bis zur elektronischen Datenverarbeitung, sondern auch eine wachsende Angst vor einer „amerikanischen Kolonialisierung" Frankreichs.

Mit der Liberalisierung des Warenverkehrs im Wirtschaftsraum der ersten sechs Länder der Europäischen Wirtschaftsgemeinschaft mußte die Bundesrepublik Deutschland früher oder später zum wichtigsten Wirtschaftspartner Frankreichs avancieren. Einmal, weil sie dazu bestimmt war, der größte Verbraucher französischer Agrarprodukte zu werden. Zum anderen verfügte sie über ein hochentwickeltes Sortiment von Industrieerzeugnissen und vor allem von Ausrüstungsgütern, die Frankreich zum Aufbau moderner Fabriken dringend brauchte.

Zu Beginn des Gemeinsamen Marktes, 1958, wickelte das protektionistische Frankreich noch 38 Prozent seiner Ausfuhr mit dem Kolonialreich ab. Die Waren gingen auf Märkte, die ein Absatzreservat, eine „chasse gardée", darstellten. Die wirtschaftlich aufstrebende Bundesrepublik nahm damals nur gut zwei Prozent der französischen Exporte auf. Inzwischen hat sich der deutsche Anteil rund verzehnfacht. Deutschland ist zum ersten Abnehmer französischer Erzeugnisse aufgestiegen. Im Außenhandel hat die Bundesrepublik das französische Kolonialreich abgelöst. Die französische Ausfuhr geht in diesen Jahren zu fast einem Fünftel nach Deutschland, zu nur noch 5 Prozent in Länder der ehemaligen Franc-Zone. Auch unter den Lieferanten Frankreichs steht die deutsche Wirtschaft mit einem Anteil an Frankreichs Gesamteinfuhr von rund einem Fünftel mit riesigem Abstand an erster Stelle (die Franc-Zone liefert noch 3 Prozent der Einfuhren).

Mit dem vierten Platz auf der Rangliste der Exportnationen hat Frankreich die harte Bewährungsprobe des Freihandels brillant bestanden. Dennoch haben die Franzosen über erhebliche Strukturschwächen ihrer Außenwirtschaft zu klagen. So ist die Exportstruktur eher europäisch als weltweit ausgerichtet. Die Hälfte der französischen Ausfuhr geht noch immer auf die Nachbarmärkte der Europäischen Gemeinschaft. Fast die Hälfte der französischen Ausfuhr besteht überdies aus Agrarprodukten und nur geringwertig veredelten Erzeugnissen der Industrie. Als zusätzliche Schwäche gilt der Umstand, daß Frankreich im Verkehr mit den technisch führenden Industrienationen Jahr für Jahr mit Defiziten abschließt. Die Teuerung des Mineralöls hat dieses Ungleichgewicht im Leistungsaustausch noch verschärft. Milliardendefizite in der Zahlungsbilanz sind die Folge und eine schwere Belastung für die Währung des Landes.

Tout est relatif

Solange Frankreich über sein gewaltiges Kolonialreich herrschte, war die Welt noch heil und Paris für die Franzosen der Nabel der Welt. Mit dem letzten Weltkrieg und mit dem Beginn des Gemeinsamen Marktes hat sich das gründlich geändert. Mehr denn je gilt seither die französische Erkenntnis „tout est relatif". Noch läßt sich Frankreich gern von ungezählten Ländern ob seiner technischen, wirtschaftlichen, sozialen Fortschritte bewundern. Für die Siegernation hatte General de Gaulle in der Europäischen Wirtschaftsgemeinschaft (unter Ausschluß der britischen Konkurrenz) klipp und klar den politischen Führungsanspruch geltend gemacht. Das Deutsche Reich war total besiegt, zerstückelt. Mochte die spätere Bundesrepublik auch mehr Einwohner zählen als Frankreich (heute 62 gegen 52 Millionen), so war sie nach gaullistischer Vorstellung doch dazu verdammt, politisch ein Zwerg zu bleiben.

Wenn es ganz anders gekommen ist, so in erster Linie wegen der wirtschaftlich noch kräftigeren Fortschritte der Bundesrepublik. Langsam, aber sicher wurde sie zum Klassenprimus im Gemeinsamen Markt. Ihr Sozialprodukt, ihre Industriemacht, ihre Währungsreserven, ihr Export in alle Welt wuchsen immer stärker über die französische Leistung hinaus. Parallel dazu entwickelte sich eine gewisse Dominanz der deutschen Wirtschaft: So ist Frankreich, wie gesagt, dringend darauf angewiesen, seine Agrarprodukte in Deutschland verkaufen zu können. Frankreichs Exportkonjunktur hängt zu einem Fünftel von der Bundesrepublik ab. Bei der weltweit verteilten deutschen Ausfuhr umgekehrt beläuft sich der französische Marktanteil nur auf gut zwölf Prozent. Und dabei handelt es sich mit dem überragenden Gewicht um technische Spezialerzeugnisse, die – im Gegensatz zu Agrarprodukten – in aller Welt leicht zu verkaufen sind.

Während die Bundesrepublik ihre Lebensmittel weit billiger auf Drittmärkten einkaufen könnte, kann Frankreich heute praktisch kein leistungsfähiges Werk mehr errichten, ohne massive Zulieferungen deutscher Ausrüstungen und Werkzeugmaschinen. (Schon 1972 war die Bundesrepublik weit vor der Sowjetunion, den Vereinigten Staaten, Japan und Frankreich der größte Hersteller von Werkzeugmaschinen. Die deutsche Ausfuhr war dabei achtmal so groß wie die französische.) Anfang der siebziger Jahre war die Produktion der deutschen Elektroindustrie, des Maschinenbaus, der Eisen- und Stahlindustrie gut doppelt so groß wie in Frankreich.

In anderen Bereichen, bei Glas, Chemie, Gummi, belief sich der deutsche Produktionsvorsprung auf rund 70 Prozent. Daran wird sich inzwischen fundamental nicht viel geändert haben. Nach der OECD stieg Frankreichs gesamte Industrieproduktion von 1970 bis 1975 noch um zwölf, die deutsche noch um fünf Prozent.

Konkurrenzielle Zusammenarbeit

Solche Vergleiche erwecken zwangsläufig den Eindruck, als ob die beiden Volkswirtschaften sich einander als Gegner oder Feinde in einem mörderischen Wettkampf gegenüberstünden. In Wirklichkeit bestimmt der marktwirtschaftliche Wettbewerb nur die Spielregeln einer höchst fruchtbaren Zusammenarbeit und gegenseitigen Ergänzung – zum Vorteil beider Länder.

Die jeweils beste Leistung – ob in Entwicklung, Produktion oder Vertrieb – wirkt dabei als Herausforderung, als Lokomotive für den gemeinsamen Fortschritt. Obwohl das deutsche Industrievermögen in Frankreich auch nach dem letzten Krieg voll enteignet wurde, verfügen die Deutschen heute wieder über ein gewaltiges Netz von Niederlassungen. Immer mehr Franzosen sind dadurch Mitarbeiter, Tarifpartner, Kreditgeber, Miteigentümer, Zulieferanten und Abnehmer deutscher Firmen geworden. Die deutsche Ausfuhr nach Frankreich von rund 26 Milliarden Mark (1975) geht zum größten Teil durch ihre Hände. Und auch der französische Export von gut 22 Milliarden Mark (1975) in die Bundesrepublik hat die deutsch-französische Integration und Interessengemeinschaft verstärkt. Es mag in den Ohren von Nationalisten kurios klingen: Ein französischer Mercedes-Verkäufer ist heute am wirtschaftlichen Erfolg von Daimler-Benz sicher mehr interessiert als am Schicksal der nationalisierten Automobilwerke Renault. Der deutsche Renault-Verkäufer umgekehrt setzt alle Hoffnungen auf die Wettbewerbsfähigkeit seines französischen Modells, und sei es gegenüber dem Volkswagen.

Zur Erschließung des französischen Marktes haben die Deutschen weit stärkere Anstrengungen unternommen als die Franzosen in Deutschland. So beliefen sich die deutschen Direktinvestitionen in Frankreich 1974 schon auf 3,6 Milliarden Mark. Die französischen Direktinvestitionen in Deutschland blieben mit nur 2 Milliarden Mark weit zurück. Hier zeigt sich eine der strukturellen Schwächen Frankreichs.

Die Bundesrepublik hat nicht nur wesentlich höhere ausländische Direktinvestitionen zur Befruchtung der eigenen Wirtschaft auf ihrem Gebiet aufgenommen, sondern zugleich durch eigene Direktinvestitionen in aller Welt zukunftsträchtige Vertriebs- und Produktionsbasen errichtet. Im Jahre 1974 standen so 38 Milliarden Mark ausländischen Direktinvestitionen im Bundesgebiet deutsche Direktinvestitionen im Ausland von rund 35 Milliarden Mark gegenüber. Anders in Frankreich: Für den Zeitraum 1962 bis 1970 verzeichnete Paris ausländische Nettoinvestitionen in Frankreich von gut 21 Milliarden Francs. Die französischen Nettoinvestitionen im Ausland hingegen waren mit 11,6 Milliarden Francs nur halb so groß.

Wenn die deutsche Wirtschaft den Durchbruch zu industriellen Großserienproduktionen wirksamer geschafft hat als die französische, so mag das zum Teil an den gewaltigen Anstrengungen zum Aufbau der Infrastrukturen für den Export in alle Welt liegen. Im Gegensatz zu den konsumfreudigen Franzosen haben die Deutschen offenbar über Jahrzehnte hin einen größeren Teil ihrer laufenden Produktion investiert. 1973 bestand ihre Ausfuhr schon zu 55 (Frankreich 24) Prozent aus hochwertigen Investitionsgütern.

Exportstruktur nach Produkten· 1970 (in Prozent)

	Frankreich	Bundesrepublik Deutschland
Landwirtschaft	7,6	1,1
Nahrungsmittelindustrie	8,6	2,9
Energie	2,9	2,9
Rohstoffe, Halbwaren	14,8	8,3
Anrüstung, Elektrotechnik	21,3	32,9
Autos	11,0	15,1
Chemie	12,3	14,2
Textilien, Leder	10,9	6,0
Waffen	4,2	–
Verschiedene	6,4	16,6
	100,0	100,0

Quelle: Statistisches Bundesamt.

Der politische Wandel Frankreichs von einer Kolonialgroßmacht zu einem schlichten Partner der Europäischen Wirtschaftsgemeinschaft vollzog sich parallel zum wirtschaftlichen Aufstieg der Bundesrepublik im wesentlichen in den Jahren der Herrschaft de Gaulles (1958 bis 1969). Aber erst mit dem politischen Generalstreik vom Mai 1968 zerbrachen alle Illusionen von der französischen Grandeur, vom gaullistischen Führungsanspruch über Europa, vom Franc als der härtesten Währung der Welt. Bis dahin hatte Paris nur die Vereinigten Staaten und Großbritannien als gleichrangige Mächte beachtet. Jetzt stellte man überrascht fest, daß sich die Bundesrepublik still und heimlich als erste Wirtschaftsmacht auf dem Kontinent etabliert hatte.

Die satirische Wochenschrift „Le Canard enchaîné" kennzeichnete vielleicht als erste die veränderten Realitäten: „1969 ist Deutschland im Vergleich zum lendenlahmen Frankreich ein wirtschaftlicher Riese. Die Bundesrepublik hat ein vereinigtes Europa nicht mehr nötig, um eine Macht wie alle anderen zu werden. Das Ungleichgewicht, das vor zwölf Jahren das deutsch-französische Verhältnis zugunsten Frankreichs kennzeichnete, hat sich zum Vorteil Deutschlands umgekehrt."

Das Deutschlanderlebnis wurde für viele Franzosen verblüffend, ja schockierend. Immer wieder kommen die Eigenschaftswörter: großartig, gewaltig, gigantisch, kolossal, unglaublich in den Berichten vor.

Zwei Tage vor der Aufwertung der Mark (am 22. Oktober 1969) schilderte Serge Groussard im „Aurore" „dieses kolossale Westdeutschland" so: „An unseren Grenzen platzt ein Volk von 61 Millionen Einwohnern vor Macht und Dynamik. Ich kreuze oft durch die Bundesrepublik. Jedesmal ist es für mich ein Schock, diesen Überdruck an Aktivität, das Wachsen der Städte und Werke, den Lärm der Bauplätze, die Modernisierung der Unternehmen, den Auftrieb des Wohlstandes zu erleben." Die Bundesrepublik ist zur dritten Industriemacht nach den Vereinigten Staaten und der Sowjetunion und zur zweiten Handelsmacht nach den Vereinigten Staaten geworden. Warum? „Die Gründe dieses Erfolges liegen auf der Hand: Gewaltige produktive Investitionen. Arbeitsdisziplin. Wettbewerb. Eine ebenso moderne wie bis ins letzte ausgefeilte Industrieorganisation, von der Fertigung bis zum Vertrieb. Die germanische Seele hat sich unter Bewahrung ihrer tausendjährigen Qualitäten nicht mehr auf den Krieg, sondern auf den Frieden geworfen."

Den Aufstieg der Bundesrepublik zur ersten Wirtschaftsmacht des Kontinents erklärte der Pariser „Express": Deutschland ist Industrie- und Handelsmacht geworden, wie es zuvor Militärmacht geworden war: mit Disziplin und Methode. Ein französischer Stahlindustrieller hatte mir schon im Mai 1968 diese Erklärung gegeben: „Die Deutschen organisieren den Frieden, wie sie zuvor den Krieg organisiert haben." Das Wirtschaftsmagazin „L'Expansion" verdeutlichte die Sorgen der Franzosen: „Deutschlands Wohlstand wird zugleich als eine Garantie und als eine Drohung empfunden. Eine Garantie, weil ein sattes Volk den Eindruck erweckt, keine politischen Forderungen geltend zu machen. Als eine Drohung, weil man sich schließlich fragt, ob die Deutschen mit ihrer Mark nicht kaufen werden, was sie mit ihren Waffen nicht erobern konnten." So wurde die Errichtung deutscher Fabriken im Elsaß als eine stille Regermanisierung der ohnehin deutschsprachigen Ostprovinz mit Mißtrauen und Widerwillen verfolgt.

Die Vorstellung, die Deutschen setzten ihre militärischen Eroberungskriege heute nur mit anderen Mitteln fort, ist wohl erstmals auf der Währungskonferenz vom November 1968 in Bonn aufgekommen. Um den Großmächten fällige Währungsabwertungen zu ersparen, sollten damals die Deutschen auf Geheiß der Alliierten ihre Mark aufwerten. Aber Bonn gab zum erstenmal dem diplomatischen Druck der Siegermächte nicht nach: „Karl Schiller und Franz Josef Strauß sagten NEIN zu den Vertretern der neun reichsten Länder der Welt, die sich in Bonn eingefunden hatten. Seit der bedingungslosen Kapitulation im Mai 1945 war das das erste feierliche NEIN, das Deutsche dem Willen ihrer Sieger entgegensetzten. Nein, die Mark wird nicht aufgewertet. In London und Washington entdeckte man das Gewicht der Mark, wie andere früher den Stahl der Wehrmacht kennengelernt hatten." So schilderte der Pariser „Express" den Effekt des Bonner Neins zur Aufwertung der Mark.

Die eigenwillige Währungspolitik Schillers hatte die Angst vor den gefährlichen Deutschen erneut geweckt. Mit Unbehagen verfolgte Paris, daß die Bundesrepublik selbständige Entscheidungen im nationalen Interesse traf. Zu sehr war man schon daran gewöhnt, daß das westliche Rumpfdeutschland den westlichen Hauptstädten und insbesondere Paris immer und in allem zu Gefallen sein wollte. An den „politischen Zwerg" möchte man in Paris immer weniger glauben. Valéry Giscard d'Estaing, damals Finanzminister, beschied denn auch Journalisten Ende August 1971: „Wirtschaftliche Macht ist politische Macht."

Wenn aber wirtschaftliche Macht identisch sein sollte mit politischer Macht – wo bliebe dann der gaullistische Führungsanspruch über das Europa der sechs? De Gaulles Nachfolger, Staatspräsident Pompidou, hat die Antwort am 23. September 1971 gegeben: „Frankreich beansprucht keinesfalls, Europa zu dirigieren, weder das Europa der sechs noch weniger das Europa der zehn." Wörtlich bedauerte er: „Zur Stunde ist es offensichtlich, daß im Aufbau Europas Deutschland eine seinen Partnern überlegene Wirtschaftsmacht hat. Das insbesondere, weil seine Industrieproduktion um etwa 50 Prozent gewichtiger ist als die unsere." Frankreich wolle sicher sein, bei der Verwirklichung von Europa weder Beherrscher noch Satellit zu sein, sondern ein Partner mit vollem Recht: „Deshalb habe ich für unser Land als vorrangiges Ziel die Entwicklung und Verdoppelung seiner Industriekapazität in zehn Jahren gestellt."

Von den Deutschen erhoffte Paris entscheidende Unterstützung: einmal durch die gemeinsame Agrarpolitik, sodann durch deutsche Industrieansiedlungen in den leeren Provinzen, besonders aber Verständnis dafür, daß Paris ohne Rücksicht auf europäische Stabilitätsprogramme mit einer inflatorischen Übernachfrage für maximale Vollbeschäftigung und maximales Wirtschaftswachstum sorgte; weiter dafür, daß Frankreich auch mit politischen Pressionen den Export seiner verstaatlichten Industrien begünstigte. Insbesondere aber wurde von den Deutschen erwartet, daß sie Franc-Abwertungen im Interesse der französischen Ausfuhr duldeten oder gar aktiv unterstützten – zum Nachteil ihrer eigenen Exportchancen.

Die Bundesregierungen, gleich welcher politischen Couleur, mühten sich, den französischen Wünschen so weit als irgend möglich entgegenzukommen. Staatspräsident Pompidou hatte die These aufgestellt, daß die Europäische Wirtschaftsgemeinschaft in ihren Bestandteilen ausgeglichen sein müsse. „Länder, die im Rückstand sind, sollten ihn überwinden. Länder, die einen großen Vorsprung haben, sollten ihnen dabei Hilfestellung leisten." (September 1971)

Es ist kein Zweifel, daß zu Beginn der siebziger Jahre der wirtschaftliche Vergleich neue Ängste in Frankreich auslöste. Nach einer Umfrage waren fast 40

Prozent der Franzosen der Meinung, Deutschland könne leicht wieder eine Gefahr für Frankreich werden. Die Angst vor den Deutschen ist entscheidend wohl der politischen Geschichte und militärischen Auseinandersetzungen anzulasten. Sie schwindet mit der Verjüngung der Bevölkerung, mit dem Verblassen der Kriegserinnerungen.

Dafür gibt es Beispiele. Kommt doch mein zehnjähriger Bub aus der Schule und erzählt, die Schulkameraden hätten zu ihm gesagt: „Tu es boche!" Seine Brüder in anderen Schulklassen bestätigen das. Wir wollen wissen, was das heißen soll. Nach gründlicher Umfrage berichten sie: Danach glaubt eine kleine Gruppe, „boche" bedeute Soldat. Andere meinen, das heiße einfach „Deutscher". Aber einige wissen es ganz genau: „Bosch – das ist ein Kühlschrank."

Auch das Nationalitätenproblem hat sich geändert: Als ich 1952 in Paris studierte, wurde ich in der Metro einmal per Fausthieb in den Magen niedergeschlagen – weil ich mit einem Freund Deutsch sprach. Wenn heute ein Nachbarkind mit seinen Eltern nach Deutschland wegzieht, spielt sich diese Unterhaltung ab: „Der kleine Konrad zieht weg, weil er ein Deutscher ist", erklärt die kleine Madeleine ihrer Freundin. „Weißt du auch warum? Nun, seine Mutter ist Französin, aber sein Vater ist ein Deutscher, und sein Großvater war boche."

Anders ist es mit der Furcht vor der deutschen Wirtschaft geblieben. Stellt sie für Frankreich auch künftig noch eine Bedrohung dar? Gefährdet die deutsche Exportoffensive französische Unternehmen, französische Arbeitsplätze? Ruiniert die deutsche Wirtschaftsmacht die französische Währung? Bedroht die deutsche Arbeitswut und Wohlstandsdynamik die Lebensweise der Franzosen? Ist die französische Landwirtschaft in ihrer Existenz nicht viel zu stark vom Wohlwollen der Deutschen abhängig? Zwingt nicht die expansive deutsche Wirtschaft der französischen Nation immer mehr das Gesetz des Handelns auf? Ist die einst weltumspannende Franc-Zone nicht längst verfallen, der Franc ein trauriges Anhängsel einer neuen, starken DM–Zone geworden? All diese Fragen lassen sich mehr oder weniger klar mit Ja beantworten. In seiner Wirtschafts- und Sozialpolitik muß Paris sich damit auseinandersetzen.

Planifikation: Vom Mythos zur Realität

Frankreich verfügt jetzt über eine dreißigjährige Erfahrung im Umgang mit der Wirtschaftsplanung. Mit der „planification à la française" wollte General de Gaulle nach dem Kriege beim Wiederaufbau Frankreichs einen „dritten Weg zwischen Kapitalismus und Kollektivismus" gehen. Ein demokratisch beschlossener Indikativplan sollte ein optimales Wirtschaftswachstum sicherstellen und zu einer gerechteren Verteilung der Einkommen führen. Dazu erschien es notwendig, Produktionsziele für die einzelnen Branchen festzulegen, Mittel für die erwünschten Kapazitätserweiterungen umzulenken, Verbrauch und Investitionen zu dirigieren. Seit dem ersten Modernisierungsplan, ausgearbeitet vom

Plankommissariat unter dem Vorsitz von Jean Monnet für die Zeit 1947 bis 1953, hat sich das Konzept französischer Wirtschaftslenkung ununterbrochen geändert. Bei der Entscheidung zwischen Markt und Planung ist Frankreich immer mehr den Weg zum Markt, genauer zur sozialen Marktwirtschaft gegangen.

Die Planifikation ist nicht länger die „heiße Verpflichtung" für alle Franzosen, wie seinerzeit General de Gaulle sagte, sondern nur noch „die Marschrichtung Frankreichs bis Ende 1980" (Giscard d'Estaing). Unter Verzicht auf alle Zwangsvorstellungen versichert der Staatspräsident im Vorwort zum neuesten Plan: „Der VII. Plan will nicht alles im voraus festlegen. Im Gegenteil, die Freiheit und Verantwortung der Gemeinden wie der Männer in der Wirtschaft sollen größer werden." Die Pläne der letzten dreißig Jahre wiesen in aller Regel ambitiöse, quantitative Planziele aus, ohne dafür die notwendigen Finanzmittel zu garantieren. Der VII. Plan beschränkt sich jetzt darauf, die Regierung in den nächsten fünf Jahren auf bestimmte Ausgabenprogramme im Rahmen der verfügbaren Staatsfinanzen zu verpflichten."

Genaugenommen handelt es sich dabei nur noch um eine mittelfristige Finanzplanung für klassische Staatsaufgaben. So wird die Hälfte des Finanzvolumens des VII. Planes, über 200 Milliarden Francs allein für den Ausbau des Telefonnetzes festgeschrieben. Die verfassungsrechtlichen Einrichtungen der Planifikation, der Wirtschafts- und Sozialrat und das Plankommissariat bleiben weiter bestehen – wie der Louvre und das Schloß von Versailles auch.

Die Planifikation trägt zweifellos dazu bei, Frankreich einen besseren Blick durch die Wirtschaft zu verschaffen. Beamte, Unternehmer, Bauern, Gewerkschaftler erarbeiten da gemeinsam Übersichten, konfrontierten Wünsche und Forderungen mit den realen Wachstumsmöglichkeiten. Aus der Arbeit von 25 Kommissionen und 300 Studiengruppen entsteht so schließlich der Plan mit seinen Sollziffern für die verschiedenen Branchen. Die französische Planifikation hat mit einer autoritären Planwirtschaft östlicher Prägung nichts zu tun. Sie läßt dem Verbraucher immer die freie Konsumwahl. Und auf den Unternehmer wirkt die französische Planifikation mehr mit Zuckerbrot als mit Peitsche ein.

Die Investitionslenkung ist durch die Verstaatlichung des Kredits, durch die Nationalisierung von gut zwei Dritteln des Bankenapparates 1944/45, bestens vorbereitet. Die Kreditgewährung läßt sich damit leicht in den Dienst staatlicher Investitionsziele stellen. Zumindest überall dort, wo expansive Unternehmen – mangels ausreichender Gewinne – auf (billige) Staatskredite angewiesen sind. Nach alter Tradition ist der französische Zentralstaat immer der Meinung, daß die Weisheit seiner elitären Verwaltung weiter reiche als die des anonymen Marktes.

Der Generalkommissar des Plans, Pierre Massé, erklärte im Februar 1963, Frankreich habe sich mit seiner Wirtschaftsplanung seit dem Krieg doppelt so kräftig entwickelt wie die Wirtschaft Großbritanniens und der Vereinigten Staaten. Dank der rationelleren Wirtschaftsplanung habe Frankreich einen geringeren Teil seines Sozialprodukts investieren müssen, als nach den Normen anderer Industrieländer notwendig gewesen wäre: Frankreich habe so sechs Milliarden Francs eingespart.

Der bedeutende liberale Nationalökonom Jacques Rueff schreckte jedoch die französische Öffentlichkeit plötzlich mit einer Grundsatzfrage aus ihrem Aberglauben auf: Wenn wirklich die Programmierung der tiefere Grund der hohen Wachstumsrate sein sollte, dann könnten die Franzosen ja ganz ruhig schlafen. Solange die Herren Planifikatoren in ihren Sesseln blieben, werde die Expansion ja weitergehen und keine Gefahr den Wohlstand des Landes bedrohen. Und mit gallischem Witz fügte er die kleine Geschichte von dem Hahn hinzu, der da geglaubt hatte, die Sonne ginge jeden Morgen nur wegen seines Kikerikis auf, und der es nicht wagte, einmal nicht zu krähen aus lauter Angst, die Sonne käme dann nicht mehr.

Ein derartiges Kikeriki haben die französischen Planifikatoren all die Jahre von sich gegeben und die öffentliche Meinung dazu verführt, im Plan den Antrieb der wirtschaftlichen Expansion und des sozialen Fortschritts schlechthin zu sehen. Daher auch die bange Frage aller noch auf die Planung vertrauenden Franzosen, ob denn wohl der Gemeinsame Markt auf europäischer Ebene der „Anarchie des Liberalismus" wieder Tür und Tor öffnen werde, einer Anarchie, die doch gerade durch die nationalen Wirtschaftspläne verhindert werden sollte.

Jacques Rueff hielt den Planifikatoren jedoch entgegen, daß ein Land ohne Planifikation, nämlich die Bundesrepublik, noch eindrucksvollere wirtschaftliche und soziale Fortschritte als Frankreich aufzuweisen hat. Nach seiner Meinung ist eine inflatorisch angeheizte Übernachfrage für die französische Wirtschaft typisch und zum dauernden Antrieb der Expansion geworden. Die französische Wirtschaft ist in der Tat immer mehr von einer chronischen Inflation getrieben, als von einer Planung sinnvoll gesteuert worden.

Da sich der Staat selbst mit seinem Finanzgebaren ebensowenig an die Ziele des Plans gehalten hat wie die von ihm abhängigen Banken bei der Verteilung der Kredite und die von ihm abhängige verstaatlichte Wirtschaft, konnte die Planifikation nicht die Stabilität verbürgen trotz ernsthafter Versuche, die Bedingungen eines Gleichgewichts ökonometrisch zu ergründen. Der Mythos der maximalen Expansion und Vollbeschäftigung nahm darauf keine Rücksicht. Bei der Festlegung der Wachstumsziele hat man immer wieder vergessen, wichtige strukturelle Voraussetzungen auf den Gebieten der Berufsausbildung, der Forschung oder des Straßenbaus zu erfüllen, um die Wachstumsschwierigkeiten kleinzuhalten. Eine der wichtigsten Voraussetzungen für eine große Spareigung zur Finanzierung der Erweiterungsinvestitionen, nämlich die Stabilität des Geldes, wurde sträflich vernachlässigt. In den Planifikationsperioden von 1946 bis 1962 ist zum Beispiel der Index der Einzelhandelspreise annähernd auf das Sechsfache gestiegen.

Geldschöpfung, Kreditexpansion, Haushaltsdefizite in Milliardenbeträgen und die Kapitallenkung im Interesse der heiligen Ziele des Plans lieferten die Grundlage für eine zwangsläufige Hausse von Löhnen und Preisen. Das größte Automobilwerk im Staatsbesitz, Renault, hat entgegen dem Plan, der eine Verkürzung der Arbeitszeit ablehnte, den bezahlten Urlaub 1963 um eine vierte Woche verlängert. Und 1964 verkürzte Renault die Arbeitszeit effektiv noch weiter. Entgegen dem Plan hatte die französische Autoindustrie ihre Produktion 1963 viel zu stark erhöht und damit die Überhitzung noch verstärkt. Neben dem Plan gibt es eben die Konjunktur, den Markt, die Konsumenten, die Sparer, Unternehmer und Gewerkschaften, die auf die Planifikatoren und ihre Pläne kaum Rücksicht nehmen.

Im Gefolge der Währungssanierung von 1958 hatte die französische Wirtschaft ihre Minderwertigkeitskomplexe im Hinblick auf den Außenhandel verloren. Das klassische Land des Protektionismus segelt seither immer stärker im Wind des Freihandels. Wachsende Exportüberschüsse und Devisenvorräte vom Jahre 1960 bewiesen, daß Frankreich die internationale Konkurrenz nach der großzügigen Abwertung nicht mehr zu fürchten brauchte. Die Löhne stiegen zwar immer schneller, doch steigende Preise sicherten den Unternehmen bei steigender Kapazitätsauslastung hohe Gewinne. Was hätte nähergelegen, als jetzt endlich auch einmal vom „französischen Wirtschaftswunder" zu reden? Die französische Planifikatoren wußten rasch eine Erklärung, wonach es sich im Gegensatz zur Bundesrepublik, die ja keine Wirtschaftsplanung hat, nicht um ein Wunder handeln konnte. Einzig und allein der „IV. Plan für wirtschaftliche und soziale Entwicklung 1962 bis 1965" war nach ihrer Meinung die Ursache dieses Aufschwungs.

So wurde dieses Wunderinstrument denn auch prompt zu Frankreichs großem „Exportartikel" erklärt. Die Europäische Wirtschaftsgemeinschaft sollte als erste der Gnade der französischen Planifikation teilhaftig werden. Dem hat seinerzeit der damalige Wirtschaftsminister Erhard energisch widersprochen: Im Europa von morgen soll das Wachstum von Unternehmen und Volkswirtschaften einzig und allein von der individuellen Leistung und Tüchtigkeit bestimmt werden. Die Planifikatoren, mahnte Erhard, sollten nicht Ursache und Wirkung verwechseln. Der wirtschaftliche Aufschwung Frankreichs sei keineswegs ein Erfolg der französischen Wirtschaftsplanung, sondern das Resultat einer energischen Staatsführung, die 1958 das währungspolitisch Notwendige getan hat.

Mit der fortschreitenden Liberalisierung des französischen Außenhandels, mit der Sättigung vieler Konsumentenwünsche und der damit verbundenen stärkeren Differenzierung von Nachfrage und Angebot ist Planifikation ein immer riskanteres Unternehmen geworden. Zufälle, Unvorhersehbares, fremde Einflüsse aus dem Ausland, zahllose Störungsfaktoren erschweren die Planung fester Produktionsziele genauso wie eine zuverlässige, informative Vorausschau.

Dabei störte es nicht, daß Plan und Wirklichkeit kaum je übereinstimmten, daß zu hohe Planziele die Gefahr konjunktureller Überhitzung, der Preissteigerung und der Geldentwertung heraufbeschworen. Doch die inflatorische Entwicklung hat schließlich viele Franzosen bestärkt, die alte Planifikation über Bord zu werfen. Dem Mythos zuliebe sollte das Neue aber ebenfalls Planifikation heißen, nämlich „qualitative Planifikation". Schlichter könnte man vielleicht sagen: liberale Wirtschaftspolitik.

Zu den großen Aufgaben dieser Art von Planung zählt die Dezentralisierung der Industrie aus überfüllten Ballungsräumen in leere Provinzen, eine großzügige Raumplanung für die notwendige Entwicklung der Infrastrukturen, der Ausbau der Verkehrswege, das Bildungswesen, die Verbesserung der Agrarstruktur.

Nach 18 Jahren französischer Planifikationspraxis verkündete General de Gaulle klassische Grundsätze, die Frankreich brauche, um wettbewerbsfähig zu bleiben: „Stabilität bedeutet, daß die Preise gehalten werden, daß die Einkommen nicht schneller wachsen als das Wirtschaftsergebnis, daß die öffentlichen Ausgaben nur im gleichen Schritt mit dem Sozialprodukt steigen, daß der Kredit nur aus den normalen Quellen des Sparens gespeist wird, daß das französische Geld seinen absoluten Wert behält." Das bedeutete nicht das Ende der französischen Planifikation – aber einen wesentlichen Wandel.

Zum erstenmal seit der Bildung der Volksfrontregierung im Jahre 1936 und der Verstaatlichungswelle nach dem Krieg kam es am 19. Januar 1965 in Frankreich zu einem öffentlichen Manifest der Liberalen gegen den Staatsdirigismus. Vor den Vertretern aller Wirtschaftsbereiche hat Georges Villiers auf der Vollversammlung des französischen Unternehmerverbandes („Patronat Français") vierzehn Thesen einer neuen marktwirtschaftlichen Politik verkündet, die den Staat in seine Schranken verweisen sollten.

Dem Selbstlob der Planifikateure lieferte Villiers eine vernichtende Bilanz: Die Länder mit dem kräftigsten und gesündesten Wachstum verdankten ihre Fortschritte nicht einem systematischen Dirigismus oder gar einem Staatskollektivismus, sondern der Tatsache, daß ihre Wirtschaftsordnung der freien Unternehmerentscheidung und der Sparkapitalbildung im Interesse produktiver Investitionen den größten Spielraum verschaffe. Frankreich habe den echten Antriebskräften der Wirtschaft und der gesellschaftlichen Entwicklung – nämlich der Initiative, Eigenverantwortung und der Freiheit – nicht den ihnen gebührenden Platz eingeräumt und überdies die Lawine der übersteigerten staatlichen Interventionen nicht aufgehalten.

Unter den gefährlichsten Folgen des planifizierten Dirigismus nannte Villiers an erster Stelle die unzureichenden produktiven Investitionen der französischen Wirtschaft. Dem Staat wies er lediglich die Aufgabe zu, für saubere Wettbewerbsbedingungen und eine leistungsfähige Wirtschaftsstruktur zu sorgen, ohne im übrigen alles selbst zu planen und zu lenken. In die Führung privater Unternehmen sollte er sich nicht einmischen. Die Wirtschaft sollte direkten Zugang zu den privaten Ersparnissen bekommen. Der Staat sollte die Unternehmen nicht länger daran hindern, ertragsgerechte Dividenden auszuschütten. Die Zinsen sollten genauso wie die Preise wahr und frei sein, um ohne staatliche Interventionen das Gleichgewicht zwischen Ersparnis und Investitionsbedarf herzustellen. Neben dem Recht zur freien Unternehmensgründung verlangt man die ungeteilte Autorität des Unternehmens. Umgekehrt seien Verkrustungen der Wirtschaft — so der Schutz ersessener Positionen — mit dem sozialen Fortschritt nicht vereinbar. Gleichzeitig wird ein „Recht auf Arbeit im gleichen Beruf am gleichen Platz" mit Rücksicht auf die Produktivität der Wirtschaft bestritten. An seine Stelle soll unter der Mitverantwortung der Unternehmer die Umschulung und Umsetzung der Arbeitskräfte treten.

Freie Preisbildung und Währungsstabilität erscheinen den französischen Unternehmern als unveräußerliche Voraussetzungen wirtschaftlicher und gesellschaftlicher Fortschritte. Ebenso notwendig ist der Wettbewerb mit der ausländischen Konkurrenz, ist die Erweiterung der internationalen Austauschbeziehungen, um die Produzenten zu größeren Leistungen anzuspornen und dem Verbraucher ein maximales Angebot zu sichern.

Mehr und mehr französische Unternehmer und Nationalökonomen haben Gelegenheit gefunden, auch die Erfolge einer Marktwirtschaft, vor allem in der Bundesrepublik, in den Vereinigten Staaten und Japan, zu studieren. Im direkten Wettbewerb zeigt es sich, daß das freie Spiel der Kräfte größere Leistungsreserven mobilisiert, als sich die Planifikateure bislang träumen mochten. Der Vergleich lehrt überdies, daß die angeblich im nationalen Interesse stehende Planifikation entscheidende staatliche Aufgaben vernachlässigt hat. Das gilt für den Wohnungsbau, für den Ausbau der Schulen und Universitäten, für die Verbesserung der Verkehrslinien, den Bau von Krankenhäusern und anderen Einrichtungen der Infrastruktur. Die angeblich konjunkturell so stimulierende Inflation hat den Sparwillen der Bevölkerung gelähmt, hat die Investitionskraft der französischen Wirtschaft geschwächt, zu einer sozial ungerechten Vermögensbildung beigetragen.

Konzentration und technischer Fortschritt

Eine der ersten Aufgaben staatlicher Kapitallenkung war neben dem Ausbau neuer Industriekapazitäten vor allem die Neustrukturierung der französischen Wirtschaft. Mit Staatskrediten sollten Fusionen in allen Industriebranchen erleichtert werden. Frankreich wollte möglichst rasch zu eigenen Großunternehmen kommen und damit den Ausverkauf französischer Unternehmen an die Amerikaner bremsen.

Die neue Industrialisierungspolitik in ihren heutigen Zügen ist schon am 30. November 1965 durch das Gesetz über die Anwendung des V. Wirtschaftsplanes festgelegt worden. Darin heißt es: „Das erste Ziel der französischen Industrie besteht darin, ihre Wettbewerbsposition in Europa und weltweit zu stärken." Ausgehend von der Überlegung, daß die meisten französischen Industriezweige weniger stark entwickelt waren als die anderer großer Industrieländer, wurde im fünften Plan als Ziel aufgestellt: „Die Bildung oder die Verstärkung einer kleinen Zahl von Unternehmen oder Unternehmensgruppen internationaler Größenordnung, die fähig sind, sich auf allen Gebieten gegen den Wettbewerb ausländischer Gruppen zu behaupten."

In den meisten großen Industriebereichen sollte die Zahl der französischen Großunternehmen beschränkt, möglichst auf eine oder zwei Gruppen reduziert werden, forderte der fünfte Plan. Und der Staat versprach, die Industrie durch konkrete Maßnahmen aktiv zu unterstützen. „Die Neugruppierung der französischen Industrie ist von so überragender nationaler Bedeutung, daß Kredite mit besonderer Ausstattung (hinsichtlich Zinshöhe, Laufzeit, Rückzahlungsaufschub) gewährt werden, um die Verwirklichung beispielhafter Operationen zu erleichtern: dank einer Manövriermasse, die prioritär der industriellen Neustrukturierung dient und im Rahmen des Fonds für Wirtschaftliche und Soziale Entwicklung verwaltet wird."

Daraufhin kam es schon im Jahre 1966 zu weiter reichenden Konzentrationen als in allen Jahren zuvor. Rund 15 Firmen haben damals durch spektakuläre Fusionen ihre Bedeutung in der französischen Wirtschaft beträchtlich verstärken können. Diese Entwicklung hat sich durch die amtliche Förderung der Konzentration Jahr für Jahr fortgesetzt. Die heftig beklagte Zersplitterung der französischen Industrien ist im Eiltempo bereinigt worden.

Der Vergleich der hundert größten Unternehmen in Frankreich und Deutschland zeigt: Die Konzentration verlief in Frankreich relativ schneller als in der Bundesrepublik. Doch in absoluten Werten hat sich der Umsatzvorsprung der deutschen Unternehmen eher noch verstärkt. So war im Jahre 1962 der Umsatz des größten deutschen Unternehmens, des Volkswagenwerkes, um 3,4 Milliarden Mark größer als der Umsatz des damals größten Mineralölproduzenten, der „Shell Française". Im Jahre 1972 hatte sich aber der Umsatzvorsprung des Volkswagenwerkes gegenüber dem jetzt größten französischen Automobilunternehmen Renault weiter erhöht auf rund 5,3 Milliarden Mark. Die Umsätze der fünfzig größten deutschen Unternehmen waren noch immer um 35 bis 50 Prozent höher als die der ersten fünfzig französischen Unternehmen.

Der Aufbau immer größerer Produktions- und Unternehmenseinheiten, in aller Welt durch den Wettbewerb erzwungen, wird von der französischen Regierung systematisch weiter gefördert. Ein neueres Beispiel ist dafür die staatlich befohlene „Doppelhochzeit in Frankreichs Autoindustrie". Als die privaten Automobilwerke Citroën-Berliet, kontrolliert vom privaten Reifenkonzern Michelin, 1974 in eine hoffnungslose Lage gerieten, beschloß Giscard d'Estaing, der Autoindustrie „mit staatlichen Mitteln wie noch nie" über die Krise hinwegzuhelfen. Zur Neugruppierung hat die Regierung eine Mitgift von über 1,5 Milliarden Francs für zwei Notehen bereitgestellt. Auf staatliches Geheiß sollte der bisher größte private Automobilproduzent Citroën mit dem zweitgrößten Privatunternehmen Peugeot unter der Kontrolle von Peugeot eine französische Automobilgruppe europäischer Größenordnung bilden. Zugleich sollte der florierende staatliche Automobilkonzern Renault das Schwerlastwagenunternehmen Berliet von Citroën käuflich erwerben, um mit dem eigenen Lastwagenbau (Saviem) zu einer großen nationalen Nutzfahrzeuggruppe zusammenzuschmelzen.

Konzentrationsvergleich 1972/Umsätze in Millionen DM

Frankreich		Deutschland	
1. Regie Nat. des Usines Renault	10707	1. Volkswagenwerk	15996
2. Electricité de France	9437	2. Siemens	15147
3. Cie. Française des Pétroles	8492	3. BASF	13643
4. SNCF − Société Nationale des Chemins de Fer	8118	4. Farbwerke Hoechst	13563
5. Péchiney Ugine Kuhlmann	8055	5. Daimler-Benz	13253
6. St.-Gobain Pont-à-Mousson	7837	6. Bayer	12821
7. Rhône-Poulenc S.A.	7503	7. Veba	10332
8. Cie. Générale d'Electricité	6547	8. AEG-Telefunken	10048
9. Groupe Peugeot	6459	9. Thyssen	9835
10. Citroën S.A.	6321	10. Klöckner-Gruppe	8017
50. Fiat France	1257	50. DEMAG	1730
100. Générale des Engrais S.A.	603	100. Diehl-Gruppe	707

(Umrechnungskurs: 1 Franc = 0,60 DM)

Der Zusammenschluß von Berliet (Schwerlastwagen, 29 Prozent der französischen Zulassungen) mit Saviem (leichte Lastwagen, 21 Prozent Marktanteil) hat ein nationales Gegengewicht geschaffen zum rasch expandierenden, größten europäischen Konkurrenten Daimler-Benz. Nach gelungener Fusion kann Saviem-Berliet mit einer Jahresproduktion von 44000 Einheiten sich allerdings noch lange nicht messen mit der Produktion von Mercedes-Henschel-Hanomag von 120 000 Lastkraftwagen (Vergleichszahlen von 1973). Die gegenseitige Ergänzung des Produktionsprogramms wie auch der Exportmärkte ist aber eine letzte Hoffnung für Frankreichs Lastwagenfertigung unter der Kontrolle des Staatskonzerns Renault.

„Die Concorde-Epoche ist angebrochen. Diese Maschine ist ein großartiger technischer Erfolg", das versichert Frankreichs Transportminister Cavaillé. Sein Vorgänger Jacquet hatte früher einen der Grandeurträume des Staatspräsidenten de Gaulle so ausgedrückt: „Im Jahre 1970 werden 250 Concorde die Himmel durchpflügen." Staatspräsident Pompidou (1969 bis 1974) gab weitere Milliardenbeträge für das 1962 zwischen London und Paris beschlossene Prestigeobjekt. Die Concorde ist „schneller als Sonne und Schall". Und sie hat im Westen nicht nur keine Konkurrenz, sondern auch noch keinen Markt. Noch keine wirtschaftlich begründete Nachfrage, die Produktion und Betrieb des neuen Transportmittels rechtfertige. „Die Zukunft der Concorde ist indiskutabel", hatte Pompidou noch versichert, als er in einem Prototyp zum Treffen mit Nixon 1971 auf den Azoren landete. Ganz böse Zungen übersetzten damals schon „indiskutabel" mit „hoffnungslos".

Im Frühjahr 1974 eröffnete uns der Bürgermeister von Chamalières und Präsidentschaftskandidat Giscard d'Estaing, daß er gegen alle Prestigeobjekte war, als Finanzminister jedoch gegen den Willen des Staatspräsidenten nichts vermochte. Inzwischen ist er selbst Staatspräsident, und inzwischen sind auch Realitäten entstanden, gegen die keine britische und keine französische Regierung mehr anzugehen wagt. Selbst die Kommunistische Partei findet kein böses Wort mehr gegen das „Luxusflugzeug für Milliardäre", gegen die Verschwendung von Milliarden zu Lasten der kleinen Steuerzahler, die selbst nie fliegen können. Was früher ein Symbol nationaler Grandeur und technischer Überlegenheit war, ist heute ein Problem der Arbeitslosigkeit: „Wir können Concorde in gar keinem Fall einstellen."

Statt der für 1970 angekündigten 250 Concorde sind 1975 von Paris und London erst neun Maschinen fest an Paris und London verkauft. Die von den beiden Regierungen ursprünglich genehmigte Bauserie von 22 Maschinen ist inzwischen auf 16 Maschinen gekürzt worden. Inzwischen nämlich haben alle großen Fluggesellschaften der westlichen Welt auf ihre Optionen verzichtet.

Die Concorde gehört zu einer langen Reihe staatlicher Investitionsanstrengungen mit dem Ziel, Frankreich an die Spitze des technischen Fortschritts zu bringen. Technisch ist die Concorde eine stolze Leistung der Franzosen und Engländer, den Amerikanern weit voraus. Aber sie hat den kritischen Nachteil vieler französischer Prestigeprojekte: Sie ist unrentabel, unverkäuflich.

Doch sollte dies nicht der einzige staatlich gelenkte Mißerfolg bleiben. Der Aufbau einer modernen Datenverarbeitungsindustrie endete mit dem Übergang von Bull in amerikanische Hände. Die Schaffung einer nationalen Mineralöl-

Basis in Algerien führte zur Verstaatlichung der algerischen Bodenschätze. Die Entwicklung einer französischen Atomtechnik auf der Basis von Natur-Uran, eines der kostspieligsten Projekte des gaullistischen Frankreich, war wirtschaftlich eine Katastrophe. Wo immer der französische Staat den Fortschritt finanzierte, war die Gefahr von Mißerfolgen nicht fern. Der modernste Schlachthof Europas, La Villette vor den Toren von Paris, ist wegen der Strukturveränderungen am Fleischmarkt noch vor der Fertigstellung überflüssig, unrentabel, abbruchreif geworden.

Ein gaullistischer Abgeordneter, Charles de Chambrun, hat die Verluste solcher staatlicher Fortschrittsunternehmen in einem Bericht auf 50 Milliarden Francs (1971) berechnet. Grandeur und Prestige sind nicht primär ökonomische Größen. Ihre Kosten aber können sich sehr wohl auch als Bremsen des wirtschaftlichen Fortschritts auswirken.

Der Luxusdampfer „Le France", der Luftkissenzug und mancher andere Traum sind längst ausgeträumt. Und die Erfahrungen mit der Concorde waren für Frankreichs Industriepolitik eine heilsame Lehre: Mutig hat der Präsident der Transportkommission der Planifikation, Veil (Generaldirektor der Fluggesellschaft UTA), schon im Frühjahr 1976 vorgerechnet, daß die Concorde bis heute 34 Milliarden Francs (über 15 Milliarden Mark) gekostet hat. Und sie nutzt nur einem Prozent der arbeitenden Bevölkerung. Gleichzeitig klagen die Arbeiter über unzureichende und verkommene Massentransportmittel. Der sozialistische Oppositionsführer Mitterrand meinte, statt Prestigeobjekten und Waffen sollte Frankreich lieber – wie die Deutschen – Werkzeugmaschinen und Investitionsgüter für die Welt produzieren.

Staatspräsident Giscard d'Estaing erklärte im April 1976 seine Abkehr von den Grandeur-Ambitionen de Gaulles: „Ich will dafür sorgen, daß Frankreich zur Spitzengruppe der Länder mittlerer Größe zählen kann." Allmählich, nicht sofort, zieht Frankreich aus solchen Fehlschlägen Konsequenzen. Die Concorde wird nicht mehr gebaut. Aber sie fliegt noch – täglich mit Verlust.

Der Staat als Handelsvertreter

„Das ist das erstemal in der Geschichte der Luftfahrt, daß sich ein Staatschef zum Versuchsflug in einen Prototyp setzt", lautete der Kommentar der Pariser Zeitung „Le Combat". „Pompidous Flug an Bord der Überschallmaschine Concorde 001 ist ein Akt der Verkaufsförderung", erläuterte „Le Nouvel Observateur" das historische Ereignis vom 12. April 1971.

In Frankreich ist das nicht Zufall, sondern merkantilistische Tradition. Bei jeder Gelegenheit – ob bei Treffen mit afrikanischen Staatschefs oder mit dem amerikanischen Präsidenten kam Frankreichs Staatschef mit dem Prototyp der Concorde zugleich als Verkaufsförderer seiner Flugzeugindustrie. Er lancierte die

Concorde auf diese Weise im amerikanischen Fernsehen. Die Würde eines Staatspräsidenten bewahrt vor dem Verdacht, es könnte sich hier um Schleichwerbung handeln. Die französische Flugzeugindustrie ist respektvoll genug, den Staatspräsidenten nicht als billigen Reklame-Fritzen zu betrachten. Doch räumen ihre Experten gerne ein: Einen besseren Commis-Voyageur (Handelsvertreter) könnten wir uns gar nicht denken!

Wie de Gaulle, der die verstaatlichten Renault-Werke als „meine Tochter" hätschelte, fühlte sich auch Pompidou als der höhere Chef und Patron des „Unternehmens Frankreich". Im Ernstfall glaubt sich der französische Staat immer für zuständiger, intelligenter, kaufmännischer, einflußreicher als die Männer der Wirtschaft. Regelmäßig sind es dann Technokraten und Politiker von den hohen französischen Schulen, die über den Kopf ganzer Industriegruppen hinweg entscheiden.

Und das nicht nur im Falle bedeutender nationaler Angelegenheiten.

Daß de Gaulle den Bau der Concorde allein – und gegen den Widerstand der Industriellen – beschlossen haben soll, wundert in Frankreich niemanden. Verärgert aber sind viele Unternehmer mit Recht darüber, daß der Pariser Zentralstaat sich mehr und mehr zum Vormund nicht nur der verstaatlichten, sondern auch der privaten Wirtschaft aufwirft.

Mit peinlichen Folgen: Die Vermischung von Politik und Wirtschaft stiftet babylonische Verwirrung. Unternehmer, Bürger, Steuerzahler wissen nicht, ob nun die französische Wirtschaft und der französische Staat Opfer für eine bestimmte Außenpolitik bringen müssen oder aber, ob die Außenpolitik primär französische Wirtschaftsinteressen fördern will. Für die Partner Frankreichs bringt die wachsende Politisierung, Diplomatisierung, staatliche Bevormundung der Außenwirtschaftsbeziehungen ebenso unangenehme Überraschungen wie für die Franzosen selbst.

Wie zuvor Pompidou, Debré oder Schumann, so fühlt sich jeder französische Minister als Industrievertreter. „Der Verteidigungsminister hat die Hoffnung nicht aufgegeben, den Mißerfolg des Panzers AMX 30 zu begrenzen. Ein Panzer mit Mannschaft soll jetzt in Kopenhagen versuchen, die Dänen zum Kauf zu bewegen", heißt es in einem Informationsbrief. „Die französische Regierung mußte bei der Gesellschaft hart intervenieren, um ein Waffengeschäft über 66 Millionen Francs" in Ordnung zu bringen, heißt es an anderer Stelle.

„Die Offensive der französischen Waffenindustrien in alle Richtungen ist vom Finanz- und Verteidigungsministerium kräftig unterstützt worden. Oft mußten Kredite sehr langfristig und zu äußerst niedrigen Zinsen gewährt werden, um jeder Konkurrenz, insbesondere der amerikanischen, Herr zu werden", schrieb das Wirtschaftsblatt „Les Informations" (am 24. Juli 1972). Alte Freundschaften sind dabei zerbrochen. Man erinnert sich daran, daß Israel fünf bezahlte Schnellboote in der Nacht zum ersten Weihnachtsfeiertag 1969 aus dem französischen

Hafen Cherbourg buchstäblich stehlen mußte. 50 Kampfflugzeuge des Typs Mirage, ebenfalls bereits bezahlt, fielen unter de Gaulles Waffenembargo gegen Israel. Die entscheidende Waffe wurde dem bedrohten Israel nicht ausgeliefert.

Diese „Friedenspolitik" hat sich für den französischen Waffenexport in die viel zahlreicheren – mit Israel verfeindeten – arabischen Länder gelohnt. Allein Libyen hat mehr als das Doppelte an Mirage-Flugzeugen in Frankreich bestellt. In den letzten zehn Jahren ist es Frankreich gelungen, sich nach den Vereinigten Staaten und der Sowjetunion den Platz des dritten Waffenlieferanten der Welt zu sichern. „Die Pariser Neutralität und die Politik der Nichteinmischung haben geholfen, viele Kunden zu verführen" – so „Les Informations". Das Wirtschaftsblatt „La Vie Française" sah gewisse Schwierigkeiten darin, daß Länder wie Israel und Libyen gleichermaßen über französische Waffensysteme verfügen: „Das ist auf der moralischen Ebene sicher anfechtbar, aber unter dem Gesichtspunkt der Beschäftigung der französischen Industrie nicht zu verachten."

In jedem französischen Minister erwacht heute ein kleiner Colbert. Der Staat sieht seine vornehmste Aufgabe darin, den nationalen Reichtum über Ausfuhren in alle Welt zu steigern. Damit ist zwar kein Gold anzuhäufen, doch läßt sich nur so der Auslandsverschuldung entgegenwirken. Die Diplomaten sollen endlich mal für ihr Land anderes tun als nur „Tee trinken und Kekse anbieten". Das hatte schon Staatspräsident Pompidou (im September 1972) verlangt. Sie sollten sich gefälligst mit Krediten und Handelsverträgen beschäftigen. „Das tut ihrem Ansehen keinen Abbruch."

Giscard d'Estaing hat den bisherigen Handelsvertreter bei arabischen Ölproduzenten, Norbert Ségard, zum Exportminister gemacht. Chirac selbst dekorierte seine Karriere als Premierminister mit dem Abschluß orientalischer Milliardengeschäfte. Nach jedem Staatsbesuch erfuhr der staunende Franzose, daß seine Regierung Exporte nach Irak für 15 Milliarden, nach Iran für 35 Milliarden, nach Algerien für fast 20 Milliarden Francs abgeschlossen hatte. Der Staatspräsident selbst verkündete diese „Kontrakte aus Tausendundeiner Nacht": Die Bestellungen für große Industriekomplexe sind 1974 von 25 auf 61 Milliarden Francs gestiegen, sagte er im Fernsehen.

Viele Franzosen glaubten dann auch, allein damit würden 1975 mehr Devisen verdient, als für die Öleinfuhr (51 Milliarden Francs) gebraucht werden. Doch französische Unternehmer machten der Fabel der Politiker und Diplomaten ein Ende. Was die Staatsmerkantilisten da an Exportgeschäften aufaddierten, ist nur ein politisches Sammelsurium mehr oder weniger glaubwürdiger Absichtserklärungen. Das Wirtschaftsblatt „Les Echos" meinte, daß von den Aufträgen für den Iran von 35 Milliarden Francs nur ein Volumen von 1,1 Milliarden fest abgeschlossen worden sei. Und von den 15 Milliarden für Irak seien es nur 1,9 Milliarden Francs. Zudem verteilten sich die Lieferungen über die nächsten fünf Jahre.

Die französischen Unternehmer lassen sich die Selbstglorifizierung der regierenden Merkantilisten nicht mehr gefallen. „In Wirklichkeit genießen unsere Unternehmen in keinem Land Privilegien oder Präferenzen. Was allein zählt, ist die Schlagkraft des Vertriebs, die technische Qualität und der Preis." Zu viele französische Exporteure haben erleben müssen, daß nach der Unterzeichnung ambitiöser Kooperationsverträge die erhofften Aufträge an Japaner, Deutsche oder Amerikaner fielen.

Viele französische Unternehmen stehen orientalischen Milliarden-Geschäften skeptisch gegenüber: Die Risiken und Auflagen sind fast unkalkulierbar. Denn die Ölländer verlangen künftig mehr als schlüsselfertige Anlagen; sie fordern dazu das Know-how der Betriebsführung und die berufliche Ausbildung ihrer nationalen Arbeitskräfte.

Bei den fabulösen Geschäften mit dem Orient scheinen ähnliche Vorbehalte angebracht wie bisher schon beim Osthandel. Unter besten politischen Voraussetzungen war Paris bis 1968 zum ersten Handelspartner der Sowjetunion avanciert. Doch alle Staatsbesuche, expansiven Kooperationsabkommen und Milliarden-Kredite konnten nicht verhindern, daß Frankreich in der Sowjetunion und im gesamten Osthandel bald zurückfiel. Ein Milliarden-Projekt platzte nach dem anderen. Die französische Industrie wollte weder Stahlwerksausrüstungen von den Russen erwerben noch große Investitionen in der Sowjetunion riskieren. Die französischen Bauern zeigten keinen Geschmack an sowjetischen Traktoren.

Ausfuhren der Industrieländer

(in Milliarden Dollar)

	1950	(Rang)	1960	(Rang)	1975	(Rang)
Vereinigte Staaten	10,1	(1)	20,6	(1)	107,2	(1)
Deutschland	2	(5)	11,4	(2)	90	(2)
Japan	0,8	(9)	4,1	(6)	55,8	(3)
Frankreich	3	(3)	6,9	(4)	52,2	(4)
Großbritannien	6,3	(2)	10,6	(3)	44,3	(5)
Italien	1,2	(8)	3,7	(9)	34,8	(6)
Niederlande	1,4	(7)	4	(7)	34,4	(7)
Kanada	2,9	(4)	5,8	(5)	32,4	(8)
Belgien	1,7	(6)	3,8	(8)	28,8	(9)

Nach dem Staatsbesuch des französischen Premierministers Chirac in Moskau war Anfang 1975 wieder die Rede von sowjetischen Aufträgen in Höhe von mehreren Milliarden Dollar, tatsächlich aber hat Frankreich 1974 für nicht einmal eine Milliarde Dollar in die Sowjetunion geliefert. Dagegen lieferte die Bundesrepublik schon im Jahre 1973 etwa dreimal soviel wie die französische Wirtschaft in die Staatshandelsländer. Warum? Nicht etwa, weil die französische Regierung zuwenig tut, um den Export „mit allen Mitteln" zu forcieren, sondern in erster Linie, weil diese Länder ebenso wie die ölreichen Entwicklungsländer vor allem die Güter verlangen, die Frankreich selbst in großem Umfange importiert, nämlich Werkzeugmaschinen und andere Investitionsgüter. Deshalb ist auch die deutsche Ausfuhr in die Länder des Vorderen und Mittleren Orients schon 1973 um 50 auf 138 Millionen Dollar im Monatsdurchschnitt gestiegen, wogegen die französische Ausfuhr nur 79 Millionen Dollar monatlich erreichte.

Geld und Kredit

Der absolute Herrschaftsanspruch des französischen Staates verträgt sich nicht mit einer autonomen Behörde zur Wahrung der Geldwertstabilität – vergleichbar mit der Deutschen Bundesbank in Frankfurt. Der Chef der französischen Zentralbank trägt zwar den stolzen Titel „Gouverneur der Bank von Frankreich", in Wirklichkeit liegt die unbeschränkte Macht zur Verschuldung und Geldschöpfung jedoch einzig und allein beim französischen Zentralstaat.

Dies machte sich vor allem in der Planifikations-Periode nach dem Kriege im Maß der öffentlichen Verschuldung bemerkbar. Nach der Machtübernahme de Gaulles (1958) erlebte Frankreich ein Jahrzehnt relativer Geldwert-Stabilität. Sein langjähriger Finanzminister Giscard d'Estaing bemühte sich erfolgreich, die Staatsfinanzen in Ordnung zu halten. Doch wurden die weitreichenden Industrialisierungs- und Wachstums-Ambitionen des Staatspräsidenten Pompidou dann wieder mit einer großzügigen Geldschöpfung des Banksystems finanziert. Um die Wirtschaft zu hohen Neuinvestitionen zu veranlassen, wurden ihr Kredite zu niedrigen Zinsen angeboten. Der Sparer zahlte die Zeche. Die laufende Geldentwertung war in aller Regel größer als die Zinsgutschrift auf dem Sparkonto. Natürlich revanchierte sich der Sparer mit der Flucht in den Konsum. Entsprechend knapp wurden die verfügbaren Investitionsmittel zum Ausbau der Wirtschaft.

Die Industrie beschaffte sich ihr Kapital vor allem über Preiserhöhungen, mit peinlichen Folgen für das Inflationsgefälle: Schon im Zeitraum 1962–1972 waren die jährlichen Preissteigerungen in Frankreich mit 4,4 (Bundesrepublik: 3,2) Prozent wesentlich höher als bei uns. Nach der Wahl des Finanzministers Giscard d'Estaing zum Staatspräsidenten wurde es nur noch schlimmer. In den letzten drei Jahren (1974 bis 1976) waren die Preissteigerungen in Frankreich mit jährlich 14 bis 10 Prozent mindestens doppelt so hoch wie in Deutschland.

Was auch immer die französischen Regierungen unternahmen, um den Franc so stabil zu machen wie die Deutsche Mark, es mißlang: Ungezählte Regierungstreffen und internationale Gipfelkonferenzen haben daran sowenig geändert wie eine unermüdliche Politik der Preiskontrollen, Reglementierungen, ja des totalen Preisstopps. Viel ist geschrieben worden über eine vernünftige Einkommenspolitik. Doch weder staatliche Unternehmen noch private Betriebe haben sich an Direktiven der Regierung gehalten. Und der Staat selbst – vom Staatspräsidenten über den Finanzminister bis zum Chef der Notenbank – hat noch immer kapitulieren müssen. Sei es aus Angst vor politisch explosiven Sozialkonflikten, sei es zur Rettung fauler Betriebe, zur Finanzierung von Verlusten öffentlicher Mißwirtschaft, sei es zur Erfüllung von Planzielen, die über die Leistungskraft des französischen Sparers weit hinausgingen.

Die Präsidenten und Finanzminister in Frankreich mögen wechseln. Sie hinterlassen immer ein tristes Erbe. Machtwechsel heißt in Frankreich immer auch Abwertung, Inflation, Milliarden-Defizite im Außenhandel. Das war so, als General de Gaulle 1958 die Macht übernahm. So war es wieder, als Pompidou 1969 seine Nachfolge antrat. Und so war es erneut, als Giscard d'Estaing 1974 zum Staatspräsidenten gewählt wurde.

Um die währungspolitischen Sünden der Vierten Republik abzutragen, mußte de Gaulle 1958 den Wert der Mark von 1 Franc auf 1,23 Franc heraufsetzen. Ein volles Jahrzehnt lang hat de Gaulle sein Land mit dieser Parität in den Gemeinsamen Markt integriert und dabei eine gewaltige Devisenreserve aufgebaut. Der politische Generalstreik gegen den General vom Mai 1968 brachte politisch und wirtschaftlich das Ende einer langen Periode relativer Stabilität. Nach elf Jahren gaullistischer Herrschaft wertete Pompidou im August 1969 den Franc erneut ab. Der Wert der Mark stieg um knapp 13 Prozent auf 1,39 Franc.

Unter de Gaulle belief sich die jährliche Aufwertungsrate der Mark damit auf gut ein Prozent. Seit dem Amtsantritt Pompidous hat sich das Abwertungstempo der französischen Währung verzehnfacht. Seither ist die Mark nicht mehr jährlich, sondern monatlich um fast ein Prozent gegenüber dem Franc aufgewertet worden. Für französische Touristen und Importeure hat sich die DM bis Frühjahr 1974 um rund 45 Prozent auf 2 Francs verteuert: von 1958 bis 1977 um 110 Prozent. Ein französisches Exportprodukt von hundert Francs verbilligte sich damit gleichzeitig von 100 auf 47 Mark. In der Praxis hat die Teuerung in Frankreich den „währungspolitischen Wettbewerbsvorteil im Export" laufend verzehrt. Solche Wechselkursänderungen entsprechen nur den starken Unterschieden in den Inflationsraten von Land zu Land. Und auch einer stark unterschiedlichen Entwicklung der technischen und wirtschaftlichen Leistungskraft.

Das ist denn auch der entscheidende Unterschied zwischen dem Franc de Gaulles (1958 bis 1969) und dem Franc Pompidous (1969 bis 1974). Überrascht und überwältigt von einer politischen Revolte im Mai 1968 kämpfte General de Gaulle mit aller Energie dafür, eine Abwertung der nationalen Währung zu verhindern. Aber was de Gaulle noch als Schande und nationalen Prestigeverlust

verhindern wollte, erhob Pompidou zu einem Instrument französischer Industrialisierungspolitik : die permanente Abwertung des Franc, sei es direkter oder
indirekter Art. Sie sollte der französischen Industrie Wettbewerbsvorteile auf
den Exportmärkten verschaffen.

Die hohen Gewinne erlauben den Exportunternehmen überdurchschnittliche
Wachstumsinvestitionen, den Aufbau starker Auslands-Organisationen, die
Steigerung ihres Anteils am Weltmarkt. „Der Mann ist zehnmal besser als de
Gaulle", sagte ein französischer Industrieller, der fast nur in die Bundesrepublik
exportiert. Ohne einen Finger mehr zu rühren, kassierte er 1973 für seine Ausfuhr allein aufgrund der Wechselkursänderungen 45 Prozent mehr Francs für
seine Waren als im Sommer 1969 ; und dank der Inflation konnte er zudem
noch den Verkaufspreis in Deutschland erhöhen.

Eine anhaltende Kreditschöpfung zur Finanzierung der Investitionen und eine
permanente Abwertung des Franc sollten Frankreich in die Lage versetzen, in
zehn Jahren seine industrielle Kapazität zu verdoppeln. Bis 1980, so hofften
Pompidou und Finanzminister Giscard d'Estaing, sollte Frankreich als Indu-
strie- und Exportnation gleichrangig neben der Bundesrepublik auftreten können. Dieses Rezept mußte sich früher oder später als eine inflatorische Selbst-
täuschung erweisen.

Die negativen Folgen machten sich vor allem in der „Franc-Zone" bemerkbar.
Die Inflation im Mutterland belastete das Verhältnis zu den ehemaligen Kolonien. Unvermeidliche Franc-Abwertungen, Devisen-Kontrollen und -auflagen
vertrugen sich immer weniger mit der Würde und Autonomie der neuen Staaten.

„Wir wünschten, daß innerhalb der Franc-Zone die Parität des afrikanischen
Franc gegenüber dem französischen Franc, die nicht mehr der Wirklichkeit entspricht, revidiert wird. Das ist eine Frage der Gerechtigkeit. So bald wie möglich
sollte auf objektiver Grundlage eine neue, für unsere Völker günstigere Parität
festgelegt werden." Die unerwartete Forderung des Präsidenten Eyadema von
Togo nach währungspolitischer Eigenständigkeit der Westafrikanischen Zentralbank wies Staatspräsident Pompidou 1972 in Lomé verärgert zurück : Die
Unabhängigkeit und Souveränität der afrikanischen Staaten „sind begrenzt
durch die Garantien, die der französische Staat gibt. Der afrikanische Franc würde ohne die Garantie Frankreichs morgen zusammenbrechen." Mit dieser Erklärung auf einem afrikanischen Staatsempfang in Togo hatte Pompidou die
Vertrauenskrise der Franc-Zone verschärft.

Eine Welle des Unmuts ging durch Afrika. Nach einem guten Jahrzehnt der politischen Souveränität wollten die Staaten der Franc-Zone wirtschaftlich und
währungspolitisch nicht länger als Kolonien behandelt werden. Denn der afrikanische Franc war geblieben, was er war : eine Kolonialwährung. Die ehemaligen Kolonien Frankreichs in West- und Zentralafrika unterstehen zwar währungspolitisch zwei besonderen Zentralbanken, der Westafrikanischen und der

Äquatorialafrikanischen Zentralbank, aber beide Institute sind in Wirklichkeit nur Briefkastenfirmen der Bank von Frankreich. Sie durften keine Kredite geben, hatten keine Kompetenz in der internationalen Währungspolitik.

Frankreich, das selbst eine Politik der inflatorischen Geldvermehrung und Übernachfrage betrieb, hielt die afrikanischen Länder knapp. Paris erzielte dabei einen doppelten Vorteil: Die afrikanischen Leistungsüberschüsse stärkten automatisch die Pariser Devisenreserve, zugleich konnte Frankreich mit seinem abgewerteten Franc die Lieferungen des schwarzen Afrika mit schrumpfender Kaufkraft bezahlen.

Die Kooperationsverträge sicherten Frankreich darüber hinaus lukrative Abbau- und Ausbeutungsmonopole. Frankreichs Mineralölförderung in Gabun kostete buchstäblich nichts. Nachdem aber Algerien sein Öl und Mauretanien seine Erze zur Quelle des nationalen Reichtums gemacht hatten, verlangten auch die Länder der Äquatorialafrikanischen Zentralbank (Kongo, Gabun, Tschad, Zentralafrikanische Republik und Kamerun) eine Generalrevision der Kooperationsverträge mit Frankreich. Das militärische Ausbildungs- und Liefermonopol stand dabei ebenso zur Diskussion wie die währungs- und außenhandelspolitische Bevormundung.

Die Franc-Zone, währungs- und handelspolitisches Herrschaftsinstrument für ein weltumspannendes Kolonialreich, ist zerfallen. Im Sinne ihrer ursprünglichen Zielsetzungen und Funktionen existierte sie in der Tat schon lange nicht mehr.

Die Franc-Zone bestand ursprünglich aus dem Franc des Mutterlandes und zahlreichen von Paris kontrollierten Kolonial-Francs in Afrika und im Pazifik (Guayana/Antillen), dem indochinesischen Piaster, dem libanesischen Pfund, der französischen Rupie. Mit dem Zerfall des Goldstandards hatte Paris nach 1930 mit Devisen-Bestimmungen und protektionistischen Maßnahmen die eigene Währungszone zu einem vom Weltmarkt deutlich isolierten Wirtschaftsraum mit einer zentralen Administration entwickelt. Innerhalb dieser Zone herrschten feste Paritäten, waren Zahlungs- und Kapitalverkehr frei. Bis 1955 vereinnahmte Paris die Devisenerlöse aller überseeischen Gebiete, kontrollierte ihren Außenhandel. Es gab ein Pariser Schatzamt mit einer Kasse gemeinsam für den französischen Staat und die überseeischen Gebiete mit Ausnahme Nordafrikas.

Mit dem Verlust weiterer Kolonialgebiete verlor die Franc-Zone Kompetenz um Kompetenz. Von Indochina über Syrien und den Libanon bis zur Saar schieden wichtige Wirtschaftsräume aus. Immer mehr Länder weigerten sich, ihre Devisenerlöse in Paris abzuliefern und nach den Wechselkursänderungen zu stark erhöhten Kursen zurückzuerwerben, wenn sie nicht in Frankreich, sondern in der Bundesrepublik kaufen wollten. Obwohl viele afrikanische Länder die französische Inflation bei weitem nicht mitgemacht hatten, blieb es in aller Regel beim alten Wechselkurs (1 französischer Franc = 50 afrikanische Francs).

Wegen ihrer währungspolitischen Selbständigkeit kann man die Maghreb-Länder schon seit geraumer Zeit nicht mehr als „Länder der Franc-Zone" betrachten. Algerien, „der erste Kunde Frankreichs in der Franc-Zone", hat mit dem französischen Franc jede organische Verbindung gelöst, auf jeden Finanz- und Devisenbestand (Franc-Zone) verzichtet. Algier verfolgt neuerdings eine systematische Politik der Umlenkung der Handelsströme – zum Vorteil der Bundesrepublik. Der deutsche Export nach Algerien ist in zwei Jahren um fast 60 Prozent gestiegen. Neben den Insel-Departements Guayana, Réunion, Guadeloupe und Martinique, den Territorien Polynesien und Neu-Kaledonien bilden die Länder der beiden „Zentral-Banken" im schwarzen Afrika das Kernstück. Mauretanien und Madagaskar sind in den letzten Jahren ausgetreten. Djibouti ist gerade selbständig geworden. Mali gehört teilweise (mit Devisen-Kontrollen) dazu.

Zwei Ereignisse haben den Rest der Franc-Zone entscheidend „entkolonialisiert". Das eine war die Assoziierung von 14 afrikanischen und madegassischen Staaten der Franc-Zone an die Europäische Wirtschaftsgemeinschaft – das andere war die Konvertibilität des Franc. Die Exporteure aus den Ländern der Europäischen Gemeinschaft erhielten gleichberechtigten Zutritt zu den Märkten der Franc-Zone. Dank der Assoziierung liefern die afrikanischen Länder der Franc-Zone heute schon weit mehr „Kolonialwaren" in die übrigen Länder der Europäischen Gemeinschaft als nach Frankreich. Umgekehrt wächst von Jahr zu Jahr auch die afrikanische Einfuhr aus den europäischen Ländern.

Die restliche Franc-Zone ist heute – trotz der politischen Selbständigkeit der afrikanischen Staaten – als ein einheitlicher Währungsraum mit unterschiedlichen Geldzeichen anzusehen. Die Politik der afrikanischen Emissionsbanken unterliegt – bei festem Wechselkurs gegenüber dem dominierenden französischen Franc – den Zwängen gemeinsamen Währungsschicksals. Für die laufende devisenpolitische Zusammenarbeit in der Franc-Zone bietet Paris die wesentlichen Organisationshilfen (Devisen-Clearing, Finanzvorschüsse des Schatzamtes). Der Anschluß der afrikanischen Währungen an den internationalen Markt floatender Devisen läuft über Paris.

Betrachtet man die Leistungsbilanz Frankreichs seit 1968, so ist festzustellen: Die Franzosen leben weit über ihre Verhältnisse. So kaufen sie – dank einer inflatorischen Übernachfrage im Inland – dauernd mehr Waren im Ausland, als sie selbst exportieren. Nach einer recht verläßlichen Studie beliefen sich die Auslandsschulden der französischen Wirtschaft schon 1975 auf über 10 Milliarden Francs. Dieser Betrag hat sich durch hohe Fehlbeträge im Außenhandel weiter erhöht. Frankreichs Währungsreserven werden nach der Bewertung des Weltwährungsfonds Anfang 1977 nur noch auf 50 Milliarden Francs geschätzt. Berücksichtigt man, daß die ausländischen Direktinvestitionen in Frankreich wesentlich höher sind als Frankreichs Anlagen im Ausland, so ergibt sich ein wenig vorteilhaftes Bild. Dabei sind die Aussichten für den Ausgleich der Leistungsbilanz alles andere als günstig. 1976 haben die Franzosen – wie schon 1974 – ein Handelsdefizit von über 30 Milliarden Francs erlitten. Und für 1977 schätzt die OECD das französische Leistungsdefizit mit gut 5 Milliarden Dollar oder 25 Milliarden Francs fast doppelt so hoch wie die Fehlbeträge Italiens (2,6) und Großbritanniens (3,1 Milliarden Dollar).

Ursprünglich sollte eine gleichgerichtete Wirtschaftspolitik in Paris und Bonn dafür sorgen, daß es bei festen Wechselkursen bleibt. Doch Giscard d'Estaing mußte den Franc im März 1976 erneut aus dem Europäischen Währungsverbund fester Wechselkurse zurückziehen.

Seit dem Mai 1968 leidet der Franc an chronischer Schwindsucht. Der Preis für 100 DM stieg im letzten Jahrzehnt von 125 zeitweilig auf 240 Franc. Der Franc, vor zwanzig Jahren eine volle D-Mark wert, gilt heute nicht mehr als die Hälfte, kaum noch 45 Pfennig.

Um den Kapitalexport der Franzosen zu beschränken, wurde die Inländer-Konvertibilität weitgehend aufgehoben. Mit Devisen-Kontrollen hoffte Paris, den Kurs des Franc zu kontrollieren. Zudem bietet Frankreich ausländischen Geldanlegern fette Zinsen.

Auf Betreiben des Staates haben französische Unternehmen von 1974 bis 1976 Devisen im Werte von über 46 Milliarden Franc in Form von Auslandskrediten hereingebracht. Dabei wird die Auslandsverschuldung Frankreichs schon seit geraumer Zeit auf über 100 Milliarden Franc errechnet. Auf jeden Fall aber wirken die aus Krediten zufließenden Devisen auf den Wechselkurs wie Devisen-Erlöse aus dem Export: Sie stützen den Franc. Dafür haben Devisen-Schulden den Nachteil, daß sie eines Tages zurückbezahlt und überdies auch noch in Devisen verzinst werden müssen.

Noch, so meint Ministerpräsident Raymond Barre, ist Frankreichs Kreditwürdigkeit intakt. In der Tat, noch braucht Paris nicht mit dem Bettelstab zum Weltwährungsfonds zu pilgern. Immerhin aber läßt man den Franc jetzt lieber weiter „nach unten floaten", als ihn künstlich mit noch mehr Devisenverschuldung zu stützen.

Die Bundesrepublik war, ist und bleibt Frankreichs wichtigster Lieferant und sein erster Kunde. Die Aufwertung der Deutschen Mark bringt in aller Regel nur den Ausgleich für das wachsende Inflations- und Leistungsgefälle zwischen den beiden Ländern. Ein Beispiel: Von 1973 bis zum September 1977 sind die Preise in Deutschland um rund 21, in Frankreich um fast 45 Prozent gestiegen. Entsprechend der Differenz von 24 Prozent kam es zu einer gleichzeitigen Aufwertung der DM um rund 24 Prozent. So ist es auch zu erklären, daß trotz der Aufwertung der deutschen Währung gegenüber dem Franc seit 1958 um 125 Prozent die deutschen Lieferungen nach Frankreich immer größer geworden sind. Die angeblichen Wettbewerbsvorteile der Franzosen aus der Franc-Abwertung sind nirgends erkennbar. Seit Jahren bleibt es bei einem deutschen Exportüberschuß nach Frankreich in der Größenordnung von jeweils 4 bis 8 Milliarden DM.

Der deutschen Wirtschaft kann diese Entwicklung nicht gleichgültig sein. Nach wie vor nimmt Frankreich mit rund 34 Milliarden DM (1976) gut ein Achtel der deutschen Ausfuhr ab. Sollte es nämlich Frankreich nicht gelingen, seiner außenwirtschaftlichen Schwierigkeiten Herr zu werden, müßten auf Dauer Restriktionen, wenn nicht gar Handelsbeschränkungen befürchtet werden. Für die Franzosen ist der Ausgleich des Handels mit der Bundesrepublik besonders wichtig. Gerade der Warenaustausch mit Deutschland hat den Franzosen in den letzten Jahren die höchsten Defizite gebracht. So allein in den letzten drei Jahren einen Fehlbetrag von zusammen 18 Milliarden Mark.

Der Franc droht nach dem britischen Pfund und der italienischen Lira auch noch eine „Problem-Währung" zu werden. Und das liegt in erster Linie an den ungelösten Problemen französischer Gesellschaftspolitik. Oder politisch gesprochen: an der Perspektive, daß bei den Parlamentswahlen 1978 die Linksunion der Kommunisten und Sozialisten gewinnt und danach sozial-revolutionäre Reformen verwirklichen wird. Statt in Frankreich zu investieren, neigen zahlreiche Franzosen der besitzenden Klasse dazu, wichtige Vermögensteile ins Ausland zu verbringen, so insbesondere auf Schweizer Geheimkonten zu deponieren.

Gesellschaftspolitik

Zwei große Leitmotive bestimmten die innenpolitische Aktion General de Gaulles nach der Befreiung Frankreichs von der deutschen Besatzung. Mit einer intelligenten Planifikation wollte er den Wiederaufbau des Landes bewältigen. Mit der „Partizipation" der Arbeiter am Geschehen ihrer Unternehmen wollte er den verderblichen Klassenkampf ausräumen, die „obere" und „untere" Hälfte der französischen Nation miteinander aussöhnen. Die Arbeiter sollten nicht nur an den Gewinnen ihrer Unternehmen teilhaben, sondern auch noch eine gewisse Mitverantwortung an der Führung ihrer Betriebe bekommen. So wurde am 7. Januar 1957 als erstes für die von de Gaulle verstaatlichten Unternehmen der Grundsatz einer Beteiligung der Belegschaft an der Betriebsführung verkündet. Daraus ist bis heute nichts geworden : Der Staat pfeift in seinen Unternehmen auf staatliche Direktiven genauso wie private Unternehmer.

Gegen Ende seiner Laufbahn brachte General de Gaulle ein Gesetz durch, das alle Unternehmen mit mehr als hundert Mitarbeitern verpflichtet, ihre Belegschaft (zu Lasten der Steuer) am Gewinn zu beteiligen. Auch hier war der Erfolg ein halbes Jahrzehnt später kaum spürbar : 1973 profitierten rund drei Millionen französischer Arbeiter, kaum ein Sechstel der Berufstätigen, von der „Partizipation am Unternehmensgewinn" mit einem durchschnittlichen Betrag von jährlich 50 Mark.

In Frankreich waren weder die Gewerkschaften noch die Unternehmer zu einer Zusammenarbeit nach skandinavischem oder deutschem Muster bereit. Sie sind es bis heute nicht. Der politische Generalstreik vom Mai 1968 war auch die Quittung für die Sterilität eines Jahrzehnts gaullistischer Sozialreformen.

Mit den Kommunalwahlen im März 1977 verdeutlichte sich der Linksrutsch weiter. Zur Erinnerung: Bei den Parlamentswahlen 1973 hatten sich erstmals 46 Prozent der Wähler für die Linksunion der Sozialisten und der Kommunisten ausgesprochen. Bei den Präsidialwahlen 1974 waren es 49,2 Prozent. Und jetzt, im Frühjahr 1977, waren es schon fast 54 Prozent. Politisch seien die Dinge damit geklärt, meinte François Mitterrand : „Die Mehrheit ist Minderheit geworden. Die Opposition hat heute die Mehrheit im Lande." Buchstäblich über Nacht sind den Sozialisten und Kommunisten zwei Drittel aller großen französischen Städte zugefallen. Früher waren es weit weniger als die Hälfte.

An der Pariser Börse kam es zu einem politischen Ausverkauf. Sie erlebte eine der schwärzesten Wochen ihrer Geschichte. Nach dem erfolgreichen Durchbruch der Sozialisten und Kommunisten bei den Gemeindewahlen zur absoluten Stimmenmehrheit im Lande sind die Aktien der 50 besten französischen Unternehmen in einer Woche um 10 bis 15 Prozent gefallen.

Parallel zum Terraingewinn der Linken bei Wahlen und Meinungsumfragen hatte sich der Wert der französischen Aktien schon 1976 um 22 Prozent ermäßigt. Seit Anfang 1977 ergibt sich ein zusätzlicher Kursverlust von bisher schon 14 Prozent. Bei vergleichbarer Konjunktur haben die deutschen Aktien ihren Stand vom Jahresanfang voll behauptet.

Dieser Einbruch ist allenfalls mit dem Rückschlag zu Beginn der Weltwirtschaftskrise zu vergleichen, meinten einmütig die französischen Beobachter. „Franzosen und Ausländer veranstalten, überwältigt vom Sieg der Linken, einen regelrechten Ausverkauf ihrer Papiere zu Schleuderpreisen", heißt es in „Le Monde". Nach dem Wahlkampf um die Gemeinden habe sofort der Kampf um die Parlamentsmehrheit begonnen : Als erste haben die Aktionäre ihre Stimmzettel abgegeben – in Form massiver Verkaufsaufträge. Die Erklärung von François Mitterrand, daß die Linke „die Investitionen fördern und die legitimen Interessen der Aktionäre soweit als irgend möglich wahren" werde, hat daran nichts geändert.

Die Weigerung des französischen Sparers, der Wirtschaft weiterhin sein Geld als haftendes Kapital zu überlassen, wachse sich zu einer Finanzkrise für die investierende Wirtschaft aus. Schon 1976 hatten die Kapitalmärkte bei einer

Bruttokapitalbildung von 382 Milliarden Francs nur noch 41 Milliarden Francs als Beitrag netto aufgebracht und davon nur knapp ein Fünftel durch die Ausgabe neuer Aktien.

Der höchste Satz der unsozialen Umsatzsteuer beträgt noch heute 33 Prozent. Die effektiv bezahlten Einkommensteuern der Reichen sind lächerlich gering. Die Unterschiede der Löhne gelten als viel zu kraß, die Vermögensverteilung als feudal. Eine Vermögenssteuer aber hat die französische Gesellschaft bis heute noch nicht erfunden.

Staatspräsident Georges Pompidou (1969 bis 1974) hat als biederer Anwalt der konservativen Rechten an den gesellschaftspolitischen Verhältnissen des Landes praktisch nichts geändert. Unter seiner Regentschaft kam es zwar nicht zu einer politischen Revolte wie im März 1968. Doch bei den Parlamentswahlen von 1973 erklärten sich erstmals 46 Prozent der Wähler für das „Gemeinsame Regierungsprogramm der Linken". Daß jeder fünfte Wähler in Frankreich seine Stimme den Kommunisten gibt, mag historische Gründe haben. Wie aber ist es zu erklären, daß sich 1974 bei der Neuwahl des Staatspräsidenten schon gut 49 Prozent der Franzosen für den Kandidaten der Linksunion aus Kommunisten, Sozialisten und linken Radikalsozialisten (Linksliberale), François Mitterrand, festlegten?

Unverständlich war die Reaktion des bürgerlichen Lagers auf den Warnschuß des französischen Volkes bei den Präsidentenwahlen 1974. Nach dem extrem knappen Sieg von Valéry Giscard d'Estaing formierte sich Frankreichs konservative Rechte nicht etwa, um seine Reformen zum Ausgleich historischer Versäumnisse zu unterstützen, sondern um sie zu verhindern. „Aktiv muß die Politik der Strukturerneuerung fortgesetzt werden mit dem Willen, die französische Gesellschaft menschlicher und gerechter zu machen. Dazu beitragen werden die Verwirklichung eines ersten Teils der Unternehmensreform, die Einführung einer Steuer auf den realisierten Wertzuwachs, ... Maßnahmen zur Besserstellung der körperlichen Arbeit." Staatspräsident Valéry Giscard d'Estaing schrieb diese Worte Mitte Januar 1976 an seinen Premierminister Chirac, und gleich darauf donnerte der französische Unternehmerverband lauter denn je gegen alle Reformvorhaben, die auf irgendeine Formel der Mitaufsicht oder Mitbestimmung in den Unternehmen abzielen.

Der französische Unternehmerverband als Vertreter von 1,2 Millionen Privatbetrieben hat sich auf seiner Generalversammlung „ohne Komplexe und mit aller Kraft" gegen die Vorschläge zur Reform der Unternehmensverfassung ausgesprochen. Von den rund 70 Vorschlägen, die von der Kommission Sudreau vorgelegt wurden, akzeptiert der Verband praktisch nur die Anregungen zur Begünstigung und steuerlichen Besserstellung der Aktionäre und Unternehmen. Er verlangte eine Rückkehr zur Politik starken Wachstums, eine Begünstigung der Selbstfinanzierung und ein Ende der Explosion der sozialen Lasten.

Die von über 500 Unternehmern und Geschäftsführern verabschiedete Entschließung zur „Reform des Unternehmens" ist eine eindeutige Kampfansage an die Regierung. Giscard d'Estaing hatte sich aus der Weiterentwicklung der Unternehmensverfassung „mehr Gerechtigkeit und eine größere Leistungskraft" erhofft. Reformen, wie sie die Kommission Sudreau vorgeschlagen hat, sollten das Klima des Klassenkampfes in den Betrieben durch eine reale Beteiligung der Mitarbeiter am Schicksal des Unternehmens mildern und überwinden helfen.

Nicht durch gesetzlichen Zwang noch durch den Zwang der Ereignisse (à la Mai 1968) sollten nach Sudreau die sozialen Spannungen einer „blockierten Gesellschaft" überwunden werden – bessere Informationen und gegenseitiges Verständnis sollten zu freiwilligen Reformen führen.

„Mit der äußersten Energie müssen wir alle Formeln zurückweisen, die darauf abzielen, über eine Mitbestimmung die Leitung unserer Unternehmen zu vergewerkschaften und zu lähmen", heißt es dagegen im Bericht des Unternehmensverbandes. Die Unternehmer lehnen nicht nur jeden Ansatz einer Mitbestimmung ab, sondern auch jeden Versuch, den Belegschaften eine „Mitaufsicht" einzuräumen (weder „Co-Gestion" noch „Co-Surveillance"). Eine Wahl von Arbeitern in den Aufsichtsrat oder in den Verwaltungsrat schwäche die Stellung des Unternehmers, lähme oder schade dem Betrieb.

Wörtlich erklärte der Unternehmerverband : „Unsere liberale Wirtschaftsordnung ginge an dem Tag zu Ende, an dem die Leiter der Unternehmen nicht mehr vom Kapital eingesetzt und abberufen werden." In der Einführung der Aktiengesellschaft nach deutschem Vorbild (Vorstand und Aufsichtsrat) sieht der Verband die schändliche Absicht, auf Umwegen eine Mitaufsicht der Belegschaften einzuführen. Wünschenswert erscheint der Privatwirtschaft allenfalls eine Reform des Betriebsrates. Nach dem Gesetz von 1945 stehe den Gewerkschaften unzulässig das Monopol bei der Nominierung der Kandidaten zu. Es solle dafür gesorgt werden, daß auch Nichtmitglieder von Gewerkschaften kandidieren können. Der Betriebsrat sei als ein Organ der Zusammenarbeit und nicht als eine Einrichtung demagogischer Auseinandersetzungen eingeführt worden: Das Betriebsrätegesetz von 1945, novelliert im Jahre 1965, wird von fast der Hälfte der Unternehmen nicht angewendet.

Auch die übrigen Vorschläge der Sudreau-Kommission werden im wesentlichen als falsche Lösungen für falsche Probleme abgetan. Beim Versagen des Unternehmers wollte die Sudreau-Kommission zum Beispiel den Belegschaften zusammen mit den Handelsgerichten Möglichkeiten zur Berufung einer neuen Direktion einräumen, um Zusammenbrüchen (wie bei Lip) vorbeugen zu können. Die Unternehmer befürchten, daß weitere Informationsmöglichkeiten die Situation bedrohter Unternehmen zusätzlich gefährden könnten.

Die großen Gewerkschaften waren von Anfang an gegen die Reformbewegung. Sie wollten sich nicht „integrieren" lassen, weil allein der Umsturz der Gesellschaftsordnung zu einer fundamentalen Unternehmensreform führen kann. Giscard d'Estaing hatte gehofft, die soziale Dynamik seiner Reformpolitik werde zu einer „société libérale avancée", zu einer modernen, offenen, sozial ausgeglichenen Gesellschaft führen. Daß ihm die Marxisten dabei jede Unterstützung verweigern, wußte Giscard schon vor seiner Wahl. Daß ihm aber die Unternehmer so hart in den Arm fallen würden, hatte er nicht erwartet.

In Personalunion und häufig übereinstimmend mit der politischen Führung der Kommunisten und Sozialisten haben die (marxistischen) Gewerkschaften Frankreichs immer wieder versichert, das kapitalistische Regime sei unter französischen Herrschaftsstrukturen nur zu Scheinreformen fähig. Ein echter Wandel für die Werktätigen sei nur mit einem Regimewechsel zu erreichen. Sie wollen sich nicht in den Kapitalismus integrieren lassen, wollen nichts von Partizipation, Mitbestimmung oder ähnlichem wissen.

„Die Arbeit dient der Produktion, der Streik dem sozialen Fortschritt!" Auf diesen Glaubenssatz mögen sich viele Gewerkschaften europäischer Industrieländer einigen.

„Im kapitalistischen System gibt es für uns deshalb nur die Aktion der Massen", so erläutert Georges Séguy, der Generalsekretär der Kommunistischen Gewerkschaft CGT, in Paris die Position. Das Ziel besteht weniger in Lohnerhöhungen als in Veränderung der Wirtschafts- und Gesellschaftsordnung. Doch scheint der Glaube an die „sozialpolitische Produktivität des Streiks" mehr von Illusionen als von konkreten Ergebnissen zu leben. Ein Vergleich der europäischen Streikstatistik wirkt eher ernüchternd. Die Erfolgsbilanz von über einem halben Jahrzehnt Streiks in Europa beweist nämlich kaum mehr, als daß die Länder mit den größten Streikwirren, Italien und England, die geringsten Fortschritte im Realeinkommen ausweisen, dafür aber unter den größten Inflationsraten und Währungsabwertungen zu leiden haben.

Nun mag man vermuten, daß die großen Streiks wenigstens die Situation der Arbeiter kräftig verbessert haben zum Nachteil bisher privilegierter Schichten. Der Erfolg des Streiks wäre also nicht am Sozialprodukt, sondern an der neuen Umverteilung zugunsten der Streikenden zu messen. Eine solche „Streikproduktivität" im Sinne eines sozialen Einkommensausgleichs müßte schließlich zu einer gerechteren Verteilung führen, also zu einer Konsolidierung des sozialen Friedens, der den Streik überflüssig machen sollte.

Die Streikbilanz von 1969 bis 1974 bietet dafür kaum Beweise. Am nationalen Streikbedarf, an der nationalen Streikleistung, scheint sich nicht viel zu ändern. Es bleibt dabei, daß die Sitten recht dauerhaft sind. Für die Deutschen ist der Streik das allerletzte Mittel, um unerträgliche Mißstände zu signalisieren und auszuräumen. In Frankreich bleibt der Streik das erste Mittel, um Verhandlungen zu eröffnen. Das gilt zumindest für die Kommunisten, die Tarifverträge grundsätzlich ablehnen.

Viele Streiks sind Appell und Warnung an die Politik. Vor allem an die Politik verantwortungsloser Geldvermehrung und Entwertung. Wenn hohe Lohnforderungen bei Vollbeschäftigung zu hohen Preissteigerungen führen, so provozieren umgekehrt inflatorische Steigerungen der Preise und Unternehmergewinne soziale Spannungen. Der Lohnausgleich für höhere Verbraucherpreise steht überall auf dem Programm.

Widerstand gegen Reformen

„Die Besteuerung der Einkommen aus dem Wertzuwachs ist ein erster wirklicher Schritt auf dem Weg zu mehr sozialer Gerechtigkeit. Das ist die erste Hauptreform der neuen Ära." So empfahl der Abgeordnete Jean-Jacques Servan-Schreiber der gaullistischen Parlamentsmehrheit den Gesetzentwurf. „Damit werden erstmals die Grenzen steuerlicher Ungerechtigkeit versetzt. Bestimmte exorbitante Privilegien werden berührt."

In Frankreich meinten da viele, die nationale Devise „Freiheit, Gleichheit, Brüderlichkeit" werde nicht länger ein Schlagwort bleiben. In der Tat, Giscard d'Estaing hatte vor und nach seiner Wahl immer wieder versprochen, Frankreich solle menschlicher, sozialer, gerechter werden. Und das unter liberaler Fahne, ohne sozialistischen Regimewechsel.

François Mitterrand, der Führer der Linksunion, bezweifelte nicht, daß Giscard es ernst meinte mit seinen Reformen. Wohl aber zweifelte er an der Bereitschaft der konservativen gaullistischen Majorität, Giscard gewähren zu lassen. Die Gaullisten gaben ihm recht : „Wir haben Giscard nicht gewählt, damit er die Politik der Linken macht. Er hatte sich zwar als Reform-Präsident vorgestellt. Doch haben wir ihn nur akzeptiert, um eine Machtübernahme durch die Volksfront zu verhindern. Der Gesetzgeber sind und bleiben wir, die gaullistische Mehrheit im Parlament !" So etwa war und bleibt die Haltung der gaullistischen Parlamentsmehrheit.

Die Fronde der Gaullisten gegen Reform und Giscard wurde durch Prognosen gefestigt : „Die Besteuerung von Wertsteigerungen mit Einkommenscharakter" wurde behandelt als „der erste Schritt zur Zerstörung der französischen Gesellschaftsordnung". Das sei sozusagen der Anfang vom Untergang des liberalen Abendlandes. Konkreter : Investitionen, Sparen, Bauen, alles würde damit gefährdet. Die Börse werde zusammenbrechen und die Konjunktur. Die Steuer werde ausländische Investoren vertreiben, die Franc-Parität ruinieren. Kapitalflucht, Abwertung, Arbeitslosigkeit ... Es gab kein Übel, das sich nicht für die Kampagne gegen die Reform hätte einspannen lassen. Sogar der liebe Gott „verweigerte" der Regierung fortan den Regen. Die Dürre kam 1976 nicht nur über die Kassen der Unternehmen, wie das „Nouveau Journal" prophezeit hatte, es wurde viel schlimmer: Die Dürre kam auch über die Bauern und ganz Frankreich.

Die Abgeordneten der konservativen Mehrheit setzten sich durch: Die sehr bescheidene Steuer auf Einkommen aus dem Wertzuwachs wurde dank unzähliger Abänderungen so harmlos, daß sie es schon fast gar nicht mehr gibt. Was da im »Journal Officiel« (19./20. Juli 1976) noch verkündet wurde, war keine Steuerreform. Das waren allenfalls noch Gebührenbestimmungen. Optimisten schätzen, daß damit noch 300 Millionen Francs „aufkommen". Fachleute meinen, damit könne man allenfalls die Steuerformulare und ihre Bearbeitung finanzieren.

Anscheinend sind alle zufrieden. Die Gaullisten, weil sie den Angriff auf die Privilegien der Reichen erfolgreich abgewehrt haben. Sozialisten und Kommunisten, weil für sie der Beweis erbracht ist, daß Giscard mit dieser Majorität allenfalls Farcen, keine echten Reformen verwirklichen kann. Dazu sei eine Machtablösung durch die Linke notwendig.

Der sozialistische Bürgermeister von Marseille, Gaston Defferre, amüsierte sich im Fernsehen über die wachsende Konfrontation zwischen dem Reform-Präsidenten Giscard d'Estaing und dem neuen Führer der reformfeindlichen gaullistischen Bewegung (R.P.R.), seinem zurückgetretenen Premierminister Chirac. „Ich bin gespannt", meinte Defferre, „ob sich Giscard d'Estaing nach den Parlamentswahlen 1978 lieber Chirac oder aber (den Sozialisten) Mitterrand als Premierminister wünscht."

Frankreichs Linke sucht eine neue Wirtschaftspolitik

Die Erfolgschancen der französischen Linken sind nicht zuletzt das Ergebnis gründlicher geistiger Revisionen bei Sozialisten und Kommunisten. Aus dem inzwischen allerdings nicht fortgeschriebenen Gemeinsamen Regierungsprogramm der Linken: „Um die Herrschaft des Großkapitals zu brechen ... wird die Regierung fortschreitend die Übertragung der wichtigsten Produktionsmittel und Finanzinstrumente aus der Hand dominierender Kapitalistengruppen in Kollektiveigentum verwirklichen." Wenn Arbeiter wünschten, daß ihr Unternehmen in den öffentlichen oder verstaatlichten Bereich übernommen wird, kann die Regierung den Vorschlag dem Parlament unterbreiten. Das Recht des Unternehmers, aus wichtigem Grund zu kündigen, wird hinfällig: „Ohne vorherige Beschaffung eines gleichwertigen Arbeitsplatzes wird jede Entlassung verboten." Die politischen Parteien werden berechtigt, in den Betrieben zu wirken. Die Betriebsräte können bei allen Fragen der Arbeitsorganisation, der Einstellung und Entlassung entscheidend intervenieren. Die Schaffung neuer Verwaltungsstrukturen für die enteigneten Unternehmen bieten neue Möglichkeiten für die „Beteiligung der Arbeiter und ihrer Organisation an der Direktion und Führung der nationalen Unternehmen."

In den nächsten fünf Jahren nach der Machtübernahme sollten verstaatlicht werden : sämtliche Banken, Finanzierungsinstitute, Versicherungen, die Industrien des Bergbaus, der Rüstung, der Luft- und Raumfahrt, die pharmazeutische Industrie und die Atomindustrien sowie auch Großunternehmen der Chemie und der Elektronik. Zur Kontrolle der Großunternehmen sind staatliche Mehrheitsbeteiligungen vorgesehen in der Stahl- und Mineralölwirtschaft, im Transportwesen.

Über Staatsbeteiligungen sollten zudem „weite kulturelle Bereiche dem Zugriff der Geldmächte" entrissen werden, so Film, Theater, Verlagswesen. Bei der Entschädigung der Aktionäre sollte ein „wesentlicher Unterschied zwischen Klein- und Großaktionären gemacht werden". Um das Vertrauen in den Franc zu sichern, wird nach der Machtübernahme sofort die Devisenkontrolle verschärft, werden Kapitalflucht und Spekulation mit schweren Strafen belegt.

Die Sozialistische Partei Frankreichs – seit 18 Jahren in der Opposition – hat ihre Zeit nicht vertan. Allein mit sich selbst, wohl auch in Gesprächen mit ihren kommunistischen Koalitionspartnern, hat sie einer alten Ideologie abgeschworen : „Die politische Führung der sozialistischen Partei hat es für notwendig gehalten, dieser historischen, politischen und wirtschaftlichen Wahrheit (évidence) gerecht zu werden : der Marktwirtschaft." François Mitterrand, ihr Vorsitzender, erklärte das vor Hunderten von Unternehmern. Und Millionen von Franzosen wurden am Bildschirm zu Zeugen.

Dort, wo ein Ludwig Erhard noch ein verschämtes „soziale" vor die Marktwirtschaft gesetzt hatte, sagen Frankreichs Sozialisten heute nur noch schlicht „Marktwirtschaft". Wie die deutschen Sozialdemokraten im Godesberger Programm von 1959 bekennen sich auch Frankreichs Sozialisten heute grundsätzlich zum Privateigentum an den Produktionsmitteln, zur globalen Selbststeuerung des Marktes. François Mitterrand erklärte überdies : „Allein die Sozialistische Partei ist Erbe und Nachfolger der Sozialdemokratie in Frankreich." Die Sozialisten erinnern sich – im stillen – an ein Wort des Führers der Unabhängigen Republikaner, des früheren Finanzministers Giscard d'Estaing, an seinen Wahlkampfgegner : „Wenn Sie ein Sozialdemokrat nach skandinavischem Muster wären, dann, Monsieur Mitterrand, wären Sie der ideale Koalitionspartner für mich." Mitterrand und seine Sozialisten versuchen, diese Bedingung zu erfüllen.

Für den Durchbruch der Sozialisten von staatsdirigistischen zu marktwirtschaftlichen Ordnungsvorstellungen konnte sich die Sozialistische Partei keinen besseren Zeitpunkt wählen. Immer mehr Franzosen klagen darüber, daß Giscards Reformversprechen am Widerstand seiner eigenen Parlamentsmehrheit scheitern. Bis zur Neuwahl des Parlaments im März 1978 schien vielen die gesellschaftspolitische Weiterentwicklung des Landes blockiert.

Für immer mehr Franzosen bietet sich heute die Sozialistische Partei, die sich der deutschen Sozialdemokratie nähert, als Möglichkeit an. Noch haben die französischen Sozialisten ihren neuen Kurs nicht auf einem „Godesberger Parteitag" zur unbestrittenen Doktrin der Partei erhoben. Noch steht die neue Doktrin nicht in allen Einzelheiten und als griffige „Wahlplattform" fest. Doch die Richtung ist klar: „Wir wollen nichts mit Reglementierung, Kontrolle, herrschsüchtiger Bürokratie zu tun haben. Der Staat hat nicht die Aufgabe des Unternehmers zu übernehmen. Uns geht es darum, die unternehmerische Fähigkeit zu schützen und zu entwickeln. Die Gesetze des Marktes sind zu achten. Der Unternehmergewinn wird auf lange Sicht der Motor der Marktwirtschaft sein. Aufgabe der Regierung ist es, sich um Monopolrenten, Kapitalkonzentrationen, Absprachen und Kartelle zu kümmern, aber auch um Investitionen, die nutzlos sind."

„Wir Sozialisten im Jahre 1976 wollen die Marktwirtschaft wahren. Die überragende Mehrheit der französischen Unternehmen wird privat bleiben. Wo in bestimmten Ausnahmefällen unter ganz bestimmten Voraussetzungen Monopolbetriebe oder marktbeherrschende Unternehmen zu verstaatlichen sind, werden die Aktionäre voll entschädigt, keinerlei Kapitalverlust erleiden.

Das ist das Gesetz einer Linksregierung, wenn die Sozialisten mit den Kommunisten die nächsten Parlamentswahlen gewinnen." Das versichert François Mitterrand, der Führer der Sozialisten und ihr „designierter" Premierminister.

Den Kurswechsel begründet der Wirtschaftstheoretiker der Sozialistischen Partei, Michel Rocard, mit einem fundamentalen Irrtum der Sozialisten. Lange hatten sie an die Weisheit staatlicher Planung geglaubt. Zu lange hatten sie in der Vergesellschaftung der Produktionsmittel die Lösung aller Probleme gesehen. Heute aber wissen sie: „Um den Markt kommt man nicht herum. Seine Logik ist global. Da bestimmt der Verbraucher mit der Freiheit seiner Entscheidung über die Produktion und die Investitionen von morgen. In einer offenen Wirtschaft muß jedes Unternehmen, auch der verstaatlichte Betrieb, die Gesetze des Marktes respektieren." So Michel Rocard. Früher war er ein entschiedener Anhänger von Verstaatlichung und Staatsplanung. Jetzt spricht er „von einer Art Kulturrevolution" in der Sozialistischen Partei. Seine Erklärungen richten sich nicht nur werbend an die französischen Unternehmer. Sie gelten mehr noch jenen Wählern, die 1978 den Ausschlag geben werden über Sieg oder Niederlage der Linkskoalition von Sozialisten und Kommunisten.

Die historische Wende, das Bekenntnis zur Marktwirtschaft und auch zum Privateigentum an den Produktionsmitteln, erklärt Rocard mit dem Wirklichkeitssinn der französischen Sozialisten. Und mit ihrer Absicht, nicht nur die nächsten, sondern auch die übernächsten Wahlen zu gewinnen. Dazu brauchen die Sozialisten die Stimmen der Leute, die man in Deutschland „den neuen Mittelstand" nennt. Um erfolgreich zu regieren, so versichert Rocard, brauche man zudem möglichst viele tüchtige und erfolgreiche Unternehmer.

Heute erklärt François Mitterrand im Einverständnis mit der Führungsgruppe der Sozialistischen Partei, daß nichts geschehen werde ohne die Zustimmung des Parlaments. Mit anderen Worten: Nichts, was die Sozialisten nicht wollen. Und wörtlich: „Im gemeinsamen Programm haben wir die Verstaatlichung von neun Industriegruppen (Militärflugzeuge, Datenverarbeitung, Pharmazeutika, Chemie) und den Rest der Banken vorgesehen. Weiter: Mehrheitsbeteiligungen bei Gruppen, die von Staatsmitteln, also von Steuergeldern leben. Das ist alles und nicht mehr. Das heißt, daß die private Wirtschaft in ihrer unübersehbaren Vielfalt privat bleiben wird."

In der französischen Verfassung von 1946 und auch in der Verfassung von 1958 steht: „Jedes Gut, jedes Unternehmen, dessen Betrieb den Charakter eines nationalen, öffentlichen Dienstes oder eines tatsächlichen Monopols hat oder erreicht, muß Eigentum der Gemeinschaft werden." General de Gaulle hatte zwei Drittel des französischen Banksystems verstaatlicht. Die Linke will den Rest unter Staatskontrolle bringen. Ganz im Sinne der Verfassung wie auch marktwirtschaftlichen Prinzipien glauben die Sozialisten zu handeln, wenn sie das Verstaatlichungsprogramm restriktiv auslegen, aber entschlossen weiterverfolgen.

Es ist ein offenes Geheimnis, daß der Führer der Sozialisten ausländische Investitionen in Frankreich für nützlich hält. Er will sie künftig eher fördern als schikanieren. (Die Farbwerke Hoechst brauchen sich wegen ihrer Tochter Roussel-Uclaf, dem größten Lieferanten der französischen Sozialversicherung, also kaum Sorgen zu machen, wenn Mitterrand Regierungschef wird. Die Mehrheit der französischen Unternehmer sieht für sich selbst ebenfalls keinen Nachteil, falls die Linke die Regierung übernehmen sollte.) Mitterrand liegt offensichtlich wenig daran, große Defizitbetriebe der Privatwirtschaft, so der Stahlindustrie, zum Vorteil der Aktionäre und zum Nachteil der Steuerzahler auf den Staatshaushalt zu übernehmen.

Die Verstaatlichungskriterien der Sozialisten orientieren sich immer stärker am Mißbrauch von Marktmacht, weniger am Mißbrauch von politischer Macht. Das ist ein deutliches Zeichen wachsenden Selbstvertrauens. In einer Demokratie ist der Einfluß der „dunklen Finanzmächte" nicht unbeschränkt. Bei der Vorbereitung auf die Regierungsverantwortung denken die Sozialisten heute ganz sachlich an „die schwere Bürde des Raymond Barre":

„Wir werden mit einer gewaltigen Verschuldung zu tun haben, die es 1972 (bei der Abfassung des ‚Gemeinsamen Regierungsprogramms') nicht gab, weiter mit einer defizitären Handelsbilanz, einer schwachen Währung, unzureichenden Investitionen und mit einem Hang zur Kapitalflucht", sieht G. Martinet von der Sozialistischen Partei voraus (Le Nouvel Observateur, 30. Oktober 1976).

Zur Überwindung des Klassenkampfes, der mit seinen unendlichen Konflikten und Streiks die Wachstumschancen des Landes beeinträchtigt, glauben die Sozialisten mehr beitragen zu können als andere. Die Regierung Giscard, so sagen sie, hat das Vertrauen des Kapitals. „Wir können auf das Vertrauen der Arbeit setzen und uns mit unserer Wirtschaftspolitik das Vertrauen der Unternehmer verdienen", sagt Rocard.

„Eine Regierung unter sozialistischer Führung wird von den Arbeitergewerkschaften nicht als ein Klassenfeind betrachtet werden: Im Gegenteil", versichert François Mitterrand. Die Frage, ob die kommunistisch kontrollierte Gewerkschaft CGT, die mächtigste im Lande, die Linksregierung erpressen wird, stellt sich natürlich. Schließlich gilt sie als der verlängerte Arm der Kommunistischen Partei, die sich als der kleinere Koalitionspartner der Sozialisten wehren wird. 63 Prozent der französischen Unternehmer glauben indessen, daß die Gewerkschaften ihre Forderungen mäßigen werden, um der Linken das Regieren zu erleichtern. Mitterrand hält die Besetzung von Fabriken und die Geiselnahme von leitenden Angestellten für „niemals akzeptabel". Nur wo Unternehmer sich unfähig zeigten, ihre Aufgaben zu erfüllen, könne man an so etwas denken.

Zu der großen Frage der „Selbstverwaltung" (Autogestion) der Unternehmen äußert sich Mitterrand zurückhaltend. „Sollte diese Autogestion (oder Selbstverwaltung) erst möglich sein nach der Überführung der Unternehmen in Gemeineigentum, so antworte ich: Da mache ich nicht mit." Mitterrand will dieser (kapitalistischen) Gesellschaft keine andere (kollektivistische) Gesellschaft entgegenstellen. Eine „Mitbestimmung" nach deutschem Muster haben die französischen Sozialisten vorläufig noch nicht im Auge. Die Aufgabe der Gewerkschaften besteht nach ihrer Meinung in der Verteidigung der Interessen der Arbeiter. Es sei nicht ihre Tradition, als Mitgeschäftsführer des Unternehmens aufzutreten (Jacques Delors).

In Werkstätten und Büros sollen die Gewerkschaften über Gesundheit und Sicherheit und Arbeitsbedingungen sprechen. In den Werken sollen sie über Entlohnung, Berufsfortbildung, Personalpolitik reden. An der Spitze des Unternehmens sollen sie sich über die Zukunft des Betriebes unterhalten. „Die Autogestion respektiert die verschiedenen Stufen der Entscheidungen und die Tatsache, daß zu guter Letzt die Entscheidung dem gehört, der leitet und verantwortlich ist." Fast mit den Worten von de Gaulle sagen die Sozialisten heute: „Es kann keine Rede davon sein, diese Verantwortung, die Basis jeder Unternehmensdirektion in irgendeinem Regime von Versammlungen aufzulösen."

Europa und der Freihandel sind und bleiben für Frankreichs Sozialisten nicht nur politische Ziele, sondern Herzenssache, sehr zum Ärger der Kommunisten. Während 35 Prozent der französischen Unternehmer glauben, die Linke an der Regierung blockiere das Funktionieren der Europäischen Gemeinschaft, ist ihre Mehrheit (63 Prozent) gegenteiliger Meinung. François Mitterrand: „Die Sozialisten sind frei und entschlossene Anhänger der Weiterentwicklung der europäischen Einrichtungen. Wir sind für den Aufbau des gemeinsamen Europa.

Wir werden den Vertrag von Rom achten einschließlich der Bestimmungen, die eventuelle Vertragsänderungen erlauben. Wir sind gezwungen, für Frankreich eine mächtige Exportkapazität auszubauen. Alles, was dem im Wege steht, wollen wir gerne überprüfen", sagt er den französischen Unternehmern zu.

Der Ausgangspunkt des gemeinsamen Regierungsprogramms, so versichert Jean-Pierre Cot aus der sozialistischen Führungsgruppe, „ist eine Option zugunsten der Wahrung offener Grenzen mit allem, was das bedeutet. Wir wollen den Warenaustausch mit unseren Partnern der Europäischen Gemeinschaft verstärken. In diesem Sinne wollen wir das ‚Gemeinsame Programm‘ in Verhandlungen mit der Kommunistischen Partei fortschreiben". Grundsätzlich erklären sich die Sozialisten für den freien Kapitalverkehr. Zur Steigerung der französischen Ausfuhr seien französische Investitionen im Ausland notwendig und zu fördern. Umgekehrt „wäre es dumm, die Grenzen für ausländische Investitionen in Frankreich zu schließen" (Mitterrand). Das alles mit einer wichtigen Einschränkung: „Es gibt eine Sorte von Investitionen im Ausland (Kapital- und Steuerflucht), die wir nicht dulden werden." (Cot) „Unser Grundproblem ist und bleibt die Überwindung des strukturellen Defizits in der Zahlungsbilanz. Zugunsten der ausländischen Investoren müssen wir klipp und klar einen Investitionskodex beschließen, der über alles aufklärt und alles vorsieht bis hin zur Hypothese von Verstaatlichungen. Die beste Garantie für die ausländischen Anleger und Investoren in Frankreich aber wird das Vertrauen sein, das auf dem Erfolg unserer Wirtschaftspolitik gründet."

Der Kongreß der Sozialistischen Partei im Juni 1977 in Nantes hat sich auf die Übernahme der Regierung vorbereitet. Unter dem Eindruck der nahenden Verantwortung haben sich die Sozialisten auf die restriktive Auslegung des gemeinsamen Regierungsprogramms von 1972 festgelegt. In einer Zeit wirtschaftlicher Schwierigkeiten sollte das Programm nicht mit neuen Forderungen überlastet werden.

Der Ausgang künftiger Wahlen, das wissen alle, hängt jetzt entscheidend ab von dem Bild, das sich der Wähler draußen im Lande von der Partei macht. Mitterrand hat die Sozialistische Partei scharf nach links abgegrenzt, nach rechts weiter geöffnet. Mit 76 Prozent der Parteitagsdelegierten stellte er sich hinter das Grundsatzreferat von Michel Rocard, das die Marktwirtschaft und das Privateigentum an den Produktionsmitteln und die freie Unternehmerinitiative bejaht. Mitterrand bekräftigte die vom linken Flügel heftig kritisierte Steuerung der Wirtschaft durch den Markt. Er sprach sich gegen jeden Protektionismus aus. Denn, so das Fazit: Wenn Frankreich nicht wettbewerbsfähig bleibe, sei es um seine Zukunft geschehen.

Udo Kempf

Politiker und Parteien

Politik, Politiker, politische Parteien, Gewerkschaften usw. sind als Ganzes zu betrachten, dessen einzelne Teile (sogenannte Subsysteme) eng miteinander verknüpft sind und sich wechselseitig beeinflussen. Ohne die politischen Parteien ist es für Politiker heute nahezu unmöglich, ins Parlament einzuziehen. Ohne eine politische Basis auf kommunaler Ebene finden sich Politiker – vor allem in Frankreich – kaum in aussichtsreichen Wahlkreisen wieder. Auch die französischen Gewerkschaften sind ohne ihre teilweise enge Zusammenarbeit mit einflußreichen Politikern, vor allem der Linken, nicht zu verstehen. Die vielfältigen Abhängigkeitsstrukturen und die zahllosen Verbindungen zwischen Politikern und Politik auf lokaler wie nationaler Ebene und Interessenverbänden sind nur im Zusammenhang darzustellen und zu begreifen.

Ehe wir uns an diese nicht ganz einfache Aufgabe machen, ist allerdings zu fragen, wie sich die Franzosen über Politik informieren, welche Möglichkeiten sich ihnen bieten, bzw. wie Politiker versuchen, ihre politischen Vorstellungen einer Öffentlichkeit zu unterbreiten, von der sie (wieder-)gewählt werden wollen und deren Interessen sie in Paris vertreten sollen.

Das entscheidende Instrument für einen kritischen Meinungsaustausch zwischen Repräsentierten und Repräsentanten in unserem technischen Zeitalter sind die Massenmedien: Sie nehmen eine Mittlerfunktion ein zwischen den staatlichen Institutionen, über deren Tätigkeiten, Absichten oder auch Fehlverhalten sie die Öffentlichkeit informieren, und der Bevölkerung, über deren Forderungen, Wünsche und auch Unterstützungsbereitschaft sie die Politiker unterrichten. Darüber hinaus sind die Massenmedien gleichsam ein wichtiges Kontrollorgan, das durch Kritik, Argumentation und Propaganda Entscheidungen oft beeinflußt, wobei den Franzosen ein etwas eigenwilliges Verhältnis zu ihren Medien nicht abzusprechen ist.

Die Massenmedien

Die französische Presse steht vor gleichen oder ähnlichen Problemen wie die Presse in anderen westeuropäischen Staaten, als da sind: sinkende Auflagen, zu geringe Einnahmen, um die ständig steigenden Kosten zu decken, massive Pressekonzentration. Existierten nach dem Zweiten Weltkrieg noch über 200 Tageszeitungen mit gut 15 Millionen Exemplaren, reduzierte sich dieses breitgestreute Spektrum unabhängiger, überparteilicher Zeitungen und reiner Parteiblätter auf unter hundert im Jahre 1972 mit einer gedruckten Auflage von 11,4 Millionen pro Tag.

Bis auf die kommunistische „L'Humanité" mit schätzungsweise 150 000 Auflage sind alle übrigen parteigebundenen Tageszeitungen verschwunden. Die größte Tageszeitung erscheint heute nicht mehr in Paris, sondern in der Provinz. Der „Ouest-France" (Rennes) mit 640 000 Exemplaren schafft damit ebenso wie zahlreiche große andere Provinzzeitungen eine Art Gegengewicht zum Pariser politischen und administrativen Zentralismus.

In der Regel beherrscht ein Blatt eine große Region, so zum Beispiel „Le Progrès-Dauphiné Libéré" (Lyon und Grenoble) mit 400 000 Auflage, „La Nouvelle République du Centre-Ouest" (Tours), „La Dépêche du Midi" (Toulouse) mit jeweils 300 000 bis 400 000 Exemplaren. Nur selten finden sich auf regionaler Ebene zwei in etwa gleichstarke Tageszeitungen, zum Beispiel in Lille („La Voix du Nord" und „Nord-Matin") und in Marseille („Le Provençal" und „Le Méridional"). Der Vorteil der Provinzpresse gegenüber den Pariser Zeitungen besteht darin, daß sie ihre Leser rascher informieren und nationale mit regionalen bzw. lokalen Nachrichten verquicken kann. Da regionale Blätter gleichzeitig alle sozialen Schichten und fast sämtliche politischen Richtungen in ihrem Vertriebsgebiet ansprechen wollen, sind sie weitgehend entpolitisiert und vermeiden möglichst kontroverse Stellungnahmen.

Von den 1973 noch in der Hauptstadt bestehenden zehn Tageszeitungen mit einer Auflage von vier Millionen können nur das Boulevardblatt „France-Soir", „Le Monde" und „Le Figaro" sowie das katholische „La Croix" ungefähr die Hälfte ihrer täglichen Ausgaben über ganz Frankreich verteilen. Dazu kommt noch der „Parisien Libéré", dessen Herausgeber Amaury sich seit 1974 heftige Auseinandersetzungen mit der von den Kommunisten kontrollierten Druckergewerkschaft lieferte. Als er aus Rationalisierungsgründen zahlreiche Drucker entließ, wurde seine Zeitung (früher 750 000 Auflage) bestreikt und die Druckerei besetzt. Seitdem ließ Amaury, der bei dieser Kraftprobe mit den kommunistischen Druckern aus Gründen der Pressefreiheit nicht nachgeben wollte, in der Provinz drucken. Die Folge war nicht nur ein Zurückgehen der Auflage, sondern auch massive Drohungen sowie Sachbeschädigungen von seiten der Drucker und Störungsmanöver gegen Redaktion und Vertrieb des „Parisien Libéré". Erst nach seinem plötzlichen Tod wurde eine Einigung erzielt.

Versucht man die drei wichtigsten Tageszeitungen politisch einzuschätzen, können „L'Aurore" (rund 350 000 Auflage) und „Le Figaro" (knapp 400000 Exemplare) als konservativ eingestuft werden. „Le Figaro" ist seit Herbst 1976 zusammen mit der größten Tageszeitung (Spätausgabe mit 640 000 Auflage) „France-Soir" in einer Hand vereint: Robert Hersant ist damit zum Pressezar Frankreichs geworden, denn er beherrscht noch weitere zwölf Tageszeitungen, neun Wochenzeitungen bzw. -schriften und elf Spezialzeitschriften ganz oder mehrheitlich. Der der Regierung nahestehende Hersant kann also mit seinen politischen Zeitungen die Regierungspolitik gegebenenfalls massiv unterstützen.

Eindeutig die einflußreichste französische Zeitung mit intensiver Ausstrahlung auf die gesamte politische, wirtschaftliche und intellektuelle Elite ist die 1944 gegründete „Le Monde" mit rund 480 000 Auflage pro Tag. Gegenüber dem jetzigen Regime, aber auch gegenüber der Bundesrepublik Deutschland ist dieses oft unentbehrliche Arbeitsmittel für politisch Interessierte recht kritisch eingestellt, was ihr kürzlich auch von ehemaligen Mitarbeitern den Vorwurf der Meinungsmanipulation eingetragen hat. Zweifellos steht „Le Monde" heute weiter links als in den sechziger Jahren, jedoch lehnt sie politischen Radikalismus kategorisch ab.

Die politische Wochenpresse wird eindeutig vom „L'Express" dominiert, der sich seit 1964 unter seinem Herausgeber, dem lothringischen Abgeordneten Jean-Jacques Servan-Schreiber, zur einflußreichsten politischen Zeitschrift entwickelt hat und den Kurs der jetzigen Regierung wohlwollend kritisch kommentiert. „Le Point" (regierungsfreundlich) und der linksorientierte „Nouvel Observateur" erreichen jeweils nur etwa ein Drittel der 600 000 Auflage des „L'Express". Weitverbreitetes Organ der extremen Linken ist „Politique Hebdo" mit etwa ebenfalls 200 000 Exemplaren.

Fast alle Zeitungen und Zeitschriften werden von wenigen Pressekonzernen beherrscht, die die Unabhängigkeit der Redaktionen mehr oder weniger einengen. Nur „Le Monde" und „L'Aurore" sind ausschließlich „auf sich gestellt" und nicht mit anderen Presseerzeugnissen in einem Verlagshaus vereint.

Eine der wichtigsten Anweisungen von Staatschef Giscard d'Estaing zu Beginn seiner Präsidentschaft war die Einbringung eines Gesetzes zur Neustrukturierung der staatlichen Rundfunk- und Fernsehgesellschaft. Das vom Parlament verabschiedete Gesetz löste die „Organisation de la Radio et Télévision Française" (ORTF) auf und schuf drei voneinander unabhängige Fernsehstationen: TF 1, Antenne 2 und France-Région 3 sowie eine Radiostation (Radio France).

Damit wurde fürs erste ein Schlußstrich unter die ständigen Auseinandersetzungen um dieses von der Regierung kontrollierte Medium gezogen. Nicht erst in der V. Republik hatten sich Rundfunk und Fernsehen zu reinen Propagandaorganen der Regierung entwickelt; aber die neue Republik, speziell General de Gaulle, beherrschte das Medium Fernsehen, das fast alle französischen Haushalte erreicht, meisterlich. De Gaulles Auftritte in Generaluniform, seine beschwörenden Appelle an alle Franzosen sollen entscheidend dazu beigetragen haben, daß zwei Rebellionen gegen seine Algerienpolitik zusammenbrachen. Andererseits wurde während der Maiunruhen 1968 von den Redakteuren und Kommentatoren der ORTF am erbittertsten gestreikt: Die Regierung hatte ihnen jegliche Kommentierung der Ereignisse im Land und in den Betrieben verboten, so daß sie dieses Instrument der Meinungsmanipulation ein für allemal beseitigen wollten. Erfolge erzielten sie aber nicht. Die ORTF blieb weiterhin Sprachrohr der Regierung, die im Rundfunk bzw. Fernsehen ein geeignetes Mittel sah, eine für sie ungünstige Presseberichterstattung gegebenenfalls auszugleichen.

Das neue Organisationsstatut scheint den Regierungseinfluß weitgehend gemindert zu haben und auch der Opposition die Möglichkeit zur Stellungnahme zu geben. Zu negativ dürfen Berichte aber nicht ausfallen, sollen nicht Regierung und die sie tragenden Parteien provoziert werden. Andererseits können die Franzosen auf weitere Rundfunksender ausweichen, die sogenannten Postes Périphériques: private Sender mit gut aufgemachten Informationssendungen, Diskussionsrunden auch mit Oppositionspolitikern, dazwischen viel Musik und Werbung.

Die Parteien

Frankreichs Parteien lassen sich im Frühjahr 1977, trotz aller internen Schwierigkeiten, in zwei Blöcke einteilen: Die Präsidialmehrheit und die Linksunion. Dieser Konzentrationsprozeß begann mit den ersten Präsidentschaftswahlen von 1962. Er hat zwar nicht die Zahl der im Parlament vertretenen Parteien so radikal verringert wie in der Bundesrepublik Deutschland; aber er hat das Vielparteiensystem der III. und IV. Republik zu einem Blocksystem stabiler Regierungskoalitionen geführt. In den Wahlen vom März 1973 vereinigten die vier größten Parteien (Gaullisten [UDR] und Unabhängige Republikaner, Sozialisten und Kommunisten) 89 Prozent der im ersten Wahlgang abgegebenen Stimmen auf sich, während die drei übrigen nur minimale Prozentsätze erringen konnten.

Das war nicht immer so. Vergleicht man diese Zahlen mit Wahlergebnissen in der IV. Republik, so zeigen sie am besten den eingetretenen Wandel: Bei den letzten Wahlen der IV. Republik 1956 fielen auf die drei größten Formationen nur 50 Prozent der Stimmen, sechs oder – je nach Klassifizierung – neun Gruppierungen teilten sich in die übrigen Stimmen. Nicht weniger als 28 politische Gruppierungen hatten um die Gunst der Wähler konkurriert. Nach den Wahlen saßen je knapp 100 Abgeordnete der Sozialisten, Radikalsozialisten, Konservativen sowie rund 70 Volksrepublikaner in der Nationalversammlung, „eingerahmt" von einerseits 150 Kommunisten, andererseits von 50 Abgeordneten der kleinbürgerlichen Protestpartei der Poujadisten. Daß dieses politische Kräftegemisch sich gegenseitig neutralisieren und damit zum Immobilismus führen mußte, liegt auf der Hand.

Für die Transformation des französischen Parteiensystems, für die Entwicklung vom Vielparteiensystem zum Blocksystem schuf de Gaulles V. Republik den Bezugsrahmen: Das Parlament verlor erheblich an Bedeutung und wurde praktisch machtlos. Hatte es in der III. und IV. Republik die Exekutive beherrscht, ist es nun genau umgekehrt. Die Regierung kann das Parlament in seinen Kontroll- und Gesetzgebungsfunktionen so einengen, daß es ohne Zustimmung nichts unternehmen kann. Noch nicht einmal seine Tagesordnung darf es allein bestimmen.

111

Der Staatspräsident verfügt ohnehin über eine solche Machtfülle, daß er praktisch unangreifbar und keiner Kontrolle unterworfen ist. Das Parlament kann fast jederzeit von ihm aufgelöst werden. Premierminister, die von ihm ernannt werden, konnte bisher nur der werden, der sich unterordnete. Zwar kann die Nationalversammlung den Premierminister stürzen, aber das ist recht schwierig. Zumindest muß die Opposition in einem solchen Fall über die absolute Mehrheit verfügen. Außerdem kann der Staatschef die Bevölkerung jederzeit zu einer Volksabstimmung (Referendum) aufrufen und so das Parlament umgehen.

Zu dieser Machtverschiebung kommt zusätzlich das neue Wahlsystem, das Mehrheitswahlrecht: Im ersten Wahlgang ist gewählt, wer die absolute Mehrheit erreicht. Erhält keiner der Kandidaten die absolute Mehrheit, findet eine Woche später ein zweiter Wahlgang statt, in dem die einfache Mehrheit ausreicht. Daher werden für den zweiten Wahlgang häufig Bündnisse geschlossen, das heißt, ein Kandidat verzichtet auf eine weitere Kandidatur und fordert seine Wähler auf, ihre Stimme einem bestimmten anderen Kandidaten zu geben. Durch Wahlbündnisse konnten die Regierungsparteien so auf Anhieb große Erfolge erzielen. Die zerstrittene Linke bekam trotz hoher Stimmenzahlen nur wenige Mandate. Erst als auch sie ein Bündnis einging, verbesserten sich ihre Chancen. Aber: Obwohl beide Blöcke im März 1978 fast gleichstark aus dem ersten Wahlgang hervorgingen, erzielte die Linke aufgrund der ungerechten Wahlkreiseinteilung im entscheidenden zweiten Wahlgang nur 201 Sitze, die Regierungsmehrheit 290 Sitze.

Die Präsidialmehrheit

Die Gaullisten

In der IV. Republik war es weder einer Rechts- noch einer Linkspartei gelungen, bei Wahlen eine arbeitsfähige Mehrheit zu erringen. Dies änderte sich grundlegend durch das gleichzeitig mit der neuen Verfassung verabschiedete Wahlgesetz (absolute Mehrheitswahl in zwei Wahlgängen), mit der Übernahme des Präsidentenamtes durch General de Gaulle und der Gründung der gaullistischen Partei.

Diese Partei kann als die einzige neue Parteigründung der V. Republik angesehen werden, auch wenn die Gaullisten seit 1958 nicht weniger als viermal den Namen – nicht die Politik – gewechselt haben. Sie war bisher der tragende Pfeiler einer Regierungskoalition, länger als irgendeine andere Partei in der französischen Geschichte.

Als sie wenige Wochen nach ihrer Gründung im November 1958 im ersten Wahlgang gleich 20 Prozent der Stimmen und etwa 40 Prozent der Sitze in der Nationalversammlung errang, profitierte sie zum einen von den Stimmen der

Wechselwähler, die aus dem ganzen bürgerlichen Lager zu den Gaullisten umschwenkten. Zum anderen verhalf das Charisma des Generals seinen Parteifreunden zum Wahlsieg. Von da an konnte die UDR („Union des Democrates pour la République"), wie sie sich nannte, in jeder Parlamentswahl ihren Stimmenanteil weiter ausbauen. 1968 gewann sie mit ihren Koalitionspartnern fast zwei Drittel aller Sitze in der Nationalversammlung. Auch 1973 und 1978 errang diese liberal-konservative Koalition – wenn auch unter Verlusten – wieder die absolute Mehrheit.

Die meisten gaullistischen Wähler stammen aus dem städtischen und ländlichen Mittelstand. Im Juni 1968 votierten unter den Ereignissen der Studentenrevolte zum ersten und einzigen Mal mehr Arbeiter und Rentner für die Regierungsparteien als für die kommunistischen und sozialistischen Kandidaten.

Für diesen Erfolg war unter anderem die Angst vor dem totalen Chaos und die noch immer vorhandene Autorität des Generals maßgebend. Aber auch schon 1958 und 1962 konnte die UDR rund 15 Prozent ihrer Stimmen aus früheren sozialistischen und auch kommunistischen Wählerschichten schöpfen – ein geradezu einmaliger Fall im französischen Parteienwesen und auch ein Zeichen, daß sich mit dem Eintritt der Gaullisten ein neuer Parteityp in Frankreich etabliert hatte: der der Volkspartei. Er wendet sich nicht an eine ganz bestimmte Wählerschicht, sondern versucht, alle Wähler anzusprechen. Klerikale oder laizistische Grundsätze spielen zum Beispiel für eine solche Partei keinerlei Rolle. Ziel ist, den Wahlsieg durch Stimmengewinne aus allen Wählergruppen zu erlangen.

Wer war dieser General de Gaulle, der zwar die Parteien zutiefst verachtete, aber doch für solch eine Veränderung im Parteienwesen Sorge trug? Drei Daten sind zu einem Charakterisierungsversuch wichtig:

1. der 18. Juni 1940, als de Gaulle, bis zu diesem Tag ein recht unbekannter Offizier, von London aus die Franzosen zum Durchhalten und zum Kampf gegen die deutschen Truppen aufrief. Quasi aus dem Nichts heraus, also ohne Legitimation, beanspruchte er für sich, Führer des „Freien Frankreich" (eine Art Exilregierung) zu sein. Und das Erstaunliche geschah: Die Franzosen folgten nach und nach seinen Aufrufen. In dem Maß – so könnte man etwas überspitzt formulieren –, in dem die von den Deutschen in Vichy eingesetzte Regierung unter Marschall Pétain im Verlauf des Krieges abwirtschaftete, wurde General de Gaulle für die meisten Franzosen zu einem Hoffnungsschimmer auf eine baldige Befreiung.

2. 1944–1946 war de Gaulle nach der Befreiung Chef der Provisorischen Regierung, die nicht nur etliche Betriebe verstaatlichte, sondern auch eine Reihe von sozialen Reformen durchsetzte. Als aber 1946 sein Verfassungsentwurf vom Volk abgelehnt wurde, zog sich der General aus der Politik zurück.

3. Am 13. Mai 1958 brach in Algier der Aufstand der Algerienfranzosen gegen die Regierung der IV. Republik los. In diesen Tagen und Wochen eines unmittelbar bevorstehenden Bürgerkriegs bot sich de Gaulle erneut als Retter an. Das Parlament akzeptierte seine Forderungen und setzte ihn als Regierungschef ein. Die Rebellion in Algier wurde beendet. Die V. Republik begann.

Für welche politischen Ziele trat nun aber de Gaulle bzw. der nach ihm benannte Gaullismus ein? Im Mittelpunkt des politischen Denkens steht die Nation mit ihrer Grandeur, die durch eine Politik der nationalen Unabhängigkeit ausgebaut wird. Verzichtet ein souveräner Nationalstaat auf seine nationale Größe, verliert er nach Meinung de Gaulles seine Identität. Deshalb seine Forderung nach einem „Europa der Vaterländer", deshalb die entschiedene Ablehnung eines europäischen Bundesstaates! Frankreich muß für den Gaullismus immer Frankreich bleiben, sonst würde es untergehen.

Um diesen Anspruch zu verwirklichen, braucht der Gaullismus drei Stützen: einen wirksamen und stabilen Staat mit einem starken Staatspräsidenten an der Spitze, eine unabhängige, nicht durch Verträge mit anderen Staaten eingeengte Außenpolitik und eine wirksame, auf Atomraketen gestützte nationale Verteidigungsstreitmacht.

Diesen Prinzipien und ihrem Schöpfer war die gaullistische Partei von Anfang an treu ergeben. Sie war somit keine Partei im eigentlichen Sinne des Wortes. Ihre Aufgabe war nicht, Regierungspolitik zu machen, sondern sie war eine Bewegung, die einer auf einer anderen Ebene beschlossenen Politik folgte; de Gaulles Reden und Pressekonferenzen waren für sie die ideologischen und politischen Wegweiser. Ein Parteiprogramm hat es nie gegeben; die Äußerungen des Staatspräsidenten reichten aus. Aber die Wähler haben dieses verschwommene Programm und die Bindung der UDR an den General mit der absoluten Mehrheit honoriert.

Auch Georges Pompidou hat als Staatspräsident von 1969 bis 1974 allen Bestrebungen, einen Parteivorsitzenden zu wählen, energisch widersprochen. Er schrieb seinen Parteifreunden, daß die UDR eine „Bewegung" und keine „Partei" sei. Ihre Aufgabe bestehe in der bedingungslosen Unterstützung des Staatspräsidenten, da dieser allein sie ideologisch beeinflusse. Der Premierminister sei dagegen ihr Führer in den Parlamentssitzungen. Ihr Generalsekretär sei ausschließlich für ihre Organisation zuständig. Damit war die Hierarchie klar: Nur die Worte des Staatspräsidenten hatten Geltung.

Das führte aber auch dazu, daß die Partei bis in die sechziger Jahre hinein keine modern strukturierte Partei war. De Gaulle sah in der UDR nicht mehr als ein notwendiges Übel, das er für die Unterstützung seiner politischen Ziele im Parlament benötigte. Und die Partei fügte sich dieser Aufgabenstellung fast widerstandslos. Gefördert wurde diese politische Selbstentäußerung durch die Vergabe einflußreicher Posten und die Parteihierarchie: Die höheren Chargen waren ausnahmslos mit einer Oligarchie besetzt, deren Mitglieder zu de Gaulles Freundeskreis aus den Tagen des „Freien Frankreich" und der Nachkriegszeit zählten, mit den sogenannten „Baronen".

Ein Wechsel in den Beziehungen zwischen de Gaulle und seiner Partei trat erst nach den für de Gaulle enttäuschenden Präsidentschaftswahlen von 1965 und dann auch nur allmählich ein. Die Abkehr von der totalen Bindung an eine Person war vor allem ein Verdienst des damaligen Premierministers Pompidou: Er leitete die zweite Phase in der Entwicklung der UDR ein. Er sah ein Fortbestehen der UDR ausschließlich in einer besser organisierten Partei, die fähig sein mußte, einen sich abzeichnenden Wechsel im Amt des Staatspräsidenten zu überstehen und somit ein Überleben des Gaullismus ohne de Gaulle als Präsident zu gewährleisten.

Die außerordentlich knappe Mehrheit von nur einer Stimme im Parlament für die Regierungskoalition nach den Parlamentswahlen von 1967 verdeutlichte die Notwendigkeit einer solchen längst überfälligen Umwandlung. Da sich Pompidou dieser Aufgabe besonders intensiv widmete, wurde er zum wahren Führer der gaullistischen Partei. Pompidou unterzog die UDR einer tiefgreifenden Umstrukturierung ihrer Organisation. Das Ziel war eine Verbesserung der Schlagkraft, eine erfolgreichere Mobilisierung ihrer Anhängerschaft. Die Mittel waren eine Straffung und Verjüngung der Führung, eine Strukturreform auf Wahlkreisebene, um die Parteimitglieder besser mobilisieren zu können, die Schaffung eines leistungsfähigen Mitarbeiterstabs aus Technokraten von den Elitehochschulen. Die Parteimitglieder konnten Schulungskurse besuchen, und ihr interner Zusammenhalt auf lokaler Ebene wurde vielfältig gefördert. Gleichzeitig wurde die Mitgliederwerbung verstärkt. So konnte die Mitgliederzahl von 1958 bis 1976 von etwa 80 000 auf 284 000 erhöht werden – für Frankreich eine stattliche Zahl, die nur von den Kommunisten übertroffen wird.

Von ihrem Sozialprofil her läßt sich die gaullistische Partei folgendermaßen aufschlüsseln: 40,6 Prozent sind Frauen, 59,4 Prozent Männer; 16,5 Prozent sind unter 29 Jahre alt, 19,8 Prozent zwischen 30 und 39 Jahren, 24,6 Prozent unter 49 Jahren, 39,6 Prozent 50 Jahre und älter. Bei der Aufschlüsselung nach Berufssparten dominieren mit je 22 Prozent Freiberufliche und Arbeiter, gefolgt von kleinen Angestellten mit 19,5 Prozent, Angestellten mit 11 Prozent, Bauern mit 9,5 Prozent, leitenden Angestellten mit 6,5 Prozent, Verschiedenen mit 9,8 Prozent.

Als Ergebnis der genannten Strukturreform läßt sich folgendes festhalten: Seit 1967 nahm die UDR mehr und mehr die Charakteristika einer modernen Volkspartei an, für die es praktisch nur ein Ziel gibt: eine möglichst große Wählerschaft und ein unmittelbarer Wahlerfolg. Ideologische Überlegungen treten in den Hintergrund. Für die UDR heißt das: Nicht mehr die mystische Bindung an eine Person dominiert die Parteipolitik, sondern die Wählerwerbung. Man ist für alle Wählerschichten wählbar.

Wie erfolgreich Pompidous Strategie war, der Partei neue Wähler zuzuführen, zeigen die Wahlen von 1968. Der Wähler honorierte Pompidous Einsatz, mit dem er das im Mai drohende Chaos geschickt gemeistert zu haben schien. De Gaulle hatte in dieser durch die Studentenrevolte heraufbeschworenen Krise versagt.

Die dritte Phase der UDR begann ein Jahr später mit de Gaulles Rücktritt. Nun mußte es dem neuen Staatspräsidenten Pompidou gelingen, die einzelnen gaullistischen Flügel, die bisher durch Loyalität gegenüber de Gaulle zusammengehalten worden waren, an sich zu binden, was ihm auch insgesamt recht gut gelang. Nur zwei Gruppierungen, die Linksgaullisten, die Gaullismus und sozialen Fortschritt gleichsetzen wollten, und die Orthodoxen oder „Altgaullisten", die keinerlei Änderung an de Gaulles Politik dulden wollten, machten manchmal Schwierigkeiten. Das von vielen Beobachtern vorausgesagte Auseinanderbrechen des Gaullismus blieb aus.

Schwierigkeiten traten erst vier Jahre später auf: Zunächst verlor die UDR bei den Wahlen 1973 89 Sitze und damit die absolute Mehrheit. Dieser Stimmenrückgang kam nach dem ungewöhnlich hohen Sieg von 1968 allerdings nicht überraschend. Zeigen doch die Wahlen von 1973, wie sehr sich das auf zwei Blöcke polarisierte Parteiengefüge gefestigt hatte, denn fast alle Parteien zogen mit der ungefähr gleichen Abgeordnetenzahl wie 1967 ins Parlament.

Zweitens: Hatte de Gaulles Bedeutung unter anderem darin bestanden, das Zusammenwirken von konservativer Mehrheit und einer eher linksorientierten Minderheit in seiner Partei auch auf seine Wählerschaft zu übertragen, so traf dies auf seinen Nachfolger nicht mehr zu. Pompidou verzichtete auf längst überfällige Sozialreformen, um konservative Wähler nicht zu verschrecken. Er nahm damit bewußt ein Abwandern sozial schwacher Wähler zu den Linksparteien in Kauf. Die UDR büßte ihren für eine Volkspartei überlebenswichtigen Einfluß bei Arbeitern, kleinen Angestellten und Rentnern ein.

Schlimmer war Pompidous Tod am 2. April 1974 für die Partei. Er ließ sie führerlos und in sich zerrissen zurück. Immerhin hatte sie bis dahin noch einen, wenn auch nicht unumstrittenen offiziellen Führer gehabt und konnte ihre Funktion hauptsächlich in einer bedingungslosen Unterstützung des Staatspräsidenten und seiner Regierung sehen. Die Wahl des Nichtgaullisten Giscard d'Estaing entzog einer solchen Doktrin den Boden: Die Partei mußte sich völlig umstellen.

Dem neuen Premierminister, Jacques Chirac, gelang es, die Partei zusammenzuhalten und sie aus dieser existenzbedrohenden Krise herauszuführen, indem er die UDR und den neuen Staatspräsidenten durch ein Festhalten an Pompidous Politik miteinander versöhnte. Chirac hatte erkannt, daß die Gaullisten nicht durch Obstruktion, sondern nur durch Unterstützung der Politik Giscard d'Estaings überleben konnten.

Als Chirac schließlich im Dezember 1974 in einer Blitzaktion gegen den erbitterten Widerstand einiger seiner innerparteilichen Gegner selbst das Generalsekretariat der Partei für einige Monate übernahm, begann die vierte Phase in der Geschichte der UDR. Sie ist durch folgende Aktionen gekennzeichnet: Chirac überzeugte zunächst die widerstrebenden gaullistischen Abgeordneten, daß nach dem Verlust des Elysée-Palastes an einen Nichtgaullisten die innerparteiliche Geschlossenheit um so wichtiger sei. Daneben verlangte er eine zwar wachsame, aber uneingeschränkte Unterstützung für die Politik des Staatspräsidenten. Gleichzeitig reformierte er die Parteistatuten in Richtung auf eine stärkere Mitwirkung der Mitglieder an der Bestellung der Parteifunktionäre. Die Partei gewann wieder an Geschlossenheit, und Chiracs Stellung in der Partei schien nach dem Parteitag in Nizza vom Juni 1975 unerschüttert.

Im Winter 1975/76 vollzog sich jedoch eine politische Entfremdung sowohl zwischen Chirac und zahlreichen orthodoxen Gaullisten als auch zwischen dem Premierminister und Staatspräsident Giscard d'Estaing: Die Gaullisten hatten nicht vergessen, daß Giscard einst die Absicht geäußert hatte, die UDR durch eine neue Partei der Mitte zu ersetzen, die sich auf seine Partei der Unabhängigen Republikaner als Kern stützen sollte. Dieser Plan war zwar bald verworfen worden, doch belastete er die Beziehungen innerhalb der Präsidialmehrheit.

Darüber hinaus begegneten die Gaullisten Giscards Außen- und Verteidigungspolitik vom Sommer 1975 an mit immer stärkerer Ablehnung, da sie in ihr eine Abkehr vom de Gaulleschen Erbe sahen. Die schlechte wirtschaftliche Lage und die ungebrochen hohen Inflationsraten veranlaßten die gaullistischen Führer, vom Staatspräsidenten Neuwahlen zu fordern, um so einer drohenden Wahlniederlage, die sie im Frühjahr 1978 auf sich zukommen sahen, entgehen zu können. Giscard lehnte strikt ab. Auch sein Werben um Teile der Sozialisten und Radikalsozialisten stieß bei den Gaullisten auf Mißtrauen und zum Teil auf Verachtung. Sozialpolitischen Reformen leisteten sie als stärkste Parlamentsfraktion trotz Chiracs Bemühungen teilweise erfolgreich Widerstand.

Immer deutlicher ließen die „Barone" des Gaullismus den Staatspräsidenten spüren, daß er ohne Unterstützung durch die UDR über keine Mehrheit mehr in der Nationalversammlung verfügen würde. Jacques Chirac und der Generalsekretär der Partei, Yves Guéna, bemühten sich zwar zunächst noch um loyale Unterstützung des Staatspräsidenten, doch zeigte die Kammerdebatte um die Wertzuwachssteuer im Juni 1976, wie stark die UDR-Fraktion schon auf Kollisionskurs gegenüber Giscard d'Estaing gegangen war.

Höhepunkt dieses Kleinkriegs innerhalb der Koalition war Chiracs Rücktritt am 25. August 1976. Er erfolgte unter so dramatischen Umständen, daß hier am Verfassungserbe des Generals gerüttelt wurde: „Ich habe meinen Rücktritt erklärt ... In der Tat, ich verfüge nicht über die Mittel, die ich heute für notwendig halte, um meine Aufgabe als Premierminister wirksam zu erfüllen. Unter diesen Umständen habe ich beschlossen, Schluß zu machen." Mit anderen Worten: Premierminister Jacques Chirac hatte vom Staatschef mehr Vollmachten zur Meisterung der Wirtschaftskrise verlangt als ihm seine Funktion als Premierminister zugestand. Seine Ambitionen zielten auf eine Machteinschränkung des Staatspräsidenten ab – eine Anmaßung, die es in der UDR bis dahin noch nie gegeben hatte.

Giscard konterte folgendermaßen: Er habe beobachtet, daß die politischen Parteien übermäßigen Einfluß ausüben würden. Das sei gefährlich. Er wolle nicht, daß „Frankreich wieder in das Parteienregime zurückfällt". Die Reformpolitik müsse intensiver als bisher fortgeführt werden. Aus diesem Grund habe er den parteilosen Wirtschaftsfachmann Raymond Barre mit der Regierungsbildung beauftragt.

Premierminister Barre konnte sich zwar noch auf alle Fraktionen der Präsidialmehrheit stützen, doch war seine und Giscards Abhängigkeit von den Gaullisten stärker denn je. Die UDR brauchte nun bei ihren Abstimmungsvoten keine Rücksicht mehr zu nehmen und war relativ ungebunden. Die Koalition wurde nach außen nur noch aufrechterhalten, um ein „Bollwerk gegen die kommunistische Machtübernahme" zu bilden.

Die fünfte Phase in der Entwicklung des Gaullismus seit 1958 begann mit der Umbenennung der UDR in „Sammlung für die Republik" (R.P.R.). Chirac gelang es, die drei Hauptströmungen des heutigen Gaullismus – die Orthodoxen um Michel Debré, die Sozialreformer um Jacques Chaban-Delmas und den ihn stützenden Teil – von seinem Konzept zu überzeugen: die Partei den Wählern 1978 als einzige Alternative gegen die Machtübernahme der Linken zu präsentieren. Dafür mußte die Partei erneut reformiert und ihre Kader verjüngt werden. Sie erhielt einen neuen Namen, um als „Sammlungsbewegung" neue Wählerschichten ansprechen zu können, und sie gab sich zum erstenmal in ihrer Geschichte ein Programm. Keine neue Partei sollte geschaffen werden, sondern sie sollte sich auf alle ausweiten, die gegen die Linke sind, ein Appell an alle, sich um die Gaullisten zu scharen, um so doch noch die Wahlen gewinnen zu können.

Das Parteiprogramm erinnert eher an ein Sammelsurium bekannter Grundpositionen des Gaullismus als an ein neues Reformkonzept: Ausbau der „Participation" (Vermögensbildung), gerechtere Steuerverteilung, Chancengleichheit im Bildungswesen, Kampf gegen übertriebene Bürokratisierung. Da Chirac hauptsächlich die bürgerlichen Wählerschichten anzusprechen hofft, also ihre Privilegien nicht beschneiden kann, muß ein solches angeblich soziales Reformkonzept auf erhebliche Zweifel stoßen.

Die Bedeutung des Parteitages 1976 lag eher auf anderem Gebiet: Die Gaullisten gaben sich zum erstenmal einen Parteivorsitzenden. Bei den Wahlen 1978 haben sie zwar Mandate verloren, sind aber nach wie vor stärkste Partei im Parlament. Ohne sie besäße Giscard keine Mehrheit im Parlament mehr, so daß er ihnen Konzessionen machen muß.

Die gaullistische Partei ist die große konservative Formation Frankreichs. Sie hat fast das gesamte bürgerliche Lager aufgesogen. Außerdem konnte sie zeitweilig in potentiell linke Wählerschichten eindringen. Mitte der sechziger Jahre gelang es den Gaullisten, die Bindung an de Gaulle aufzugeben und zu einer modern strukturierten Volkspartei zu werden. Ihre Wähler stimmten einmal aus Sympathie und Verehrung gegenüber de Gaulles Leistungen in der Kriegs- und Nachkriegszeit für diese Partei. Daneben konnten die Gaullisten aber auch auf die Meisterung einiger Probleme verweisen, die die IV. Republik nicht hatte lösen können: das Algerienproblem und die Entkolonialisierung. Und sie hatte einen großen wirtschaftlichen Aufschwung und die Wahrung der „nationalen Unabhängigkeit" erreicht.

Durch Giscards Wahl zum Staatschef fiel die bisher geübte bedingungslose Unterstützung des Präsidenten fort. Eine weitere Zusammenarbeit schien zunächst fraglich. Der Wahlsieg im März 1978, der vor allem dem Staatschef zu verdanken ist, hat aber dessen Stellung gegenüber den Gaullisten gefestigt. Sie wollen nun loyal mit ihm und seiner jetzt fast gleich starken eigenen Partei zusammenarbeiten.

Die Unabhängigen Republikaner

Diese Partei verstand sich unter ihrem ehemaligen Vorsitzenden Giscard d'Estaing bis zu Pompidous Tod als „Minderheit innerhalb der Mehrheit", was sie seit 1966 besonders durch ihre Politik des „ja, aber" zum Ausdruck brachte. Eine solche Opposition innerhalb des Regierungslagers hielt sich aber in Grenzen. Ohne die Unterstützung durch die Gaullisten hätte die im November 1962 gegründete Partei bei Wahlen auch wenig Erfolg gehabt. Heute sitzen die Unabhängigen Republikaner mit 54 Abgeordneten in der Nationalversammlung. Seit Giscard Präsident ist, hat sich ihre Rolle stark geändert. Nun müssen sie die Politik des Staatspräsidenten bedingungslos verteidigen.

Die Partei wurde quasi aus dem Nichts innerhalb weniger Jahre aufgebaut. Sie ist eine Honoratiorenpartei und stützt sich hauptsächlich auf ihre Klubs in zahlreichen Departements, in denen sie örtliche Honoratioren versammelt. Die Mitgliedschaft beläuft sich auf ca. 80 000. Versuche der letzten Jahre, sie zu einer modern organisierten Partei zu machen, schlugen zunächst fehl. Dies änderte sich aber 1977 und zahlte sich im März 1978 aus. Zusammen mit dem Zentrum und den Radikalsozialisten gewannen sie 137 Mandate und bilden nun ein Gegengewicht zu den Gaullisten.

Unter dem Anspruch, Frankreich „zu reformieren und nicht zu revolutionieren", bildeten Ende 1971 einige Zentrums- und radikalsozialistische Abgeordnete und Senatoren eine Fraktionsgemeinschaft. Ihr Ziel war die Brechung der gaullistischen absoluten Mehrheit im Parlament.

Diese neue „Mitte" setzte sich aus zwei Parteien zusammen: Dem Zentrum unter Jean Lecanuet und einem Teil von Frankreichs ältester Partei, den Radikalsozialisten unter Jean-Jacques Servan-Schreiber. Dabei haben die Radikalsozialisten mit „radikal" im heutigen Wortsinn gar nichts zu tun. Im Gegenteil, man charakterisiert sie mit dem Schlagwort: „Ihr Herz schlägt zwar links, aber ihre Brieftasche sitzt rechts". Kurz, es handelt sich um eine liberale, bürgerliche Partei. „Radikal" bedeutet das Eintreten für einen republikanischen, nationalen und laizistischen Staat. „Sozial" bedeutet den Schutz des „kleinen Mannes" vor staatlichen Eingriffen.

Die beiden Führer versuchten, alle bürgerlichen Kräfte außerhalb des gaullistischen Lagers zur Fraktionsgemeinschaft „Mouvement Réformateur" zusammenzufassen, wobei jede Partei ihre Eigenständigkeit bewahren sollte. Der Kern ihrer Politik läßt sich in wenigen Stichworten zusammenfassen: Abbau staatlicher Subventionen bei Anhebung der Sozialausgaben, Regionalisierung, Reintegration in die NATO, Reform sozialer Probleme durch mehr Steuergerechtigkeit.

Im sozialen Bereich unterscheidet sich dieses Programm kaum vom gaullistischen. Nur in der Bildung von Regionen mit echter Selbstverwaltung weicht es von den Gaullisten und Unabhängigen Republikanern ab.

Seine Attraktivität auf bürgerliche Wählergruppen zeigte sich 1973. Die Reformatoren gewannen auf Anhieb mit 12,5 Prozent der Stimmen 52 Sitze in der Nationalversammlung. Ihre Wahlerfolge erzielten sie hauptsächlich in den Hochburgen der Gaullisten: Ost-, West-, Südwestfrankreich und im Pariser Raum. Ihre Wahlpropaganda erreichte mit der Forderung nach mehr Transparenz, Dezentralisation und Abbau hierarchischer Strukturen vor allem den Mittelstand, Wählergruppen, die mit den Gaullisten unzufrieden waren, aber nicht die Linksunion wählen wollten. Nach ihrem Wahlerfolg blieben die Reformatoren zunächst noch in der Opposition. Seit 1974 gehören sie aber zur Regierungskoalition.

Innerhalb der Fraktionsgemeinschaft verschoben sich die Gewichte zugunsten von Lecanuets Zentrum, während die Radikalsozialisten durch innerparteiliche Auseinandersetzungen an politischer Bedeutung verloren haben. Seit Mai 1976 nennt sich das Zentrum „Centre des Démocrates Sociaux". Der Name sagt jedoch nichts, denn soziales Engagement ist wie bisher nicht spürbar. Ob dieser

Versuch, das Zentrum dauerhaft zu beleben, Erfolg haben wird, ist fraglich. Fusionsgespräche mit den Unabhängigen Republikanern und den Radikalsozialisten werden zwar geführt, bisher jedoch ohne Ergebnis. Dazu kommt noch die schwache Organisationsstruktur dieser typischen Honoratiorenpartei und ihre geringe Mitgliederzahl. Verluste bei einigen Neuwahlen im November 1976 zeigten, daß der Wähler das Zentrum als „dritte Kraft", als Puffer zwischen den beiden Großen, nicht mehr akzeptiert. Seine Wähler wanderten bei diesen Wahlen hauptsächlich zur Linken ab.

Das Regierungslager besteht (1977!) aus einer großen konservativen Partei, den Gaullisten, und den drei kleinen liberal-konservativen Partnern. Diesen ist es seit Giscards Amtsantritt nicht gelungen, durch eine unbedingt erforderliche Fusion ein Gegengewicht zu den Gaullisten zu bilden.

Die drei kleineren Parteien der Mitte und der Rechten sind auf Wahlbündnisse mit den Gaullisten angewiesen. Würde einer dieser Partner ins linke Lager abwandern, liefen ihm die Wähler davon. Andererseits kommt auch eine Fusion mit den Gaullisten für diese Honoratiorenparteien nicht in Frage. Sie lehnen eine straffe Parteiführung oder gar Parteidisziplin ab. Der einzelne Abgeordnete will Herr seiner Entscheidungen bleiben. Die Partei ist für ihn eher ein notwendiges Übel, um im Parlament arbeiten zu können. Außerdem wehren sie sich gegen die konservative, oft nationalistische Politik der Gaullisten. (Republikaner, Zentrum und Radikalsozialisten traten 1978 auf Drängen des Staatspräsidenten unter dem Zeichen „Union für die französische Demokratie" an und gewannen fast so viele Sitze wie die Gaullisten. Anschließend erklärten die drei, in Zukunft noch enger zusammenzuarbeiten, so daß heute eine Fusion nicht auszuschließen ist.)

Das Linksbündnis

Die Sozialisten

Seit Beginn der V. Republik stehen die Sozialisten (damals hießen sie noch „Section Française de l'Internationale Ouvrière" – SFIO) in der Opposition. Sie begrüßten zwar mehrheitlich de Gaulles Machtübernahme und traten auch in die erste Regierung de Gaulles ein, lehnten aber kurz darauf seine Politik entschieden ab. Vor allem waren sie gegen die 1962 eingeführte Volkswahl des Staatspräsidenten.

Um ein Gegengewicht zu den Gaullisten zu bilden, versuchten sie bei den Präsidentschaftswahlen von 1965, die gesamte nichtkommunistische Linke zu einer Föderation unter dem Marseiller Bürgermeister Gaston Defferre zusammenzufassen. Dieser Versuch schlug jedoch fehl, da sich, nach anfänglicher Zustimmung, insbesondere die Radikalsozialisten dem Plan widersetzten.

Wenige Monate vor der Wahl gelang es aber einem Außenseiter, François Mitterrand, die Linksparteien einschließlich der Kommunisten zu einem recht lokkeren Wahlbündnis zu bewegen, das de Gaulle in einen zweiten Wahlgang zwang. Dieses Wahlbündnis ist als Wendepunkt in den Beziehungen zwischen Sozialisten und Kommunisten anzusehen.

Nach diesem ersten Erfolg gelang es Mitterrand, die nichtkommunistische Linke zu einer arbeitsfähigen „Fédération de la Gauche Démocrate et Socialiste" (FGDS) auszubauen. Ihr schlossen sich neben den Sozialisten die Radikalsozialisten und etliche sozialistische Klubs an. Insgesamt 18 bis 22 Prozent der Wähler standen hinter ihr. Ihre Wähler kamen hauptsächlich aus der Beamtenschaft (viele Lehrer), dem kleinen Mittelstand, aus Teilen der Arbeiterschaft und Landwirtschaft (besonders im Süden).

1967 öffnete Mitterrand die FGDS weiter nach links. Mit den Kommunisten wurden für die Wahlen dieses Jahres Wahlabsprachen getroffen, wodurch beide Parteien ihre Mandatszahlen beträchtlich erhöhen konnten. Auf diese Weise schien sich eine Möglichkeit abzuzeichnen, die bürgerliche Mehrheit im Parlament allmählich zu brechen.

Mitterrands Versuch, der FGDS eine straffe Organisationsstruktur zu geben, wurde jedoch durch die Ereignisse vom Mai 1968 und die anschließenden Wahlen zunichte gemacht. Die FGDS zerbrach an inneren Rivalitäten. Daraufhin legte Mitterrand den Vorsitz nieder und zog sich aus der Parteiarbeit zurück. De Gaulles Rücktritt und die folgenden Präsidentschaftswahlen verdeutlichten das Dilemma, in dem sich die gesamte Linke befand. Nicht weniger als vier Kandidaten wurden nominiert. Die sozialistischen Wähler gaben ihrem Kandidaten Gaston Defferre nur 5 Prozent der Stimmen. Zwei Drittel von ihnen haben wohl für den Kommunisten Jacques Duclos, den Liberalen Alain Poher oder für Pompidou gestimmt.

Defferres eindeutige Niederlage machte der Parteiführung aber auch deutlich, daß ohne die Kommunisten keine echte Alternative zu den Gaullisten denkbar ist. Daraufhin setzte eine noch deutlichere Umorientierung innerhalb der sozialistischen Partei ein. Die Sozialisten gingen 1969 auf einen eindeutigen Linkskurs. Ihr Parteikongreß sprach sich gegen jede Allianz mit bürgerlichen Parteien aus und befürwortete die Aufnahme von umfassenden Verhandlungen mit der kommunistischen Partei. Erinnerungen an die alte Volksfront von 1936/37 wurden wieder wach.

Die Vorgespräche mit der PCF begannen noch 1969 und stellen den vielleicht entscheidenden Wendepunkt im französischen Parteiensystem dar, denn nun sprachen die Sozialisten sich klar für eine neue Volksfront, eine „Union de la Gauche", aus. Gleichzeitig gab sich die Partei einen neuen Namen: „Parti Socialiste" (PS), um auch auf diese Weise die Wende zu unterstreichen. Mitterrand wurde neuer Parteivorsitzender. Damit waren die Weichen für eine weitere Zusammenarbeit mit der PCF gestellt. Denn Mitterrand hatte unmißverständlich erklärt: Nicht lose Wahlabsprachen mit den Kommunisten seien anzustreben, sondern ein für beide Parteien geltendes Regierungsprogramm.

Ergebnis war das im Juni 1972 veröffentlichte und von beiden Partnern gebilligte Gemeinsame Regierungsprogramm. Mitterrand konnte dieses Manifest als klaren Sieg seiner Verhandlungskunst feiern. Die PCF hatte erstaunliche Konzessionen gemacht.

Wenig später trat auch ein Teil der Radikalsozialisten diesem Bündnis bei. Das zahlte sich für alle drei Parteien bei den Wahlen 1973 voll aus, besonders für die Sozialisten. In den bürgerlichen Hochburgen des Westens und des Ostens gelang es ihr 1973, erhebliche Erfolge zu erzielen, so daß sie schließlich 20,65 Prozent der Stimmen auf sich vereinigen konnte – nur ein Prozent weniger als die Kommunisten, die nach wie vor zweitstärkste Partei nach den Gaullisten blieben. Vor allem aber konnten die Sozialisten durch ihre neue Politik eine Wählerschicht ansprechen, die sich enttäuscht von den Gaullisten abwandte.

Absoluter Höhepunkt der PS, die heute rund 150 000 Mitglieder zählt, und von Mitterrands politischer Karriere war zweifellos das grandiose Abstimmungsergebnis bei den Präsidentschaftswahlen im Frühjahr 1974: 49,2 Prozent stimmten für ihn. Dieses Ergebnis bedeutete nicht nur einen Markstein für die PS, sondern gleichzeitig auch Ausgangspunkt für eine Entfremdung der Partner des Gemeinsamen Regierungsprogramms. Als unbestrittener Führer der Sozialisten aller Schattierungen versuchte er nun, ein „Gleichgewicht innerhalb der französischen Linken" zu schaffen, und das hieß, er machte den Kommunisten ihre Position als stärkste Partei der Linken streitig. Dadurch sollte den Wählern die Angst vor dem Linksbündnis genommen werden. Mitterrand erkannte, daß ein Übergewicht der PCF innerhalb der Linksunion die gesamte Linke für immer in die Opposition verbannen würde.

Gerade aber diese Taktik rief bei der PCF heftige Proteste hervor. Sie wußte, daß eine solche Politik nur zu ihren Lasten gehen würde. Ihre Stellung als Partei der Arbeiterschaft geriet in Gefahr. Mitterrand hielt aber an dieser Politik des „Gleichgewichts" fest. Die letzten Nachwahlen bestätigten die Befürchtungen der PCF: Zahlreiche ihrer früheren Wähler sind zu den Sozialisten abgewandert. Demokratischer Sozialismus ist für sie verlockender als schillernder Eurokommunismus.

Während dieser auch 1977/78 andauernden Auseinandersetzung ist die PS bemüht, ihre ideologischen Grundtendenzen gegenüber der PCF klarzustellen: Sie tritt für einen demokratischen Sozialismus ein, der eine Umwandlung des Staates, die Überführung wichtiger Industriezweige in Gemeineigentum und die „Autogestion", das heißt die Arbeiterselbstverwaltung in den Betrieben, vorsieht.

Um so erstaunter vernahm die breite Öffentlichkeit im Herbst 1976 Mitterrands Äußerungen vor etwa 500 französischen Unternehmern über sein Bekenntnis zur Sozialdemokratie und zur Marktwirtschaft : „Die sozialistische Partei ist keine marxistische Partei. Doch steht sie der marxistischen Analyse näher als die sozialdemokratischen Parteien. Es gibt offensichtliche Unterschiede zwischen der deutschen oder der schwedischen Sozialdemokratie und dem französischen Sozialismus, wir sind dennoch von der gleichen Familie und gehören zur gleichen internationalen Bewegung... Die sozialistische Partei ist der Erbe und Nachfolger der Sozialdemokratie in Frankreich. Ich bekenne mich zur Nachfolge."

Gleichzeitig legte die Führungsmannschaft der PS ein eindeutiges Bekenntnis zur Marktwirtschaft ab: „Wir Sozialisten im Jahre 1976 wollen die Marktwirtschaft wahren. Die überragende Mehrheit der französischen Unternehmen wird privat bleiben", so Mitterrand.

Vergleicht man diese Bekenntnisse zur Marktwirtschaft sowie zum Privateigentum an Produktionsmitteln mit den entscheidenden Passagen zur Wirtschaftspolitik im Gemeinsamen Programm von 1972, kann von einer Wende in der Wirtschaftspolitik der PS gesprochen werden: Nur neun dort genannte Industriegruppen (Rüstung, Datenverarbeitung, Pharmazeutika, Chemie, die restlichen Banken) sollen verstaatlicht werden. „Das ist alles und nicht mehr", so Mitterrand. Ein Bekenntnis zur Europäischen Gemeinschaft, Förderung ausländischer Investitionen, Zurückhaltung bei der Selbstverwaltung (Autogestion), die das Lieblingsprojekt der der PS politisch verbundenen Gewerkschaft CFDT ist, schlossen sich an.

Als Begründung für diesen Kurswechsel nannte der Wirtschaftsexperte der PS, Michel Rocard, die veränderte Wirtschaftslage gegenüber 1972 und den zu engstirnigen Glauben der PS an staatliche Planung. („Uns geht es darum, die unternehmerischen Fähigkeiten zu schützen und zu entwickeln. Die Gesetze des Marktes sind zu achten.") Der wahre Grund liegt aber wohl darin, den wahlentscheidenden französischen Mittelstand für sich zu gewinnen. Bei dem bisher vertretenen Konzept des reinen Sozialismus würde er sich kaum zur Partei Mitterrands bekennen. Hinzu kommt der Versuch, die befürchtete Kapitalflucht bei einem sozialistisch-kommunistischen Wahlsieg so gering wie möglich zu halten.

Kritik an der neuen Wirtschaftspolitik der Sozialisten kommt nicht nur vom kommunistischen Koalitionspartner, sondern auch vom linken Flügel der Partei. Der CERES („Centre d'Etudes de Recherches et d'Education Socialiste"), die „Jusos" der PS, sprach sich eindeutig gegen den neuen Kurs aus. Dabei ist dieser Flügel, ideologisch auf zahlreichen Gebieten der PCF eng verbunden, zahlenmäßig nicht unbedeutend – auf dem Parteitag Anfang 1975 in Pau stellte der CERES ein gutes Viertel der Delegiertenstimmen –, denn er hat immerhin 30 000 Mitglieder und führt 13 der 95 regionalen Parteiverbände. Sein Widerstand gegen den neuen Kurs dürfte erhebliche innerparteiliche Probleme vor allem bei den jüngeren Parteimitgliedern provozieren. Der CERES lehnt strikt jede Anlehnung an sozialdemokratische Tendenzen ab und fordert den Klassenkampf.

Als ein Abrücken vom kommunistischen Bündnispartner ist Mitterrands Taktik sicherlich nicht zu interpretieren. Einmal sind die französischen Sozialisten davon überzeugt, daß sich die PCF grundlegend gewandelt habe. Von der Linksunion hat die PS bislang in allen Wahlen hervorragend profitiert, so daß sie eine Abwanderung zahlreicher Wähler bei einem Bruch mit der PCF befürchten muß. Außerdem ist François Mitterrands wirtschaftliches, soziales und politisches Programm nur mit einer Regierung der Linken zu realisieren. Diese Gründe erläutern seine Ablehnung aller Versuche des Staatspräsidenten, die PS (oder Teile von ihr) von der PCF allmählich zu trennen. (Ob dies auch nach dem tiefgreifenden Zerwürfnis mit den Kommunisten ab Herbst 1977 und nach den Wahlen gilt, bleibt abzuwarten. Denn Mitterrand gab den Kommunisten die Schuld an der Wahlniederlage.)

Die (linken) Radikalsozialisten

Diese Gruppe der alten, traditionsreichen Partei der III. und IV. Republik unter Robert Fabre brach im Frühjahr 1972 mit dem von Jean-Jacques Servan-Schreiber geführten Flügel, der sich für eine Kooperation mit Lecanuets Zentrum aussprach. Politisch ist der von Fabre repräsentierte Flügel bedeutungslos (1,48 Prozent der Stimmen im ersten Wahlgang). Nur einige Wahlbündnisse mit den Sozialisten sicherten 13 linken Radikalsozialisten Parlamentssitze (1973).

Lose Kontakte zu den Parteien der Präsidialmehrheit werden trotz dieses Bündnisses gepflegt, so daß immer wieder Meldungen in der Presse auftauchen, die Radicaux de Gauche würden von ihren Partnern abrücken.

Die Kommunisten

Es ist sicherlich nicht übertrieben, von einer Identitätskrise der Parti Communiste Français (PCF) zu sprechen. Zu gewaltig sind ihre ideologischen Kurswechsel gewesen, um ihre innerparteiliche Entwicklung jetzt schon abschließend beurteilen zu können. Seit der Unterschrift unter das Gemeinsame Programm mit den Sozialisten 1972 muß sich die Parteiführung mit der Frage aus den eigenen Reihen auseinandersetzen, ob die PCF noch eine revolutionäre Partei ist.

In der Tat ist es für viele Betrachter erstaunlich, welche Zugeständnisse die PCF ihren sozialistischen Verhandlungspartnern machte. Dies trifft weniger für die – oft vage formulierten – Ziele auf wirtschaftlichem oder sicherheitspolitischem Gebiet zu als vielmehr auf die Verpflichtung einer gemeinsamen Regierung unter einem sozialistischen Premierminister und auf die Stellung der politischen Parteien. Zum erstenmal bekennt sich eine westeuropäische kommunistische Partei zum Mehrparteiensystem. Dies wird als eine wesentliche Voraussetzung für die freie Ausübung des Wahlrechts angesehen. Sie akzeptiert gleichzeitig das „Recht der Opposition, eine neue Mehrheit (in der Nationalversammlung) für sich zu gewinnen". Dies bedeutet, daß die „Mehrheits- und Oppositionsparteien die durch allgemeine Wahlen (nach der Verhältniswahl !) gefällte Entscheidung anerkennen müssen". In einem solchen Fall würde also die Linksregierung zurücktreten und „ihren Kampf in der Opposition fortführen".

Ziel einer solchen Kompromißbereitschaft und Zusammenarbeit mit den Sozialisten ist es, das Getto zu überwinden, in dem die Kommunisten so lange gesessen haben. Sie haben früh erkannt, daß sie nur gemeinsam mit den Sozialisten an die Macht gelangen können.

Dabei ist die PCF Frankreichs zweitstärkste Partei. Seit Kriegsende erzielte sie bei jeder Wahl zwischen 20 und 25 Prozent der Stimmen, das sind 5 bis 6 Millionen Wähler. Sie kann sich auf große Teile der Arbeiterschaft, aber auch auf viele kleine Bauern, einen Teil der Intelligenz und des unteren Mittelstandes stützen.

Über tausend kommunistische Bürgermeister regieren erfolgreich französische Städte, 19 500 kommunistische Stadträte leisten gute Arbeit auf kommunalpolitischer Ebene. Anders als in Deutschland ist das Ansehen der französischen Kommunisten bei der Bevölkerung relativ hoch. Unvergessen sind die von der Volksfrontregierung 1936/37 verabschiedeten Sozialgesetze. Und außerdem gilt die PCF als nationale Partei: Im Krieg kämpfte sie unter großen Opfern („Die Partei der 75 000 Erschossenen") Seite an Seite mit Gaullisten, Sozialisten und anderen gegen die deutschen Besatzungstruppen. Von 1944 bis 1947 war sie mit mehreren Ministern in der Regierung vertreten.

Als „Partei der Ordnung" hat sie ihre politische Verantwortung nicht erst bei den Studentenunruhen 1968 bewiesen. Sie übte damals stärksten Druck auf ihre gewerkschaftlich organisierten Mitglieder aus, den wochenlangen Streik zu beenden. Ihr waren Reformen lieber als ein anarchistisches Chaos, das ihr angelastet würde und das eventuell zu einer Militärdiktatur geführt hätte. Auch in der IV. Republik und später bei de Gaulles Auseinandersetzung mit der Rebellion einiger extremistischer Algerienfranzosen 1961 und 1962 verhielt sie sich loyal. Kurz: Die PCF gilt weiten Bevölkerungskreisen als durchaus regierungsfähig.

Seit der Herrschaft der Gaullisten hatte sich in den sechziger Jahren ein merkwürdiges Verhältnis zwischen Gaullisten und Kommunisten entwickelt. Es ermöglichte — so erstaunlich das klingt — im Juni 1969 schließlich die Wahl Georges Pompidous zum Staatschef. Hätte die PCF ihre Anhänger aufgefordert, den Zentrumskandidaten Alain Poher zu wählen und sich nicht der Stimme zu enthalten, so wäre Pompidous Wahl äußerst ungewiß gewesen. Dieses Verhalten rührte in der Hauptsache von der gaullistischen Außenpolitik mit ihrer

Distanz zur NATO und den USA bei gleichzeitiger Kooperation mit der Sowjetunion her. Somit waren die Gaullisten für die PCF lange das kleinere Übel. Nach dem Abschluß des Regierungsprogramms mit den Sozialisten hat sich das aber geändert.

Innerparteilich ist die PCF wie alle kommunistischen Parteien vom demokratischen Zentralismus geprägt. Daran hat sich auch in jüngster Zeit nichts geändert. Mit ihren über 500 000 Mitgliedern, die in 2 600 Sektionen und fast 20 000 Zellen straff hierarchisch gegliedert sind, ist die PCF ihrem Charakter nach eine typische Funktionärs- und Kaderpartei. Von ihren Mitgliedern verlangt sie ständig Kampagnen zur Gewinnung neuer Mitglieder, um den starken Fluktuationsprozeß auszugleichen. Man schätzt die jährlichen Austritte auf 30 000, vor allem Neumitglieder, die nach relativ kurzer Zeit wieder austreten. Sie hoffen, aktiv am Parteileben teilnehmen zu können und auch mitzuentscheiden, fühlen sich aber aufgrund der Parteihierarchie nur zu schnell als ungefragte Akklamationsobjekte. Auf die politische Willensbildung können sie keinen Einfluß nehmen. Das Organisationsprinzip des demokratischen Zentralismus gilt auch hier: Diskussion auf allen Ebenen, aber bedingungsloser Gehorsam bei Entscheidung der Parteiführung. Kritik wird nicht erlaubt.

Wie schon erwähnt, erkannten die Kommunisten Anfang der sechziger Jahre, daß sie nur in Zusammenarbeit mit den Sozialisten an die Macht gelangen können: Nur ein Bündnis mit der nichtkommunistischen Linken würde sie aus ihrem Getto herausführen. So knüpften sie 1962 erste Kontakte zu den Sozialisten. 1965 unterstützten sie Mitterrand im Präsidentschaftswahlkampf. 1967 und 1968 gingen sie Wahlbündnisse mit der PS ein. 1972 erfolgte die Verabschiedung des Gemeinsamen Regierungsprogramms. 1973 wieder ein Wahlbündnis, ein Jahr später die erneute Unterstützung von Mitterrand, 1977 siegte die vereinigte Linke bei den Kommunalwahlen über die Regierungskoalition. Der Machtwechsel schien in greifbare Nähe gerückt.

Die Ergebnisse bei Wahlen (bis 1977) zeigen, daß sich, trotz aller Querelen, das Bündnis für beide Partner ausgezahlt hat. Aber es gibt auch Kritik am Verhalten der PCF bei ihrer Zusammenarbeit mit den Sozialisten. Generalsekretär Georges Marchais hatte Widerstände besonders der Basis zu parieren, die das allzu selbstlose Eintreten für den Sozialistenführer 1974 nicht nur verwirrte, sondern auch als Abschwören klassenkämpferischer Ziele deutete. Marchais' Parole, eine „Union des französischen Volkes für einen demokratischen Wandel" zu schaffen, die nicht nur Kommunisten aufnehmen sollte, führte zu einer solchen Anfrageflut von Genossen, daß sich das Politbüro mit dem Hinweis rechtfertigen mußte, nur durch die Schaffung einer „Volksunion ohne Grenzen" sei der Sozialismus in Frankreich zu realisieren. Mit Revisionismus habe dies nichts zu tun. Eine Partei allein könne die politische Erneuerung nicht tragen, sondern nur das gesamte Volk.

Erst als das Politbüro ein Umschwenken von bisher kommunistischen Wählern hin zur PS registrieren mußte, da diese Wähler kaum Unterschiede zwischen beiden Parteien zu erkennen schienen, polemisierte Marchais gegen den sozialistischen Partner. Er befürchtete gravierende Stimmverluste für seine Partei zugunsten der Sozialisten. Marchais betonte, daß nur die Kommunisten als Partei der Arbeiter eine hinreichende Garantie für die Realisierung des Gemeinsamen Programms im Falle eines Wahlsieges bieten. Er wies die Forderung der Sozialisten kategorisch zurück, stärkste Partei innerhalb der Linksunion zu werden.

Dennoch mußte die PCF am Bündnis mit den Sozialisten festhalten, wenn sie an die Macht wollte. Um dies zu erreichen, machte sie auch einen ideologischen Schwenk: In den fünfziger und sechziger Jahren blieb die PCF in der treuen Gefolgschaft Moskaus. Die blutige Niederschlagung des Volksaufstandes in Ungarn (1956) wurde gutgeheißen. Die Vernichtung des „Prager Frühlings" 1968 wurde fast ohne Proteste hingenommen. Moskaus Führungsanspruch in der proletarischen Internationale hat die PCF nicht angezweifelt.

Auf dem 22. Parteitag im Februar 1976 distanzierte sich Marchais klipp und klar von der Sowjetunion. Er verurteilte die Methoden gegenüber sowjetischen Dissidenten. Er verlangte die Verwirklichung der Menschenrechte in der Sowjetunion und er wies vor allem den Führungsanspruch der KPdSU deutlich zurück. Hinzu kam im Mai 1975 die „Deklaration der Freiheiten". In ihr werden im Grunde die Rechte und Freiheiten der bürgerlichen Demokratie bei gleichzeitiger energischer Zurückweisung von Foltermethoden, Internierung in Heilanstalten, Entzug der Staatsangehörigkeit sowie Identifizierung von Partei und Staat respektiert.

Kaum eine Passage von Marchais' Ausführungen auf dem 22. Parteitag hat jedoch in der Öffentlichkeit so viel Aufmerksamkeit gefunden wie die Streichung des Begriffs der „Diktatur des Proletariats". Zur Begründung sagte Marchais, daß dieser Begriff nicht mehr zeitgemäß sei. Er erinnere an Hitlers Diktatur. Die Herrschaft der Arbeiterklasse werde auf jeden Fall beibehalten, denn ihre Aufgabe besteht in einer Umwandlung des gesamten wirtschaftlichen, sozialen und politischen Lebens. Diese Herrschaft habe zur Aufgabe, die demokratischen Entscheidungen des Volkes zu respektieren, aber auch für ihre Respektierung zu sorgen. Kurz: Der Begriff wurde fallengelassen, der Inhalt bleibt derselbe.

Zur Definition des Begriffs „Proletariat" führte Marchais aus: „Proletariat ruft heute das Bild des Kerns, des Herzens der Arbeiterklasse hervor. Wenn dessen Rolle [auch] wesentlich ist, stellt sie [doch] nicht die Gesamtheit derselben und noch viel weniger die Gesamtheit der Arbeiter dar. Aus deren Ausstrahlung, wie wir das sehen, erwächst die sozialistische Herrschaft. Daraus ergibt sich, daß man nicht als ‚Diktatur des Proletariats' bezeichnen kann, was wir den Arbeitern, unserem Volk, vorschlagen."

Um Kritik an dieser ideologischen Schwenkung aus den eigenen Reihen von vornherein auszuschalten und um dem Vorwurf des Revisionismus zu entgehen, berief sich Marchais auf die Grundzüge des wissenschaftlichen Marxismus: Es handele sich heute in erster Linie um die Notwendigkeit für die Arbeiterklasse, eine führende politische Rolle im Kampf für die sozialistische Umwandlung der Gesellschaft zu spielen.

Gleichzeitig bestand aber Marchais auf der Notwendigkeit, den Klassenkampf voranzutreiben, wobei der Arbeiterklasse die führende Rolle bei der Transformation der Gesellschaft zufalle. Daß dabei die PCF als einzige wahre Partei der Arbeiterklasse ihre Rolle als deren Avantgarde beibehält, ja sogar ausdrücklich unterstreicht, ist natürlich klar. Neu an diesem Konzept ist vor allem die Betonung der Freiheiten des Individuums, die Achtung der Wahlentscheidung, auch wenn sie für die Linksunion einmal negativ ausfallen sollte ; ferner die – im eindeutigem Unterschied zur KPdSU – herausgehobene Feststellung, politische Mehrheit müsse in jedem Fall auch mit einer arithmetischen Mehrheit, also bei Wahlen, zusammenfallen. Ein revolutionärer Umsturz wird abgelehnt.

Zweites hervorragendes Merkmal des 22. Parteitages war das Bekenntnis zum „Sozialismus in den Farben Frankreichs", also eine Zurückweisung von schon anderswo realisierten Sozialismusmodellen, besonders dem der Sowjetunion. Zwar werden generelle Regeln und Prinzipien des Sozialismus (das Gemeineigentum an Produktionsmitteln, zentrale Planung usw.) verlangt, aber wichtiger erscheint den französischen Kommunisten, daß „keine Partei den Staat dominieren noch sich mit ihm identifizieren" darf.

Dies bedeutet auch eine partnerschaftliche parlamentarische Zusammenarbeit mit anderen gleichberechtigten demokratischen Parteien. Der Parteienpluralismus wird somit nicht mehr verneint. Auch der Opposition soll die Möglichkeit der vollen politischen Entfaltung dauerhaft belassen werden.

Werden sie ihre Partner in einer Linksregierung loyal behandeln ? Oder bedienen sie sich der PS nur als Trojanisches Pferd, um an die Macht zu kommen ? Mitterrand und die meisten seiner Freunde glauben, daß die heutige PCF nicht mehr mit der alten zu vergleichen ist. Sie ist in ihren Augen eine demokratische Partei wie jede andere auch und werde ihre Zusagen einhalten. Er vertraut Marchais und will den Versuch wagen.

Andere einflußreiche Sozialisten warnen vor einem allzu engen Bündnis. Ihnen kommt der ideologische Schwenk des letzten kommunistischen Parteitages viel zu rasch. Sie sehen darin nur ein Manöver, mit dem die PCF an die Macht kommen möchte. Wenn ihr dies erst einmal gelungen sei, würden sie die Sozialisten allmählich ausbooten.

Grund für Auseinandersetzungen in einer Linksregierung gibt es genug. Allein schon die unterschiedlichen Auffassungen über die Wirtschaftspolitik lassen heftigen Streit vorprogrammiert erscheinen. Hinzu kommt aber noch etwas anderes, Wichtigeres: Die Sozialisten sind den Kommunisten an Mitgliederzahl und besonders in ihrer Organisationsstruktur weit unterlegen. Das Prinzip des demokratischen Zentralismus bei der PCF ist allen anderen demokratischen Organisationsformen überlegen. Außerdem beherrscht die PCF die größte Gewerkschaft. Massendemonstrationen in Betrieben und auf der Straße lassen sich jederzeit organisieren, um Druck auf die Regierung auszuüben.

Inzwischen hat der Streit zwischen Kommunisten und Sozialisten sowie der Wahlsieg der Regierungsmehrheit die Linksunion fürs erste zerbrochen.

Die Vereinigte Sozialistische Partei

Die Parti Socialiste Unifié (PSU) setzt seit ihrer Gründung im April 1960 die alte französische Tradition fort, eine Splitterpartei zwischen Kommunisten und Sozialisten zu bilden, die beiden gegenüber sehr kritisch eingestellt ist und sich bedeutend militanter als diese in ihren Aktionen verhält. Sie bildet quasi den Übergang von der außerparlamentarischen, radikalen Linken zu den traditionellen Linksparteien PS und PCF.

Zu ihr bekennen sich etliche ehemalige Mitglieder sozialistischer und marxistischer Gruppierungen – viele Pariser Professoren und Studenten sowie Gewerkschafter der CFDT. Während der Mai-Ereignisse 1968 ergriff sie als einzige politische Gruppierung für die studentischen Aktionen Partei und verteidigte deren Ziele im folgenden Wahlkampf.

Ihren Stimmenanteil von 800 000 konnte sie seit 1969 in etwa behaupten und – durch Unterstützung der übrigen Linksparteien im zweiten Wahlgang – drei Abgeordnete ins Parlament entsenden (1973).

Seit Mai 1968 hat sie einen neuen revolutionären Anstoß erhalten. Sie bemüht sich nach Kräften, eine Brücke zwischen den linksorientierten Bewegungen und der Kommunistischen Partei zu schlagen und hierzu mehr in den Betrieben sowie in den Wohnbezirken beizutragen als bei Wahlen. Leitmotiv ihres Programms ist die „Autogestion", um die Arbeiterkontrolle zunächst auf die Betriebe (der Streik bei der Uhrenfabrik Lip wurde zum Beispiel hauptsächlich von Anhängern der PSU geführt), später auf die Gesamtgesellschaft auszudehnen. Gerade diese Selbstbestimmung sieht die PSU bei der Sozialistischen Partei und ihrem linken Flügel (CERES) nicht hinreichend abgesichert, da die PS eine solche nur auf die Betriebe begrenzen will.

Aus dieser Streitfrage resultierte sowohl die Ablehnung des „Programme Commun" als auch die überraschende Spaltung der PSU auf ihrem Parteitag im Oktober 1974: Während Generalsekretär Chapius für das „Regroupment des Socialistes" plädierte, gewann die bisherige Minderheit unter Mousel mit ihrer ablehnenden Haltung gegenüber der PS, die sich schon im Mai 1974 bei den Wahlen abzeichnete, als dieser Flügel den Lip-Arbeiter und Präsidentschaftskandidaten Piaget unterstützte, überraschend die Mehrheit.

Ob die Restpartei, deren Einfluß sich hauptsächlich auf die Großstädte, auf die Gewerkschaft CFDT und den Studentenverband UNEF, aus dem sich auch ein Drittel ihrer ca. 13 000 Mitglieder rekrutiert, dieses Schisma überleben wird, ist fraglich. Zweifellos bringt die nun eingeschlagene Strategie sie in die Nähe der trotzkistischen „Alliance Marxiste Révolutionnaire" und macht die „PSU-Nouvelle" für die von Mitterrand angestrebte sozialistische Einigungsbewegung uninteressant.

Der Links- und Rechtsextremismus

Seit dem Mai 1968 hat sich die extreme Linke langsam gewandelt. Sie spielt heute innerhalb des französischen Parteiensystems keine Rolle mehr – ebensowenig wie die extreme Rechte. Bis 1970 dominierte Alain Geismars „Gauche Prolétarienne", die sich seit dem Verbot durch die Regierung in zwei rivalisierende Gruppen gespalten hat, Trotzkisten und Maoisten. Beide lassen sich wiederum in verschiedene Familien einteilen:

- die „Front Communiste Révolutionnaire" (ex Ligue Communiste), die bekannteste trotzkistische Gruppe mit ihrem Parteiblatt „Rouge". Geführt wird sie von Alain Krivine, sowohl 1969 als auch 1974 Kandidat für das Präsidentenamt;

- die „Lutte Ouvrière", die bei der letzten Präsidentschaftswahl mit Arlette Laguiller 2,33 Prozent der Stimmen erzielte; und

- die „Organisation Communiste Internationaliste" um Pierre Lambert.

Die Maoisten, hauptsächlich in Universitätsstädten vertreten, haben vor den letzten Wahlgängen zur Stimmenthaltung aufgerufen und die Teilnahme der Trotzkisten an den Wahlen verurteilt. Alain Geismar, dessen Anhänger sich um die Zeitschrift „La Cause du Peuple" gruppieren, wird von ihnen ebenfalls wegen seiner „spontanistischen Abweichungen" zurückgewiesen. In ihrem Ziel, eine revolutionäre Partei aufzubauen, sind die drei nennenswerten prochinesischen Gruppen : „Humanité Rouge", „Parti Communiste Révolutionnaire (marxiste-léniniste)", „Union des Communistes de France (marxiste-léniniste)" nach wie vor zerstritten.

Die Zeiten, da die Maoisten mit aggressiven Mitteln versuchten, den Klassenkampf in die Fabriken zu tragen, scheinen überwunden. Geismars Wochenblatt „La Cause du Peuple", das von zahlreichen berühmten Intellektuellen wie Maurice Clavel und Jean-Paul Sartre unterstützt wird, verdeutlicht den Versuch, „mit dem Wort zu arbeiten" und eine Tageszeitung zu kreieren, um auf diesem Weg die Massen zu mobilisieren.

Die Ultra-Rechte ist seit der Lösung des Algerienproblems zur Bedeutungslosigkeit verurteilt. Ein Teil, die „Alliance Républicaine pour les Libertés et le

Progrès", erzielte 1965 bei der Präsidentenwahl mit Tixier-Vignacour einen respektablen Achtungserfolg, ist seit dieser Zeit jedoch bedeutungslos.

Radikaler ist die Bewegung mit dem Wochenblatt „Minute", „Ordre Nouveau" (ex Occident), die sich 1972 mit einigen weiteren Ultras in der „Front National" für die Parlamentswahlen organisierte. Auf ihren Parteiveranstaltungen, die mehrfach in schwere Auseinandersetzungen mit den „Gauchistes" ausarteten, herrschen „Law and Order"-Parolen vor. Auch die Royalisten mit ihrer „Nouvelle Action" lassen sich unter die Ultras subsumieren.

Die Gewerkschaften

Ohne die enge Zusammenarbeit zwischen den Parteien der Linken und den beiden größten Gewerkschaften ist seit dem Zweiten Weltkrieg weder die Entwicklung der Kommunistischen noch die der Sozialistischen Partei zu verstehen. Die Einigung zwischen Sozialisten und Kommunisten auf ein gemeinsames Regierungsprogramm im Falle eines Wahlsieges ist maßgeblich von den beiden großen Gewerkschaften vorbereitet worden. Sie haben dann auch die noch zögernden Parteien zu diesem Bündnis gedrängt.

Anders als in der Bundesrepublik Deutschland identifiziert sich die größte Interessenvertretung der französischen Arbeitnehmer mit einer Partei, der PCF. Die linkssozialistische Gewerkschaft CFDT und die Sozialistische Partei arbeiten eng zusammen. Für die Politiker der Linken bilden die Gewerkschaftsmitglieder – wie noch näher dargestellt wird – ihr wichtigstes Wählerreservoir. Andererseits gewinnen dadurch die Gewerkschaftsführer mit ihren politischen, wirtschaftlichen und sozialen Vorstellungen zunehmend Einfluß auf die Parteien und deren Programme. Die Kontrolle, die die Linksparteien über die beiden größten Gewerkschaften weitgehend besitzen, ist also keine Einbahnstraße.

Das französische Gewerkschaftsspektrum ist durch einen in der Bundesrepublik Deutschland auf diesem Gebiet unbekannten Pluralismus gekennzeichnet. Während sich in der Bundesrepublik nach dem Zweiten Weltkrieg die früher nebeneinander existierenden Richtungsgewerkschaften zur Einheitsgewerkschaft „Deutscher Gewerkschaftsbund" mit 16 Einzelgewerkschaften, von denen jede für einen großen Wirtschaftsbereich zuständig ist, zusammenschlossen, bestehen in Frankreich drei große Gewerkschaften nebeneinander. Organisatorisch, ideologisch und politisch sind sie aufgrund ihrer historischen Entwicklung, auf die hier nicht näher eingegangen werden soll, völlig voneinander getrennt :

- Confédération Générale du Travail (CGT)
- Confédération Française Démocratique du Travail (CFDT)
- Confédération Générale du Travail – Force Ouvrière (CGT – FO)

Neben diesen großen sind zwei weitere zu erwähnen, die aber im Gegensatz zu den genannten ihre Mitglieder ausschließlich berufsorientiert rekrutieren :
- Fédération de l'Education Nationale – FEN (Lehrergewerkschaft)
- Confédération Générale des Cadres – CGC (Verband der leitenden Angestellten).

Während die Arbeitgeber in der Bundesrepublik bei Tarifauseinandersetzungen in einer Industriebranche, zum Beispiel in der Metallindustrie, in der Regel nur mit einer Gewerkschaft verhandeln müssen, der IG Metall, müssen sich die französischen Metallunternehmen mit vier auseinandersetzen. Sie stellen zwar meistens gleich hohe Lohnforderungen, sind aber dennoch in vielen Fragen, besonders in ideologischen und politischen, stark unterschieden. Gemeinsam gehen jedoch die drei Großen vom Prinzip des Klassenkampfes aus. Die Strategien von CGT und CFDT beschränken sich nicht auf materielle Verbesserungen für ihre Mitglieder, sondern im Vordergrund all ihrer Aktionen stehen eine Änderung des politischen Systems und die Aufhebung des Klassenantagonismus.

Die Meinungsverschiedenheiten, die speziell zwischen CGT und CFDT über diese anvisierten Ziele bestehen, sind maßgebliche Gründe für den bestehenden Gewerkschaftspluralismus.

Größte Gewerkschaft mit etwa 2,4 Millionen Mitgliedern ist die Confédération Générale du Travail (CGT). Ihre Funktionäre sind überwiegend Mitglieder der PCF, so daß der Einfluß der CGT auf die kommunistische Führung und vor allem umgekehrt die Einflußnahme der PCF auf Aktionen der CGT außergewöhnlich groß ist. Die Bezeichnung „Transmissionsriemen" für die kommunistisch orientierte Gewerkschaft ist zutreffend. Ihr Vorsitzender Georges Séguy achtet als Mitglied des Politbüros der PCF, ebenso wie sieben weitere CGT-Funktionäre darauf, daß Partei- und Gewerkschaftsmeinung stets konform sind. Das heißt aber nicht, daß ausschließlich Kommunisten in der CGT gewerkschaftlich organisiert sind. Die Mehrzahl der einfachen Mitglieder ist nicht gleichzeitig in der PCF, steht ihr aber – zumindest bei Wahlen – sehr nahe. So haben bei den Parlamentswahlen 58 Prozent der CGT-Mitglieder die Kommunisten und 30 Prozent die Sozialisten gewählt.

Die geradezu nahtlose Zusammenarbeit zwischen PCF und der ihr verbundenen Gewerkschaft wird besonders am Beispiel der Mai-Unruhen von 1968 deutlich. Nur mit Hilfe der CGT-Funktionäre, die auf Weisung der PCF handelten, konnten schließlich nach zähen Verhandlungen mit Regierung und Unternehmern die Massenstreiks beendet werden. Während radikale Linksextremisten zur Fortsetzung des Generalstreiks bis zum Zusammenbruch des herrschenden Systems aufriefen, erklärte Georges Séguy, die CGT sei die „ruhige, starke Kraft, die es geschafft habe, die Ordnung im Dienst der Arbeiter wiederherzustellen".

Dieses momentan im Vordergrund stehende Ziel der CGT, hauptsächlich die materielle Lage ihrer Mitglieder zu verbessern, ändert nichts am Prinzip der Aufhebung der gegenwärtigen Produktions- sowie Besitzverhältnisse und an der Abschaffung der bestehenden politischen Realitäten, wobei sich die CGT in ihren Aktionen meist den Weisungen des Politbüros der PCF unterordnet. Diese Taktik, materiellen Forderungen den Vorrang einzuräumen, wird ihr sporadisch von Gruppen der extremen Linken als Klassenkollaboration vorgeworfen. Sie kann zu manchmal gefährlichen Situationen für die CGT werden, denn solche Parolen finden vor allem bei jüngeren Arbeitern Widerhall und führen zu Aktionen, die sich der Kontrolle der Gewerkschaftsführung entziehen können, wie dies im Mai 1968 zunächst der Fall war.

Besonders stark vertreten ist die CGT in der Metallindustrie (einschließlich Automobil-, Flugzeugindustrie, Schiffbau und Stahlindustrie), der Elektroindustrie, der chemischen Industrie, bei Bahn und Post, in der Energieversorgung, bei den Berg- und Bauarbeitern, den Dockern und bei den Angestellten der großen Warenhäuser. Das Druckgewerbe ist fast ausschließlich eine Domäne der CGT. Regional konzentrieren sich ihre Mitglieder dementsprechend in den industriellen Ballungsräumen und in den großen Städten.

Die „Confédération Française Démocratique du Travail" ist mit ihren knapp 900 000 Mitgliedern die zweitgrößte Gewerkschaft. 1919 als christliche Arbeitnehmerorganisation gegründet, hat sie 1964 das Attribut „christlich" aus ihrem Namen getilgt. Dennoch ist sie im Grunde heute noch immer die Gewerkschaftsbewegung des militanten Laienkatholizismus.

Für sie stellen sich die Probleme der Beziehung zu einer übergeordneten Partei nicht. Im Gegenteil, sie verdammt die engen Bindungen zwischen CGT und PCF und fordert sie ständig zu mehr Distanz gegenüber der Kommunistischen Partei auf. Der kleinere Teil ihrer Mitglieder unterhält enge Beziehung zur links von den Sozialisten stehenden PSU, ein anderer zu den Parteien des Zentrums. Die Mehrheit der „Cédétistes" steht der Sozialistischen Partei nahe oder ist dort Mitglied.

Bei den Parlamentswahlen von 1973 wählten 62 Prozent ihrer Anhänger „links". Dominierten noch 1968 die gemäßigten Kräfte innerhalb der CFDT, die eine Annäherung an die reformistischen Vorstellungen der „Force Ouvrière" befürworteten, gewann im Frühjahr 1970 der linke Flügel entscheidend an Einfluß. Wendepunkt sowohl in ideologischer als auch in politischer Hinsicht für die CFDT war der Mai 1968, als dieser Flügel erstmals eine politische Rolle spielte, indem er im Gegensatz zur CGT die studentischen Aktionen intensiv unterstützte und den Begriff der „Autogestion", der „Selbstverwaltung", in den Mittelpunkt der CFDT-Aktivitäten rückte: Die geforderte Selbstverwaltung sollte sich sowohl auf Schulen und Universitäten als auch auf alle Unternehmen und öffentlichen Ämter erstrecken. Damit lagen die Forderungen vor allem auf qualitativen Gebieten und weniger auf lohnpolitischen bzw. materiellen.

Schlüsselwort ihrer Ideologie ist seit diesen Ereignissen die „Autogestion". Auf ihrem 35. Kongreß 1970, auf dem sich der linke Flügel unter dem jetzigen Vorsitzenden Edmond Maire endgültig durchsetzte, verabschiedete die CFDT ihr neues Grundsatzprogramm, in dessen Mittelpunkt die Perspektive des demokratischen Sozialismus steht, der auf drei Säulen ruht: Selbstverwaltung, Vergesellschaftung der Produktionsmittel, demokratische Planung. Entscheidendes Kriterium für die CFDT ist dabei, daß die Gewerkschaften nicht nur für materielle Verbesserungen kämpfen, sondern auch dafür, daß sie „Zugang zur Verantwortung, das heißt zur Macht", haben, um die aus der kapitalistischen Produktionsweise resultierende Entfremdung von ihren Produkten aufzuheben. Deshalb kämpfe sie für die Errichtung einer demokratischen und sozialistischen Gesellschaftsordnung.

Mit diesem Begriff „Demokratischer Sozialismus" wird gleichzeitig deutlich gemacht, daß ihre Vorstellungen nicht identisch sind mit der „Expérience Soviétique und der der übrigen Ostblockstaaten", da diese durch das Konzept eines zentralistischen Staates charakterisiert werde, der von einem an eine Einheitspartei gebundenen politischen Apparat geleitet werde. Diese Staaten „zeigen, daß das Gemeineigentum an Produktionsmitteln sehr gut die Konzentration wirtschaftlicher und politischer Macht in wenigen Händen bedeuten kann. Selbst wenn die dortigen Arbeiter nicht mehr durch private Arbeitgeber ausgebeutet werden, bleiben sie in einer Situation des Beherrschtwerdens. Sie können über ihre Arbeit, Bestimmung, Organisation sowie Verteilung der daraus resultierenden Früchte nicht selbst entscheiden" (so der Gewerkschaftsführer Edmond Maire).

Demgegenüber ist zentrales Anliegen der CFDT die „Selbstverwaltung" : „Autogestion bedeutet die Verwaltung der Betriebe durch die Arbeiter, aber auch die der gesamten Wirtschaft und des Gemeinwesens (Cité) durch das Volk. Selbstverwaltung ist die Antwort auf das fundamentale Bedürfnis der Arbeiter nach Verantwortung, Gerechtigkeit und Freiheit" und untrennbar verbunden mit demokratischer Planung und gesellschaftlichem Eigentum an den Produktionsmitteln. Das Ziel dieser Selbstverwaltung wird folgendermaßen definiert: Es stellt eine Perspektive dar, in der der Mensch seine Würde wiederfindet, in der er an der Produktion mitwirkt, die auf die Befriedigung der Bedürfnisse ausgerichtet ist und in der der Arbeiter seine ganze Fähigkeit und Kreativität in den Dienst der Gesellschaft stellt. Institutionell soll die „Autogestion" dadurch abgesichert werden, daß die heutigen Verwaltungs- und Aufsichtsräte durch eine „demokratische Direktionsinstanz" ersetzt werden. Ihre Aufgabe besteht darin, die Betriebsleitung zu ernennen und zu kontrollieren sowie im Rahmen des vom sozialistischen Staat entworfenen Planes die wesentlichen Unternehmensentscheidungen zu treffen. Die Macht der Arbeiter drückt sich darin aus, daß sie Delegierte in die Direktion wählen und sie kontrollieren.

Bei dieser Perspektive sind sich die Gewerkschaftler der CFDT völlig bewußt, daß „Autogestion" nicht nur gesellschaftliches Eigentum an den Produktionsmitteln und die Existenz einer demokratischen Planung erfordert. Sie verlangt nicht minder ein hohes gesellschaftliches Bewußtsein der Arbeiter und eine Qualifikation ihrer Fähigkeiten, um die Leitung der Betriebe zu übernehmen. Andernfalls würden sie doch nur wieder in die Abhängigkeit von Technokraten fallen. Da also eine solche völlige Umstrukturierung der Wirtschaft von heute auf morgen illusorisch wäre, die Wirtschaft nur ruinieren würde und dadurch die stets geforderte Zustimmung der Mehrheit der Bevölkerung verlöre, kann die Selbstverwaltung nur schrittweise eingeführt werden; dabei will man mit den zur Zeit nationalisierten Betrieben beginnen. Später soll sie auf Betriebe von großer Bedeutung für die Wirtschaft ausgedehnt werden, deren Eigentümer durch Schuldscheine zu entschädigen sind.

Zur Entwicklung des Bewußtseins der Arbeiter für den Übergang zur „Autogestion" dienen die aktuellen gewerkschaftlichen Kämpfe, insbesondere die „qualitativen Forderungen", zur Stärkung der Arbeiter (zum Beispiel Kontrolle über Entlassungen, Beschäftigung, Arbeitsbedingungen etc.). Gleichzeitig sollen sich diese Kämpfe nicht nur auf die Betriebsebene beschränken, sondern auch den Reproduktionsbereich (das heißt den Freizeitbereich) der Arbeiter umfassen. (1973: 3,91 Millionen Streiktage gegenüber 3,75 Millionen 1972; am stärksten von Streiks betroffen war der Verkehrssektor, gefolgt von der Bauwirtschaft und der Automobilindustrie.) Zur Realisierung dieser Ziele wird eine enge Kooperation mit einer großen Partei angestrebt, die ebenfalls die Ziele der „Autogestion" vertritt, um eine umfassende Massenmobilisierung zu erreichen. Auf dem Sozialistenkongreß 1974 konnte die CFDT die Parti Socialiste zur Aufnahme der „Autogestion" in das Abschlußdokument bewegen und ist somit diesem einen Ziel ein erhebliches Stück nähergerückt.

Vor diesem Hintergrund der Selbstverwaltung ist die Diskussion zwischen den beiden großen Gewerkschaften zu verstehen, die sich bei ihrem angestrebten Ziel einer eventuellen Fusion gerade über den Sozialismusbegriff noch nicht verständigen konnten. Unmittelbar nach Formulierung dieses Konzepts verwarf es die PCF als „reformistisch" und „anarchistisch". Demgegenüber verteidigte Edmond Maire die „Autogestion" als die einzig für Frankreich mögliche Form, Betriebe zu führen. Die deutsche Mitbestimmung („Cogestion") ist für ihn ebenfalls keine Alternative: „Wir zielen nicht auf eine (im Nachkriegsdeutschland unter den dort gegebenen Verhältnissen akzeptable) Institutionalisierung der Beziehungen zwischen Unternehmern und Arbeitnehmern ab. Wir halten es nicht für möglich, auf diese Weise die Betriebe zu demokratisieren, wenn die Gesamtwirtschaft nicht umgewandelt ist. Der Versuch, die Arbeiter glauben zu lassen, wenn sie in den Aufsichtsräten säßen, würden sie über echte Entscheidungsbefugnisse verfügen, ist für Frankreich abzulehnen."

Dieses Sozialismuskonzept bildet den entscheidenden Unterschied zur CGT. Zwar wurde auch auf dem jüngsten Kongreß der CFDT in Annecy die Schwestergewerkschaft zur stärkeren Zusammenarbeit und zur Aktionseinheit („Unité d'Action") aufgerufen, eine Fusion beider aber momentan als unrealistisch zurückgewiesen.

Schon früher hatte Edmond Maire betont, daß ein Zusammengehen beider für die CFDT nur dann diskutierbar sei, wenn sich „die Kommunistische Partei wandelt und die CGT das gleiche tut". Die bestehenden Divergenzen lassen sich folgendermaßen zusammenfassen. Im Gegensatz zur CGT geht die CFDT nicht von der materialistischen These aus, wonach die Produktionsverhältnisse die Grundlage aller übrigen gesellschaftlichen Verhältnisse darstellen; für sie sind vielmehr alle gesellschaftlichen Sphären in gleicher Weise bedeutsam und wechselseitig voneinander abhängig. Daher müssen sie auch gleichrangig und gleichzeitig verändert werden.

Beide Gewerkschaften arbeiten trotz dieser ideologischen Unterschiede in politischen Fragen eng miteinander zusammen. Sie waren der Motor für die Schaffung des Gemeinsamen Programms der PS und der PCF von 1972. Eine schon oft beschworene Fusion beider scheint aber in absehbarer Zukunft wenig wahrscheinlich.

Besonders stark ist die CFDT in der Metall- und Elektroindustrie sowie in der chemischen Industrie, die einen relativ hohen Anteil von hochqualifizierten Facharbeitern und Technikern aufweisen. Ebenso ist sie bei den Eisenbahnern und bei den Energiewerken gut vertreten, weniger dagegen bei den Bauarbeitern, im Ernährungs- und Transportbereich. Regional ist sie besonders auf West- und Ostfrankreich und die Region Rhône-Alpes konzentriert, das heißt auf Gebiete mit besonders hohem Anteil an praktizierenden Katholiken, dagegen nur wenig in der Pariser Region.

Die „Force Ouvrière" (FO) vertritt mit ihren rund 850 000 Mitgliedern ausschließlich systemimmanente Ziele. Sie sieht den Tätigkeitsbereich der Gewerkschaften ausschließlich auf ökonomischem Gebiet und nicht auf politischem. Die Verteidigung der Interessen der Arbeitnehmer und die permanente Sorge um eine Verbesserung ihrer materiellen Verhältnisse stehen im Mittelpunkt der Aktionen der FO, betonte ihr Vorsitzender André Bergeron auf dem Kongreß in Toulouse 1974. Den Einsatz des Streiks aus politischen Gründen lehnt die FO ebenso entschieden ab, wie die „Selbstverwaltung" der CFDT, die als „allgemeiner Unsinn" („pagaille générale") verworfen wird und nur zu neuer Machtanhäufung weniger Funktionäre führen würde, ohne die materielle Lage der Arbeitnehmer zu verbessern.

Die von einigen Delegierten geäußerte Kritik, die Gewerkschaftsführung der FO habe weder bei den Parlamentswahlen 1973 noch bei den Präsidentschaftswahlen ein Jahr später einen Wahlaufruf zugunsten der Linken erlassen, konterte Bergeron erfolgreich mit dem Hinweis auf die FO-Statuten, wo ausdrücklich ihre völlige Unabhängigkeit von politischen Parteien festgelegt ist.

Die FO folgte damit einer Tradition, die bis auf die Charta von Amiens aus dem Jahre 1906 zurückgeht, als sich die damalige CGT gegen jegliche Anbindung an Parteien ausgesprochen hatte. Die FO, die sich immer noch als der einzig originäre Nachfolger dieser Ex-CGT versteht, spaltete sich 1947 von der nunmehr kommunistisch beherrschten CGT ab und gab sich in Anlehnung an ihr Gewerkschaftsblatt den Namen CGT – FO.

Ideologisch verfolgt sie einen reformistischen Kurs, der auf evolutionäre Weise das System des Kapitalismus zugunsten der Arbeitnehmer verändern will. Die gegenwärtige repräsentative Demokratie wird befürwortet, da allein sie die Freiheit der Gewerkschaften garantiere. Aktionen mit den anderen Gewerkschaften werden akzeptiert, eine mögliche Fusion der drei stärksten Arbeitnehmerorganisationen jedoch verworfen, da eine solche nur zur Vorherrschaft der kommunistischen Funktionäre führe.

Am stärksten ist die FO bei den Staatsbediensteten vertreten, wo ihr Einfluß bei 17,5 Prozent liegt. In den großen privaten und nationalisierten Industriebetrieben ist sie nur spärlich vertreten. Nur in der Metallindustrie verfügt sie über relativ großen Einfluß. Regional ist sie eher in der mittleren und kleinen Industrie in der Provinz vertreten als in den großen Ballungszentren, wie zum Beispiel die Pariser Region.

Zusammenfassend läßt sich feststellen: Ideologisch orientiert sich die FO am Reformismus, politisch an der Sozialdemokratie, wenn auch das Gros ihrer Anhänger der Sozialistischen Partei nahesteht. Bei zahlreichen Streiks der jüngsten Zeit, die oft politische Zielsetzungen trugen, forderte die FO ihre Mitglieder auf, die Arbeit nicht niederzulegen.

Den politischen Zielen der „Force Ouvrière" in etwa verbunden ist die „Confédération Générale des Cadres" (CGC), die als Berufsorganisation die Interessen der leitenden Angestellten, Ingenieure und Techniker vertritt. Diese seit 1947 durch eine Abspaltung von der CGT geschaffene Gewerkschaft hat etwa 280 000 Mitglieder. Materielle Interessen ihrer Anhänger stehen im Mittelpunkt ihrer Aktionen, politische Fragen werden in der Regel ausgeklammert. Immerhin ist es der CGC gelungen, bei den Führungskräften eindeutig zu dominieren, während von den übrigen Gewerkschaften nur die CFDT (und vielleicht noch die FO) hier nennenswerte Erfolge verbuchen konnte.

Der „Force Ouvrière" ebenfalls ideologisch verbunden ist die überwiegende Mehrheit der Lehrergewerkschaft „Fédération de l'Education Nationale" (FEN), mit ihren 520 000 Mitgliedern. Sie entstand ebenfalls 1947, als sie sich von der kommunistisch beherrschten CGT abspaltete. Die FEN verfolgt vor allem folgende Ziele : Verteidigung der Laizität des Unterrichtswesens, Wahrung der Interessen des Lehrkörpers und Streben nach gewerkschaftlicher Einheit, wobei ein Teil der FEN Sympathien für die CGT zeigt.

Vergleicht man das Verhältnis von gewerkschaftlich Organisierten und Nichtorganisierten in der Bundesrepublik und in Frankreich, so liegt der Prozentsatz in Frankreich nur bei 22 bis 23 Prozent, in Deutschland dagegen bei 30 bis 35 Prozent. Auch was die finanzielle Ausstattung der Gewerkschaften betrifft, gibt es gewaltige Unterschiede. Im Gegensatz zu den vollen deutschen Streikkassen und den reichen Einzelgewerkschaften mit teilweise beträchtlichen Vermögen sind die französischen Arbeitnehmerorganisationen neben den italienischen die ärmsten Europas. In der Regel führen die Gewerkschaftsmitglieder nur 0,7 bis 1 Prozent ihres monatlichen Lohnes an ihre Gewerkschaft ab. Diese Summen reichen gerade dafür aus, die notwendigen Ausgaben für den an sich schon recht kleinen Verwaltungsapparat jeder Gewerkschaft und für Informationsschriften zu decken. Die Streikkassen sind deshalb in der Regel leer – mit ein Grund dafür, warum in Frankreich relativ häufige, aber meist nur sehr kurze Streiks stattfinden.

Mit der numerischen Stärke der einzelnen Gewerkschaften läßt sich nur relativ wenig über ihren Einfluß auf die Gesamtarbeitnehmerschaft aussagen. Dies ermöglichen aber Resultate bei den alle zwei Jahre stattfindenden Betriebsratswahlen in Betrieben mit über 50 Arbeitnehmern :

Ergebnis der Betriebsratswahlen 1973 in Prozent

	Erstes Wahlkollegium [1]	Zweites Wahlkollegium [2]	Gesamt
CGT	48,1	16,5	40,8
CFDT	20,3	17,2	19,6
CGT – FO	7,7	7,8	7,7 [3]
CFTC [4]	2,5	3,1	2,6
CGC	–	22,2	5,1
andere	4,6	7,9	5,2
freie Kandidaten	16,8	25,3	19,0

[1] Im ersten Wahlkollegium wählen Arbeiter und einfache Angestellte.
[2] Im zweiten Wahlkollegium wählen Meister, Techniker, höhere Angestellte.
[3] Die FO ist in dieser Aufstellung benachteiligt, weil staatliche Betriebe nicht berücksichtigt sind.
[4] „Confédération Française des Travailleurs Chrétiens"
Quelle : Informationsblätter der französischen Botschaft, Nr. 153, vom 7. Juni 1975, S. 26.

Vergleicht man die seit 1966 vom Arbeitsministerium veröffentlichten Zahlen, läßt sich ein allmählicher, aber stetiger Rückgang der Stimmen für die CGT feststellen, demgegenüber ein leichter Anstieg bei der CFDT und ein Gleichstand bei FO und CGC. Starke Gewinne – wenn auch mit Schwankungen – konnten vor allem die freien Kandidaten verzeichnen.

Die Kommunalpolitik

In keinem anderen Land Europas ist ein Bürgermeister ein so bedeutender Mann wie in Frankreich, sofern er zugleich Abgeordneter ist. Er wirkt für die Bewohner seiner Gemeinde, nach Möglichkeit nicht nur zu Hause, sondern auch in Paris. Drei Viertel aller Abgeordneten des Palais Bourbon verstehen sich gleichzeitig als Vertreter ihrer noch so kleinen Gemeinde, um auch deren Interessen „bei denen da oben in Paris" zu vertreten.

Ohne einen sicheren Rückhalt auf lokaler Ebene ist es, wie eingangs bereits erwähnt, für einen Abgeordneten meistens recht schwer, bei den nationalen Wahlen erfolgreich zu sein. Bürgermeister in einer mittelgroßen Gemeinde zu sein, bedeutet dagegen in der Regel beste Startchancen für eine politische Karriere in Paris. Denn das Vertrauen, das ein tüchtiger Bürgermeister bei seinen Wählern findet, schafft ihm und seiner Partei eine gute Ausgangsbasis.

Anders als in der Bundesrepublik Deutschland, wo solche Doppelmandate nur in Landtagen möglich sind, legen französische Politiker größten Wert auf einen lokalen Amtstitel. Im Zeichen des französischen Zentralismus profitiert freilich nicht nur der Abgeordnete davon, sondern vor allem seine Gemeinde, denn ohne den direkten Draht nach Paris lassen wichtige Entscheidungen oft zu lange auf sich warten. Der Bürgermeister als Abgeordneter kann hier vieles beschleunigen helfen.

Die administrativen Strukturen des französischen Zentralismus basieren noch heute auf den von der Revolution 1789 bzw. später von Napoleon I. geschaffenen und teilweise vom Ancien Régime übernommenen Institutionen. Um die Macht des Adels zu brechen, schuf Ludwig XIV. ein System, das sämtliche politischen Entscheidungen, aber auch die kulturellen und gesellschaftlichen Ereignisse auf den Hof in Versailles konzentrierte und somit den Hochadel zwang, sich dort niederzulassen.

Diese Zentralisierung wurde von den republikanischen Revolutionären forciert fortgesetzt – zum einen, um der latent bestehenden Furcht vor Aufständen in den Provinzen zu begegnen, und zum anderen, um ihr Verständnis von Gleichheit und Einheit zu verwirklichen. 95 Departements im Mutterland (seit 1964), deren Größe sich angeblich an der Möglichkeit für den Präfekten orientierte, in einem Tagesritt die Departementsgrenze erreichen zu können, umfassen ca. 38 000 Gemeinden. Jeder dieser Orte – 24 000 mit weniger als 500 Einwohnern – wird von einem auf sechs Jahre in direkter Wahl bestellten Gemeinderat mit 9 bis 37 Mitgliedern verwaltet, an dessen Spitze jeweils der vom Rat gewählte Bürgermeister steht. Insgesamt gibt es in Frankreich somit ungefähr eine halbe Million Gemeinderäte.

Trotz reduzierter Machtbefugnisse und – im Vergleich zu deutschen Gemeinden – geringer Chancen für eine lokale Selbstverwaltung ist aber der Stellenwert solcher Mandate bei den meisten Politikern sehr hoch. In der Regel beginnt nämlich ein Politiker seine Laufbahn als Bürgermeister, und sei es in einer noch so kleinen Gemeinde. 326 Abgeordnete der Nationalversammlung (von 483) üben gleichzeitig auch das Amt eines Bürgermeisters aus oder sitzen als „Conseiller Général" im Rat des Departements. Minister, die vor ihrer Ernennung weder das eine oder andere Mandat innegehabt haben, bemühen sich meistens sehr rasch, für das Amt eines Bürgermeisters zu kandidieren. Auf diese Weise gelingt es ihnen schneller, in ihrem (zukünftigen) Wahlkreis Fuß zu fassen. Die Möglichkeit, Gelder für Investitionen in seine Gemeinde bzw. seinen Wahlkreis fließen zu lassen, ist in solchen Fällen besonders groß. Aber auch der „Député-Maire" versteht es in der Regel gut, dafür zu sorgen, daß Anliegen seiner Gemeinde in den Ministerbüros wohlwollend geprüft werden.

Zahlreiche Minister sowohl der Vierten als auch der Fünften Republik verwiesen mit Stolz auf ihre oft jahrzehntelange Amtsdauer als Bürgermeister irgendeiner Kommune. Georges Pompidou und Valéry Giscard d'Estaing legten ihre Amtskette von Cajarc und Chamalières erst nach ihrer Wahl zum Staatsoberhaupt nieder. Der erste Präsident der Vierten Republik, Vincent Auriol, erklärte, keines seiner sehr zahlreichen Ämter habe ihn mehr befriedigt als „unserem kleinen Vaterland", der Kleinstadt Muret mit 7 000 Einwohnern, vorzustehen.

In einem Land, in dem nahezu alles in Paris entschieden wird, gilt der lokale Repräsentant als Botschafter seiner Gemeinde in der Hauptstadt. „Weit davon entfernt, lokale Gefühle zu verdrängen", kommentiert Ambler dieses Phänomen, „hat es die französische Zentralisierungspolitik verstanden, ein Parlament voll mit Fürsprechern für Kirchturmsinteressen diverser Städte und Departements zu schaffen."

Gewählt werden die Gemeinderäte nach einem Mehrheits-Listenwahlsystem in zwei Wahlgängen für sechs Jahre. Im ersten Wahlgang gilt die Liste mit dem Wahlvorschlag als gewählt, die die absolute Mehrheit der abgegebenen Stimmen auf sich vereinigt; anderenfalls findet ein zweiter Wahlgang statt, in dem die relative Mehrheit ausreicht. In Städten mit mehr als 30 000 Einwohnern ist danach die Opposition (also die unterlegene Liste) gar nicht im Gemeinderat vertreten. Bei Städten unter 30 000 Einwohnern kann dies durch Panaschieren (Zusammenstellen von Kandidaten aus verschiedenen Listen auf demselben Stimmzettel) verhindert werden.

Aus ihrer Mitte wählen dann die Gemeinderäte den Bürgermeister und seine Beigeordneten. Im Vergleich zu anderen Wahlen ist die Wahlbeteiligung bei Kommunalwahlen geringer (1977 ca. 78 Prozent). Dafür läßt sich aber ein höherer Prozentsatz wiedergewählter Gemeinde- oder Generalräte feststellen als bei den Abgeordneten. Diese auf dem Land mehr als in den Städten deutliche Stabilität ist auch darauf zurückzuführen, daß in dem einen Fall mehr als in dem anderen Gemeinsamkeiten zwischen dem Gewählten und seinen Wählern bestehen, so daß die Frage des Bekanntheitsgrades eines Kandidaten bei örtlichen Wahlen einen höheren Stellenwert besitzt als bei Wahlen zur Nationalversammlung.

Die Wahlergebnisse in den Gemeinden, speziell die der Bürgermeister, unterscheiden sich besonders nach dem Linksrutsch vom Frühjahr 1977 gewaltig von der Sitzverteilung in der Nationalversammlung. So stellen die Gaullisten nur 7,1 Prozent aller Bürgermeister. In den Städten mit über 30 000 Einwohnern konnten sie und ihre Verbündeten 1977 nur in 63 von insgesamt 221 die Mehrheit erringen. Neben Unabhängigen Kandidaten (zum Beispiel viele Umweltschützer), die auf Listen „Freier Wählergemeinschaften" kandidierten, erzielte die Linke enorme Stimmgewinne. Nur Paris fiel unangefochten an die Gaullisten – einer der Gründe dafür ist die Aussiedlung unbemittelter Einwohner im Gefolge von Sanierungsmaßnahmen.

Gesamtverteilung der Gemeinderatssitze (entspricht in etwa auch der politischen Zugehörigkeit der Bürgermeister), Stand 1977:

Kommunisten	5,2 %	Gaullisten	7,1 %
Extreme Linke	0,6 %	Unabhängige Republikaner	8,6 %
Sozialisten	9,9 %	Gemäßigte	1,3 %
Linke Radikalsozialisten˙	1,7 %	Verschiedene Rechte	1,1 %
div. Linke	22,2 %	Lokale Wählergemein-	31,2 %
		schaften (Regierungsfreundlich)	
		Zentrum	5,9 %
		Linkszentrum	4,9 %
		(Regierungsnah)	

Paris besaß dagegen bis vor kurzem als einzige Gemeinde keinen Bürgermeister. Erster Pariser Bürgermeister seit mehr als hundert Jahren wurde bei den Kommunalwahlen im März 1977 der Gaullist Jacques Chirac.

Der Bürgermeister besitzt eine doppelte Rolle, denn er ist sowohl Repräsentant des Staates als auch seiner Kommune. Als Beauftragter des Staates unterliegt er dem hierarchischen Aufbau der Staatsmacht und muß gegebenenfalls ausschließlich diese und nicht die seiner Gemeinde repräsentieren. So ist er neben der Rekrutenaushebung für die Ausführung der Gesetze sowie Verordnungen zuständig und besitzt den Status eines „Officier d'Etat Civil" (etwa als Standesbeamter) und „Officier de Police Judiciare", das heißt, ihm untersteht die Gemeindepolizei. Als Vertreter seiner Gemeinde bereitet er die Entscheidungen des Gemeinderates vor und führt sie aus. Als äußeres Zeichen seiner Doppelrolle trägt der „Maire" bei offiziellen Anlässen die Trikolore als Schärpe und symbolisiert somit seine Rolle als Repräsentant der französischen Republik.

Die Amtsbefugnisse des Stadtrates und seines Bürgermeisters sind im Vergleich zu deutschen Selbstverwaltungsbefugnissen äußerst gering: Ausführung staatlicher Investitionsvorhaben, Schulen zu unterhalten und vor allem zu bauen sowie einige weitere typisch lokale Dienste, die alle unter der Staatsaufsicht des Präfekten stehen (die „tutelle") und nur mit seiner Zustimmung verwirklicht werden dürfen. Sollte der Stadtrat nicht die notwendigen finanziellen Mittel zur Erfüllung städtischer Dienste bereitstellen können, steht es im Ermessen des Präfekten, das Budget zu ändern und neue Steuern zur Kostendeckung zu erheben. Gegebenenfalls hat er sogar im Einvernehmen mit dem Innenministerium die Macht, den Stadtrat aufzulösen, Neuwahlen auszuschreiben oder unter bestimmten Voraussetzungen den Bürgermeister seines Amtes zu entheben.

Da die von der Gemeinde zu erhebenden Steuern (zum Beispiel die Getränkesteuer) in sehr vielen Fällen – wegen der zahlreichen Mini-Kommunen – äußerst gering sind, kann in einer Vielzahl von kleinsten und kleinen Orten noch nicht einmal ein Minimum an lokalen Dienstleistungen aufgebracht werden, wodurch das Stadt-Land-Gefälle zusätzlich vergrößert wird. Eine vom Staatspräsidenten eingesetzte Kommission soll hier für Abhilfe sorgen; jedoch ist es zweifelhaft, ob der Einheitsstaat seinen Einfluß auf die Gemeinden durch Gewährung größerer finanzieller Unabhängigkeit vermindern wird. Bislang werden die Investitionsausgaben der Gemeinden zu etwa 70 Prozent durch staatliche Subventionen oder Anleihen gedeckt, so daß der Bürgermeister praktisch zum „Bettler" für die Finanzen seiner Gemeinde wird.

Gesprächspartner des Bürgermeisters in den meisten Fragen sind weniger die Ministerien in Paris, sondern der Präfekt oder in zahlreichen Fällen ein Unterpräfekt, der jeweils an der Spitze der 317 Arrondissements (Kreise) steht, in welche die 95 Departements aufgeteilt sind. Damit ihre Pläne realisiert werden können, müssen sich die Bürgermeister und ihre Beigeordneten (adjoints) ständig darum bemühen, daß sie von den staatlichen Behörden positiv begutachtet werden. Erst wenn der Präfekt sein Einverständnis erklärt hat, wird das jeweilige Ministerium die Angelegenheit weiterverfolgen.

In der Regel sind die Beziehungen zwischen den Gemeindevertretern und dem Präfekten recht gut, denn beide Seiten sind aufeinander angewiesen, wenn sie ihre Aufgaben erfolgreich bewältigen wollen. „In Paris wird die Qualität eines Präfekten nach seiner Fähigkeit beurteilt, die öffentliche Ordnung sicherzustellen und wirksam zwischen den verschiedenen Anforderungen von Gruppen und Individuen zu vermitteln." (Ehrmann)

Als Vertreter der Staatsgewalt vertritt der vom Innenministerium ernannte Präfekt die Interessen des Zentralstaates und sorgt für die Aufrechterhaltung der öffentlichen Ordnung und Sicherheit im Departement. Dabei kann er über die Polizei und andere Sicherheitskräfte verfügen. Außerdem unterrichtet er die Regierung laufend über das politische Meinungsbild der Einwohner des Departements, was für Wahlen zur Nationalversammlung von hoher Bedeutung ist.

Seit Mitte der sechziger Jahre hat die Diskussion in Frankreich um den Abbau des alles erdrückenden Zentralismus intensiver die öffentliche Diskussion beherrscht als in den vergangenen Jahrzehnten. So entschloß sich Staatspräsident Pompidou nach de Gaulles Abstimmungsniederlage 1969, den grundsätzlich von allen Franzosen gutgeheißenen Teil über die Regionalisierung wieder aufzugreifen und innerhalb kurzer Zeit das Gesetz über die Regionalreform beschließen zu lassen (5. Juli 1972).

Die 22 Regionen, deren Namen und Grenzen weitgehend den historischen Provinzen angepaßt sind und deren Bevölkerung zwischen knapp einer Million und 4,5 Millionen schwankt, haben keine politischen Kompetenzen, sondern beschränken sich auf budgetäre, wirtschaftliche und infrastrukturelle Fragen. Um ihnen dafür bescheidene Finanzmittel zur Verfügung zu stellen, gestattet ihnen das Gesetz die Erhebung diverser Steuern, die in der Anfangsphase 15 Francs pro Einwohner nicht übersteigen dürfen. Haupteinnahmequelle ist die Grundsteuer und eine Führerschein- sowie Autozulassungsgebühr. Insgesamt belaufen sich diese Einnahmen auf 7 bis 8 Prozent aller in der betreffenden Region erhobenen Steuern: durchschnittlich 49,5 Millionen Francs für durchschnittlich 3,3 Millionen Bewohner.

„Regiert" wird diese neue Gebietskörperschaft vom Präfekten der Region, der in Personalunion sein Departement, in dem sich der Hauptsitz der Region befindet, und die Region leitet. Als „Legislative" fungieren Regionalräte (Conseils Régionaux), die sich aus Generalräten, Gemeinderäten und den in der Region gewählten Abgeordneten und Senatoren zusammensetzen: Größter mit 128 Mitgliedern ist der in Lyon mindestens zweimal pro Jahr tagende „Conseil Régional Rhône-Alpes", kleinster mit 29 Mitgliedern der des Limousin.

Ob mit diesen Regionen der „Kolonialstatus der französischen Provinz" (so J. J. Servan-Schreiber) aufgehoben werden kann, muß abgewartet werden. Eine Chance, Frankreich zu dezentralisieren, könnten unter bestimmten Voraussetzungen diese Regionen erfüllen. Dafür muß aber zunächst der Staat bereit sein, einen Teil seiner politischen Machtfülle nach unten zu delegieren, was sehr fraglich bleibt, denn Delegieren von Machtkompetenzen wird häufig mit Einbuße von Macht gleichgesetzt.

144

Rüdiger Stephan

Schule und Hochschule

Das Wort von der Schule für das Leben könnte in seiner Umkehrung für das französische Bildungswesen gelten – ein Leben für die Schule. Der Frankreichreisende mag sich fragen, warum er tagsüber so wenige Kinder zu sehen bekommt. Die Abwesenheit des Kindes von Haus und Straße hat einen einfachen Grund: die Ganztagsschule. Der vielbemühte Ernst des Lebens beginnt mit drei Jahren, mit der Vorschule, der sogenannten „Ecole Maternelle". Spätestens ab vier Jahren ist sie eine Selbstverständlichkeit.

Es kann dem Touristen aber auch geschehen, daß er sich plötzlich auf der Straße zwischen Schülermassen befindet, daß er Studenten und Lehrer sich zu großen Zügen formieren sieht. Dann wird ein freudiges Ereignis gefeiert, das Abitur vielleicht, und ein sogenannter „Monôme" findet statt; oder es wird gestreikt. Der Streik gehört zum alltäglichen Mittel, Kritik zu üben und Forderungen durchzusetzen. Staatsbeamte, also auch Lehrer, haben das Streikrecht und machen davon häufig Gebrauch.

Frankreichs Bildungswesen ist vom deutschen verschieden, dies zeigen bereits solche oberflächlichen Beobachtungen.

Das Leben in der Schule

Schon in der Vorschule stellt sich das Kind auf den späteren Tagesablauf während seiner Schulzeit ein. Der Unterricht beginnt um 9 Uhr und wird um 12 Uhr unterbrochen, geht weiter um 14 Uhr und endet um 16.30 Uhr. In der Mittagszeit gehen viele Kinder gar nicht nach Hause, sie essen in der Schulkantine. Doch ist der Schultag keineswegs zu Ende. Meist müssen noch Hausaufgaben gemacht werden. Dafür gibt es, außer Samstag und Sonntag, einen weiteren „freien" Tag in der Woche, früher den Donnerstag, heute den Mittwoch. Aber auch an diesem Tag sind die Kinder beschäftigt: Er ist Fächern und Aktivitäten vorbehalten, die im offiziellen Lehrplan nicht oder nur am Rande vorkommen. Vor allem findet am traditionellen freien Wochentag der Religionsunterricht statt. Daneben werden zunehmend Arbeitsgemeinschaften für musische oder sportliche Fächer angeboten, die auf Initiativen von Schule, Eltern oder Gemeinde zurückzuführen sind, nicht zuletzt weil der Mangel an solchen Aktivitäten in der Schule sich zunehmend bemerkbar macht. Der Unterschied zwischen Stadt und Land in Angebot und Nachfrage wird hier besonders deutlich. Er ist gewissermaßen nichts anderes als ein Aspekt des starken, weiterhin bestehenden Bildungsgefälles zwischen Paris und Provinz.

Im Gymnasium erhöht sich die „Vollbeschäftigung" des Schülers noch. Das Leistungsprinzip wird konsequent angewendet. Der freie Tag fällt weg, die Schulaufgaben häufen sich. Freizeit bleibt am Wochenende. Dann kehren viele Schüler nach Hause zurück, die während der Woche als „internes"[1]) im Internat bleiben und dort von den „surveillants" oder „pions"[2]) betreut werden. Auch heute besitzt fast jedes Gymnasium ein Internat, das etwa die Hälfte aller Schüler aufnimmt. Es hat eine jahrhundertelange Tradition in Frankreich und ist ein entscheidender Faktor in der historischen Entwicklung des französischen Bildungswesens. Darüber wird in unserem kurzen historischen Abriß noch einiges zu sagen sein.

Die Mehrzahl der Kinder, Schüler, Jugendlichen verbringt also die Jugendzeit in der Schule. Da ist weiter nicht erstaunlich, daß die Schuldisziplin eine wichtigere Rolle spielt als beispielsweise in Deutschland. Wer einen deutschen Schulhof gewöhnt ist, staunt über den französischen: Der tägliche Schuleingang und -ausgang vollzieht sich in „Reih und Glied", die Verhaltensregeln während des Aufenthalts in der Schule sind genau festgelegt. Andererseits sind die Schulstreiche zur festen Institution geworden. Es gibt wenige Lehrer, die dem „chahut" entrinnen, aber auch wenige, die ihn nicht akzeptieren als einen Aspekt pädagogischer Beziehung zwischen Lehrer und Schüler, hinter dem sich ein tieferer Konsensus verbirgt.

Der junge Franzose tut gut daran, das „baccalauréat" (Abitur) anzustreben, wenn er Berufschancen haben will. Mittlere Abschlüsse mit attraktiven Berufsmöglichkeiten sind selten. In einer Gesellschaft, in der das berufliche Weiterkommen entscheidend vom Wert eines Diploms abhängt, ist das „bachot" die erste Stufe auf der Leiter zum Erfolg. Es öffnet die Tür zum Hochschulbereich, der vorerst keinen Numerus clausus kennt. Mehr noch aber ist es Qualitätsnachweis und Statussymbol.

Die Intensität des Lernens setzt sich auch nach dem Abitur fort. Studieren heißt zuerst für Prüfungen und Examina lernen. Ob sie sich in eigens dafür vorgesehenen Staatsgymnasien auf die Eingangsprüfungen in die sogenannten Grandes Ecoles vorbereiten, in denen nur die besten Aufnahme finden, oder ob sie ein dem deutschen vergleichbares Universitätsstudium beginnen, in beiden Fällen sind die französischen Studenten einer stärkeren Stundenbelastung ausgesetzt als ihre deutschen Kollegen. Ein umfangreicher Lehrstoff muß bewältigt werden, wenn die verschiedenen Prüfungen bestanden werden wollen. Der Betrachter ist versucht, etwas voreilig von einer Verschulung der Hochschule zu sprechen; unter historischer Perspektive differenzieren sich die Dinge, wie nachher zu zeigen sein wird.

---

[1]) Im Gegensatz zu den „externes", die nur am Unterricht teilnehmen.

[2]) Größtenteils Hochschulstudenten, die in Anlehnung an den beim Schachspiel für die Bauern verwendeten Begriff auch familiär „pions" genannt werden.

Wenn es richtig ist, daß das Leben der jungen Franzosen sich fast ausschließlich in der Schule abspielt, so ist auf der anderen Seite die Behauptung ebenso richtig, daß das gesamte französische öffentliche Leben auch auf die Schule zugeschnitten ist. Zum Zeitpunkt, da die Sommerferien beginnen, schließen auch die Fabriken ihre Tore, klappen die Beamten ihre Aktendeckel zu, die Parlamentarier und Politiker verlassen Paris, ganz Frankreich strömt an die Küsten. Zugleich, zwischen dem 15. September und Anfang Oktober strömen auch alle wieder zurück an die Arbeits- und Studienplätze.

Es gibt kaum ein anderes Land, in dem so viel über Bildung geschrieben wird und in dem sich jeder so unmittelbar davon angesprochen fühlt, daß er nicht allein diskutiert, sondern daß er sogleich zur Feder greift und an die Öffentlichkeit tritt, wenn er meint, dazu etwas sagen zu müssen. Nicht die Fachleute allein, sondern Lehrer, Hochschullehrer, Eltern, Journalisten, Politiker, sie alle haben ihr Buch über Bildung geschrieben. Der erste große Bildungssoziologe, dessen Bücher heute noch aktuell sind und hier empfohlen seien, war Franzose: Emile Durkheim.

Die zahlreichen geschichtlichen Untersuchungen über den Bildungsbereich gehen von sehr unterschiedlichen Perspektiven aus. Ein Blick auf die einschlägige Literatur genügt, um die Richtigkeit dieser Feststellung, insbesondere für die Geschichte des französischen Bildungsbereichs, bestätigt zu sehen. Es finden sich zahlreiche politische, soziale, ökonomische Darstellungen, auch Abhandlungen zur Geschichte der Institutionen und der staatlichen Maßnahmen. Wir haben zwar nicht die Absicht, eine eigene – weitere – Geschichte des französischen Bildungswesens zu schreiben, doch werden Besonderheiten, die sich vor dem Bild unseres eigenen Bildungswesens reliefartig abheben, nur dann verständlich, wenn sie als – vorläufiges – Ergebnis einer langen Entwicklung erkannt werden: das Internat, die rhetorische Schulung, die Verbannung des Religionsunterrichts aus der Schule, die Vielzahl von Privatschulen, überhaupt die Vielfalt der Bildungsinstitutionen angesichts einer starken Zentralverwaltung – alles in allem das Gewicht, das heute das Bildungswesen in Frankreich im gesamten gesellschaftlichen Entwicklungsprozeß weiterhin hat. Es geht also darum, diese Aspekte in Kenntnis des eigenen Bildungsbereichs stärker hervorzuheben, ohne daß dieser eigens dargestellt wird.

Kirche und Staat

Bis zur Renaissance weicht die französische Bildungsgeschichte von der des übrigen Europa kaum ab. Doch verdient schon im Mittelalter ein Ereignis Beachtung: Als im Schatten der Kathedralen die erste Universitas entstand, rangen bereits Kirche und König um die Zuständigkeit hierfür. Der damals begonnene Kampf um das Bildungswesen setzte sich durch die Jahrhunderte weiter fort, ja bis heute sind seine Nachwirkungen noch spürbar. Die mittelalterliche Universität war, vereinfacht ausgedrückt, ein Konsortium, das eine relative Unabhängigkeit sowohl gegenüber dem Staat als auch gegenüber der Kirche bewahrte; das Lehrerkollegium verlieh ein Baccalauréat, eine Lizenz oder als Krönung eines langen Studiums, ein Doctorat-Diplome, die in der gesamten christlichen Welt gleichermaßen Anerkennung fanden. Ein Hinweis auf die scholastischen Dispute, auf das ereignisreiche Leben des berühmten Abélard mag genügen, um zu zeigen, daß schon damals die Einheitlichkeit der Strukturen nicht mit einer Allgemeingültigkeit der Lehre einhergingen. Die Trennung der Disziplinen in humanistische und theologische Fächer zu Beginn der Renaissance im 16. Jahrhundert war nur eines der Signale, die eine tiefgreifende Auseinandersetzung mit der Autorität der Kirche und ihrem Dogma ankündigten.

In den Büchern von Rabelais, in Montaignes Abhandlungen wurde die scholastische Erziehung verurteilt und ein neues Bildungsideal gepriesen. Es waren aber weniger deren humanistische Bildungsziele, die das französische Bildungswesen entscheidend prägten, als die *ratio studiorum* der Jesuiten. Selbst als der Orden im Jahre 1773 aufgelöst wurde, lebten das System, die Bildungsziele und die dazugehörige Pädagogik weiter. Die Jesuiten hatten kaum Interesse für die Primarschule, die in jedem Fall von der Kirche kontrolliert wurde; ihnen lag vielmehr an den Schultypen, in denen die zukünftige Elite ausgebildet wurde, den „Collèges". Das Lehrprogramm sah neben dem theologischen Unterricht klassische Philologie (griechische und lateinische Grammatik, Rhetorik) und Philosophie vor. Als für die damalige Zeit revolutionär zu bezeichnen sind die Lehrmethoden, die an französischen Schulen zum Teil noch bis heute Gültigkeit haben: die „prélection", das ist eine „explication raisonnée du texte", die „concertation", das heißt die Repetition der erworbenen Kenntnisse, Steigerung des Erinnerungsvermögens, ferner Übersetzung, Imitation, Disput.

Die Pädagogik der Jesuiten orientierte sich an einem Hauptziel: der bis in die kleinsten Einzelheiten geregelten Ausbildung junger Menschen im Dienst der Kirche. Die entscheidende Rolle spielte dabei das Internat, anders gesagt, die Trennung der Jugend von einer von vornherein als fragwürdig und böse verstandenen Welt; die Kinder sollten in einer sündenfreien Welt hinter Schulmauern mit einer eigenen perfekten Organisation gesellschaftlichen Lebens aufwachsen. Die Mittel dazu waren ein völliges Aufgehen des einzelnen in der Gruppe, eine Überwachung aller durch alle, Disziplin und ein strenger Formalismus.

Allerdings hatten auch die Jesuiten Konkurrenten in der Ausbildung der zukünftigen Eliten, vor allem die Oratorianer, deren Lehre sich im wesentlichen in drei Punkten von der der Jesuiten unterschied. Statt des Lateinischen galt für sie das Französische als Grundsprache; statt der Übersetzung in die Fremdsprache ließen sie die Übersetzung in die eigene Sprache üben; und zum alten Fächerkanon kamen als neue Disziplinen Geschichte, Mathematik, Physik und Naturwissenschaften hinzu.

Die Jesuiten gewannen im 17. Jahrhundert zunächst den Kampf um die Ausbildung der Jugend, zumal die Universitäten trotz starker Rivalität mit den Jesuiten-Kollegien in der Abwehr neuer Ideen, im Festhalten an den traditionellen Dogmen ähnliche Positionen vertraten. Die Kirche war allgegenwärtig. Sie hatte den entscheidenden, auch finanziellen Einfluß auf die Entwicklung der Strukturen, der Lehrinhalte, der Bildungsziele. Der Staat, der König zu dieser Zeit, ließ ihr weitgehend freie Hand, da sie sich zugleich ihre Unabhängigkeit dem Papst gegenüber zu bewahren wußte. Der Exodus der Protestanten nach der Aufhebung des Edikts von Nantes (1685) leistete dieser Entwicklung noch Vorschub.

Erst im 18. Jahrhundert setzte ein Wandel ein: Die Allmacht der Kirche wurde zunehmend erschüttert. Ihre Eckpfeiler im Bildungswesen, die Collèges der Jesuiten und auch die Universitäten, gerieten in den Strudel der gesellschaftlichen Krise. Die Jesuiten, die sich zum Staat im Staate, zur gefährlichen Konkurrenz für die kirchliche Autorität entwickelt hatten, wurden 1762 verjagt. Die Universitäten, Hochburgen des Konservatismus, hielten den Ideen der Aufklärung, den Bildungsidealen und der Philosophie eines Rousseau oder Diderot, dem zunehmenden Einfluß der Enzyklopädisten nicht mehr stand. Infolge der von Heinrich IV. im Jahre 1598 verliehenen Statuten hatten die Universitäten zunächst einen neuen Aufschwung genommen, der vor allem den vom Einfluß des Protestantismus gekennzeichneten Reformen zuzuschreiben ist. Von der Mitte des 18. Jahrhunderts an verfielen die Universitäten jedoch wieder der Mittelmäßigkeit: sie wurden zu Verkaufsstellen für Diplome. Der wissenschaftliche Fortschritt vollzog sich außerhalb der Alma Mater. Überall, auch in der Provinz, entstanden Akademien, Vereinigungen von interessierten Menschen verschiedenster Provenienz, die sich den neuen Ideen öffneten und sie zu verbreiten versuchten.

Nach der Ausweisung der Jesuiten trat die Auseinandersetzung zwischen Staat und Kirche zeitweise in den Hintergrund. Aber die Cahiers de Doléance (Beschwerdehefte, in denen die Bevölkerung ihre Kritiken, Wünsche und Forderungen äußern konnte) ließen das Interesse der Bevölkerung am Bildungswesen und die Notwendigkeit einer durchgreifenden Reform sichtbar werden. Der Staat sollte nun für den Ausbau des Bildungswesens, für die Verbesserung der Ausbildung, vor allem der Lehrer selbst, Sorge tragen; er und nicht mehr der einzelne sollte für die Bildungsausgaben aufkommen und die Collèges auch für Kinder des dritten Standes öffnen.

Die französische Aufklärung bereitete zugleich auch die großen Bildungsreformen der Revolution und des 19. Jahrhunderts vor. Zahl und Umfang der Schriften, der Reflexionen und Forderungen werden vielleicht nur noch durch unsere Epoche übertroffen. Rousseaus „Emile" begeisterte Europa. Die Bildungsideen der Enzyklopädisten fanden fast überall Eingang: Diderot sollte das russische Erziehungswesen von Grund auf reformieren. Das Reformwerk der Revolution von 1792–1795 mit seinen nicht weniger als zehn großen Reformplänen, beginnend mit dem berühmten Bericht von Condorcet bis hin zu den Gründungen der Lehrerbildungsschulen („Ecole normale"), den ersten Ansätzen zur Einheitsschule in der Ecole centrale und Ecole spéciale oder der ersten „Grande Ecole", der „Ecole Polytechnique", waren nichts anderes als eine Fortsetzung der reformerischen Vorstellungen der Aufklärung, der Forderungen nach einer staatlichen Bildungspolitik und einem staatlichen Bildungssystem.

Insgesamt waren sie der Versuch einer Synthese von Schulgeldfreiheit und Schulpflicht als Verwirklichungen des Gleichheitsprinzips und des Anspruchs weltanschaulicher Neutralität. In seinem Bericht von 1792 hielt Condorcet die offizielle Trennung von allgemeingültiger Moral und individueller Glaubenszugehörigkeit für unerläßlich. Die Religion – und damit die religiöse Erziehung – sollte zu einer privaten Angelegenheit werden. Das republikanische Ideal kannte nur eine Schule mit einer – gesellschaftsbezogenen – Moral, die sich aus dem Prinzip der Vernunft ableitete. Die Republik konzentrierte sich auf die sehrerbildung. Der Volksschullehrer sollte zum Träger der neuen Moral werden.

So gesehen, wird das 19. Jahrhundert mit seinen Imperien und Revolutionen zu einer Kette von Kämpfen um die Freiheit der Bildung. Dabei ging es generell um den Religionsunterricht an den Schulen und um die Einflußnahme der Kirche auf die Schulverwaltung, auf das Recht, staatsunabhängige, das heißt private Schulen zu gründen und zu unterhalten. Für die Gegner bedeutete Freiheit der Bildung Freiheit von jeglichem kirchlichem Einfluß, die Verwirklichung des republikanischen Ideals einer staatlichen Schule, die Schaffung des Staatsmonopols im Bildungsbereich.

Die wichtigsten Stationen auf dem Weg zu einer Lösung dieses Konflikts, der Frankreich in zwei Lager spaltete, war das unmittelbar nach der Februar-Revolution verabschiedete Gesetz von 1850, durch welches der Kirche sowohl in der Ausbildung der Lehrer als auch in der Verwaltung des Volksschulwesens ein entscheidender Einfluß eingeräumt wurde. Das Gesetz von 1880 über die Freiheit des Hochschulwesens legte fest, daß private Schulen den Titel Universität nicht mehr führen durften und alle Grade und Examina vor staatlichen Kommissionen abgelegt werden müssen. Das Gesetz von 1882 zur Schulpflicht und Neutralität des Volksschulwesens verbannte den Religionsunterricht definitiv aus der staatlichen Volksschule, sah einen freien Wochentag zur religiösen Erziehung vor wie auch den fakultativen Religionsunterricht in den Privatschulen. Es verbot den Kirchenvertretungen jede Inspektion, Kontrolle oder Leitung in öffentlichen oder privaten Schulen. Es führte, und das ist von größter Bedeutung, die Schulpflicht sowohl für Mädchen wie für Jungen vom 6. bis zum 13. Lebensjahr ein.

Die Entscheidung im Kampf um die Vorherrschaft im Bildungsbereich zwischen „laïcistes" und „cléricalistes" fiel 1905 durch das Gesetz, das Kirche und

Staat trennte. 1904 waren bereits die kirchlichen Ordensschulen gesetzlich geschlossen worden. Daß damit das Problem aber keineswegs aus der Welt war, zeigte die Diskussion um das Gesetz von 1959, die sogenannte „loi Debré", das die Beziehungen zwischen Staat und privatem Schulwesen neu regelte und unter der Bedingung absoluter staatlicher Kontrolle die finanzielle Förderung der Privatschulen ermöglichte[3]). Auch heute noch spielt das Problem politisch eine Rolle. So sahen sich die Oppositionsparteien beispielsweise genötigt, in ihrem sogenannten „Gemeinsamen Programm" auf das Problem der Laïzität ausdrücklich einzugehen, um von vornherein Befürchtungen vor erneuter Einschränkung der Privatschulen zu begegnen.

Konzentration und Vielfalt

Das Hauptmerkmal staatlicher und politischer Organisation in Frankreich ist die Zentralisierung, aber in kaum einem Bereich wurde sie mit solcher Perfektion in Verwaltungsstrukturen umgesetzt wie im Bildungsbereich. Die Revolutionäre hatten in Fortsetzung der zentralistischen Tendenzen des Ancien Régime ein vom Staat einheitlich gelenktes Bildungswesen weiterentwickelt. Napoleon hatte es vollendet. Die Ausschaltung des kirchlichen Einflusses tat ein übriges. Ein neues Gefälle zwischen Paris und der Provinz entstand, nur oberflächlich verdeckt durch das Netz von Verwaltungsbezirken, den Akademien.

Dieses Netz überzog bereits im Jahre 1854 ganz Frankreich. Erst die Entwicklung der letzten zehn Jahre beendete die regelmäßige Verstärkung der Zentralgewalt. Bis dahin wurde buchstäblich in Paris darüber entschieden, wie viele Bleistifte für jede einzelne Schule gekauft werden durften. Andererseits erlaubte die Zentralisierung eine Planung, die bisher Kapazitätsprobleme an den Schulen und Hochschulen Frankreichs weitgehend verhinderte.

Kaiserreich und Republik waren sich darin einig: Der Schule kommt eine zentrale Bedeutung für die Entwicklung der Nation zu. So wurde beispielsweise die Niederlage von 1871 einem mangelhaften Bildungswesen zugeschrieben. Demgegenüber fällt die Vielfalt der Bildungseinrichtungen auf, die auch heute noch vor allem im Hochschulbereich besteht. Im Rückblick auf das 18. und 19. Jahrhundert möchte man vermuten, daß sie auf die Konkurrenzsituation zurückzuführen sei, in der sich Kirche und Staat befanden. Den entscheidenden Anstoß aber hat die Revolution gegeben. Der Staat sollte selbst seine Führungskräfte ausbilden, was dazu führte, daß für jedes Ressort ein eigener Ausbildungsgang eingerichtet wurde.

---

[3]) Für den Sekundarschulbereich wurde das Gesetz durch das Dekret von 1960 erweitert: Es gibt den Sekundarschulen das Recht, einen von den Eltern bezahlten Aumonier (d. h. Religionslehrer oder Pfarrer) einzustellen, der außerhalb des regulären Unterrichts Religionsunterricht erteilen kann, aber sonst keine pädagogisch oder administrative Funktion ausüben darf.

Allerdings übernahmen die Revolutionäre auch Vorbilder aus dem Ancien Régime. Seit 1720 (Artillerie) beziehungsweise 1759 (Ingenieurwesen) gab es Ingenieurschulen für Offiziere, die in technische Spezialschulen umgewandelt wurden. Seit 1747 gab es eine Spezialschule für Straßenbau, seit 1783 eine Hochschule für Bergbauingenieure. Die Grande Ecole par excellence, die Ecole Polytechnique, wurde während der Revolution im Jahre 1794 gegründet. Aus ihr kommen seit fast zwei Jahrhunderten Spitzenkräfte der Staatsbeamten und Ingenieure. Obwohl sie eine allgemeine Ingenieurausbildung vermittelt, ist sie auch heute noch dem Armeeministerium unterstellt. Analog dazu hat jedes Ressort seine eigene Hochschule, aus der der Nachwuchs der hohen Beamten für Staat und Verwaltung hervorgeht.

Die Industrialisierung und Wirtschaftsexpansion hatte in der zweiten Hälfte des 19. Jahrhunderts auch eine Verbesserung beziehungsweise Ausweitung des Berufsschulwesens zur Folge. Die „Ecole d'Arts et Métiers" wurde gegründet, ebenso die „Ecole Supérieure de Commerce" der Pariser Handelskammer (1869), die bekannteste Wirtschaftshochschule Frankreichs. Die jüngste dieser „Grandes Ecoles", aber zugleich auch die bedeutendste, die „Ecole Nationale d'Administration", entstand nach dem Zweiten Weltkrieg, im Jahre 1945.

In diesem Zusammenhang sei auch das „Collège de France" erwähnt, das 1530 von Franz I. gegründet wurde. Das Institut überstand die Revolution unbeschadet, 1794 wurden die Hörer gar mit dem Vermerk eingeladen, daß es sich um „das berühmteste und bedeutendste Institut des Universums für öffentliche Erziehung" handele. Wie damals sind heute bedeutende Wissenschaftler Mitglieder des „Collège de France". Jeder hat seinen eigenen Lehrstuhl („Chaire") und berichtet in öffentlichen Vorlesungen über seine Forschungen.

Eine ähnliche Vielfalt wies im 19. Jahrhundert auch der Sekundarschulbereich auf. Jeder Ministerwechsel im Erziehungsressort „verursachte" einen neuen Reformplan, der in den Ansätzen zumindest verwirklicht wurde. Wenn diese Tradition auch bis heute erhalten blieb, so ist die Vielfalt der Schultypen doch in den letzten Jahrzehnten stark reduziert worden. Die Sekundarschulen unterscheiden sich einmal nach ihrer Zugehörigkeit zum privaten beziehungsweise zum öffentlichen Sektor oder aber in ihrer beruflichen Ausrichtung: Neben den allgemeinen Gymnasien mit ihren verschiedenen Zweigen bestehen weiterhin die technischen Gymnasien („Lycées Techniques"), die im Zuge der Reform von 1975 in „Lycées d'Enseignement Professionnel" umbenannt wurden.

Historiker und Bildungssoziologen interpretieren die institutionell fixierte Unterscheidung zwischen allgemeiner und technischer Ausbildung als eine Trennung von Kindern wohlhabender und armer Schichten; den Schulen der Notablen stehen die Schulen des Volkes gegenüber. Für die Kinder der Unterprivilegierten gibt es nach der Volksschule nur den Weg in die Berufsschulen und von dort in die zweitklassigen oder eventuell noch mittleren Berufe. Technik und Kultur sind nicht miteinander vereinbar. Der Praxisbezug wird erst in der Praxis selbst hergestellt.

Vergleicht man das deutsche und französische Schulwesen, so fällt einem zunächst die unterschiedliche Schwerpunktsetzung der Ausbildung in allen technischen Disziplinen auf. Während in deutschen Ausbildungsgängen eine stärkere Verbindung zwischen Ausbildung und Berufsfeld sowie die Verpflichtung zum Praktikum vor und während des Studiums besteht, vermitteln Schule und Hochschule in Frankreich vorrangig eine allgemeine, breit angelegte Ausbildung in den wissenschaftlichen Grundlagenfächern, unter denen vor allem das Schwerpunktfach Mathematik besonders ausgebaut ist. Solche Wertvorstellungen, hinter denen sich auch die Unterscheidung zwischen manueller, angeblich „niedriger" Aktivität und vermeintlich „höherer" kultureller Tätigkeit verbirgt, wurden gefördert durch die vergleichsweise hohe Zahl von Technischen Hochschulen, die die Trennung zwischen den Ingenieurwissenschaften und der praxisbezogenen, berufsorientierten Ausbildung verstärken. Die beste Voraussetzung für den Eintritt in die „Grandes Ecoles Téchniques" ist nicht etwa ein Abitur des technischen Gymnasiums, sondern im Gegenteil ein Sekundarschulabschluß in den literarischen oder naturwissenschaftlichen Zweigen.

Eine Verbesserung der prekären Lage des „Enseignement Technique" brachte erst das Gesetz von 1919 („Loi Astier"), das die Berufsschulpflicht von 13 auf 18 Jahre hochsetzte, den Gemeinden die Einrichtung entsprechender Ausbildungsgänge zur Pflicht machte und die Verantwortung des Staates in der technisch beruflichen Ausbildung und die Notwendigkeit einer Zusammenarbeit zwischen Staat und Berufswelt festlegte.

Ungenügend war auch die Ausbildung der Lehrer. Erst 1938 entstand eine „Ecole Normale Supérieure de l'Enseignement Technique", aus der die Spitze der Lehrer für den technischen Sekundarschulbereich hervorgeht. Die Enzyklopädisten hatten hier ebenfalls die Richtung gewiesen. Ihre Vorstellungen lagen der Einrichtung des „Conservatoire National des Arts et Métiers" im frühen 19. Jahrhundert zugrunde. Der Erziehungsminister Jules Ferry, auf dessen Werk das gesamte französische Bildungssystem unserer Tage aufbaut, schuf mit dem Gesetz von 1880 die Grundlage für die moderne Berufsschule. 1921 schließlich wurde das technische beziehungsweise das Berufsschulwesen an das Erziehungsministerium angeschlossen. Nach dem Zweiten Weltkrieg entstand eine Vielzahl von Hochschulen, vor allem in Paris. Die Vierte Republik versuchte durch die Einrichtung eines Staatssekretariats für das technische Bildungswesen eine Vereinheitlichung der Verwaltung herbeizuführen.

Die Anstrengungen der Fünften Republik, den gesamten Berufsschulbereich weiterhin zu verbessern, den Anteil der Allgemeinbildung zu erhöhen, überhaupt das Niveau dieser Art von Ausbildung dem der anderen Ausbildungsgänge gleichzustellen, schlagen sich im Reformgesetz von 1959 nieder, das den gesamten Primar- und Sekundarschulbereich neu strukturierte.

Einheit und Selektion

Dem jahrzehntelangen Bemühen um eine Angleichung des Berufsschulwesens an die übrigen Bildungsstrukturen, um seine „Salonfähigkeit", liegt ein anderes Prinzip zugrunde, das der Demokratisierung. Zwar ist dieser Begriff erst nach dem Ersten Weltkrieg entstanden, aber bereits in der großen Diskussion um die Bildungsreform nach dem verlorenen Krieg von 1871 tauchte der Begriff eines demokratischen Bildungswesens auf. Der spätere Erziehungsminister Jules Ferry konstatierte in seiner berühmten Rede über die Gleichheit der Erziehung 1870: „Die Gleichheit in der Erziehung ist unerläßlich für eine Demokratie." So gesellt sich Ende des 19. Jahrhunderts zum Problem der Neutralität und der Bildungsfreiheit das der Demokratisierung. Zu verstehen ist darunter auch heute in erster Linie der Zugang zu allen Bildungsstufen oder, anders ausgedrückt, eine Schule für alle und gleichmäßiges Anheben des Bildungswesens. Diderots Universitätsplan enthielt bereits die Forderung: „Eine Universität ist eine Schule, deren Tür ohne Unterschied allen Kindern einer Nation offensteht..." Die Idee der sogenannten „École unique" wurde zum erstenmal nach dem Ersten Weltkrieg von den „Compagnons de l'Université Nouvelle" ernsthaft in die Diskussion gebracht. Daß die Verwirklichung einer einheitlichen Schule möglich erschien, sowohl den Laizisten wie auch den Klerikalisten (wobei sowohl bei den Gegnern als auch bei den Vertretern des freien Schulwesens unterschieden wurde zwischen antikirchlicher beziehungsweise antireligiöser Haltung), ist, darüber sind sich Historiker und Bildungssoziologen einig, vor allem auf das verstärkte Bewußtsein nationaler Gemeinsamkeit seit dem Ersten Weltkrieg zurückzuführen.

Der „laizistische" Volksschullehrer und der „freiheitliche" Verteidiger der Kirche reichten sich die Hand. Eine Verbindung zwischen der Schule des Volkes, der Primarschule, und der Schule der Elite, der Sekundarschule, wurde versucht. Aber erst die Reformen unter dem Minister Jean Zay in den Jahren 1936–1938 brachten erste Erfolge dieser Bemühungen. Voraussetzung dafür war die Hinaufsetzung der Schulpflicht auf 14 Jahre. Statt der unverbunden nebeneinanderstehenden Volksschule und Sekundarschule wurde ein Stufenmodell konzipiert. Wer in die Sekundarschule eintreten wollte, mußte vorher im Alter von elf Jahren sein „Certificat d'Etudes" ablegen. Dieses blieb die Voraussetzung für den Eintritt in die Sekundarstufe mit drei Abteilungen – „Classique", „Moderne" und „Technique" –, auf die sich die Schüler nach einem gemeinsamen ersten Jahr, der „Sixième", verteilen, das Jahr der „Orientierung".

Zum erstenmal tauchte damit der für die heutige Schulreform entscheidende Terminus in der Bildungsdiskussion auf. Die Verwirklichung dieser kühnen Pläne wurde durch den Ausbruch des Krieges verhindert, sie blieb dem Reformgesetz von 1959 vorbehalten, das einige einschneidende Neuerungen brachte: die Verlängerung der Schulpflicht auf 16 Jahre, einen Orientierungszyklus von zwei Jahren („Sixième" und „Cinquième", „Cycle d'Observation"), die Vereinheitlichung des Lehrprogramms in den verschiedenen Sekundarschultypen[4]) und vor allem die Einrichtung von Mittelschulen, den „Collèges d'enseignement secondaire". Unbefriedigend blieb aber weiterhin die Parallelität der Abschlußklassen der Volksschule und der Anfangsstufe der Sekundarstufe.

Egalität, Gleichheit am Beispiel der Demokratisierung des Bildungswesens: dies ist die konsequente Anwendung eines Grundprinzips der Französischen Revolution. Jedem Betrachter des französischen Bildungswesens stellt sich dann aber sogleich die Frage, wie dieses Prinzip sich mit den Selektionsmechanismen in Einklang bringen läßt, die überall, angefangen bei der Wettbewerbsprüfung für die Sekretärinnen im Erziehungsministerium bis zur höchsten Staatsprüfung, zu einem perfekten System ausgebildet sind. Es handelt sich aber hier nur um eine formale Ausprägung des Gleichheitsprinzips. Alle haben die gleiche Chance, durch den Wettbewerb, den sogenannten Concours, einen der bereitgestellten Plätze für die verschiedensten Stellen und Positionen zu erlangen.

Die schwere Hürde ist die schriftliche Prüfung. Dieser Teil des Concours ist streng anonym, das heißt, der Korrigierende kennt weder Person noch Namen des Prüflings. Auch in der mündlichen Prüfung soll soweit wie möglich eine subjektive Einflußnahme dadurch verhindert werden, daß die Prüfer die Kandidaten nicht unterrichtet haben dürfen.

Wer die Hürde eines „Concours" überwunden hat, ist sofort Staatsbeamter, als Hochschullehrer wie als Stenotypistin. Der Staat hat damit das Gleichheitsideal der Revolution auf eine sehr formale Weise verwirklicht. Wettbewerbsprüfungen und Staatsexamen, Concours und Diplom entscheiden über Beruf und Laufbahn.

Seit 1968 wird die Objektivität dieses von vielen als formalistisch kritisierte Gleichheitsprinzips ebenso wie das der politischen Neutralität in Frage gestellt. Umfassende bildungssoziologische und historische Untersuchungen haben nachgewiesen, daß formale Gleichheit und Neutralität lediglich für das Bildungswesen spezifisch zu nennende Erscheinungsformen einer festen politischen und sozialen Ordnung sind.

Schule und Beruf

Wie in keinem anderen Land Europas und vielleicht der ganzen Welt bestimmen in Frankreich Bildungskriterien das Leben, den Aufstieg und die Position eines einzelnen. Demokratisierung und formale Gleichheit sind Charakteristika eines Systems, das den Wettbewerb als Selektionsverfahren anwendet. Der ho-

---

[4]) Lycée, „Collège", „Cours Complémentaire", sowie Schlußklassen der Primarschule, um auch von hier aus noch einen Wechsel in die Sekundarstufe zu ermöglichen.

rizontalen Struktur mit dem Ziel einer Öffnung des Bildungswesens für alle Bevölkerungsschichten entspricht also eine vertikale Struktur, die bis in Nuancen hinein die verschiedenen Bildungsstufen differenziert.

Durch das Selektionssystem der „Concours" und der Staatsdiplome eröffnet der Bildungsbereich die Möglichkeit großer Sprünge nach oben. Er legt andererseits schon während der Ausbildung durch Scheitern oder Erfolg im Wettbewerb den gesamten späteren Lebensweg fest. Hält man sich die häufige Zahlenrelation beim „Concours" von eins zu zehn zwischen Erfolg und Mißerfolg vor Augen, berücksichtigt man außerdem die Meinung vieler Bildungssoziologen, daß das Concoursverfahren auf den Bildungskanon zugeschnitten sei, dann bleibt als Fazit das Wort von den wenigen, die auserwählt sind. Kritik mag angebracht sein, zieht man aber zum Vergleich andere Selektionssysteme wie den Numerus clausus deutscher Art heran, so wird deutlich, daß hier das Prinzip der Gleichheit und die Notwendigkeit der Selektion in einem verhältnismäßig kohärenten System in Einklang gebracht werden.

In den „Grandes Ecoles" sind Gleichheit und Selektion organisatorisch am sichtbarsten verwirklicht. Sie bilden seit dem 19. Jahrhundert die Führungskräfte des französischen Staates in allen Bereichen einschließlich der Politik aus. Im Wertempfinden stehen sie über den Universitäten, abgesehen von den Disziplinen, die in den „Grandes Ecoles" nicht gelehrt werden (Medizin und Recht). Die bisher unangetastete Doppelgleisigkeit des Hochschulsystems wird erst in jüngster Zeit als Problem empfunden. Allerdings verläuft die Diskussion eher zuungunsten der Universitäten, die die Selektion nicht mit der gleichen Konsequenz durchführen können.

Die Ereignisse im Mai 1968 haben die Entwicklung im Bildungsbereich beschleunigt. Die Tatsache, daß in Frankreich – und nur in Frankreich – zum erstenmal die Probleme im Bildungsbereich der auslösende Faktor einer gesellschaftlichen und politischen Krise größeren Ausmaßes waren, ist ein weiteres Beispiel für den hohen Stellenwert, den der Bildungsbereich innerhalb der französischen Gesellschaft hat. Der traditionelle Mechanismus „nationale Krise – Bildungskrise – Bildungsreform" trat wiederum, wenn auch weniger deutlich, in Kraft. Die rasch eingeleiteten Reformen im Hochschulbereich sind inzwischen fast abgeschlossen. Der Sekundarschulbereich befindet sich zur Zeit mitten in der Reform. Einer Lösung in der weiteren Zukunft harrt das Problem der Lehrerbildung.

Die pädagogischen Besonderheiten der französischen Schule wurden bereits im Zusammenhang mit der knappen Darstellung der von den Jesuiten beherrschten Periode gestreift. Deren Prinzipien hielten sich trotz gegenläufiger Bewegungen bis in die jüngste Zeit. Formale Brillanz im Schriftlichen und Mündlichen, die sogenannte Exposétechnik, das sichere Deuten und Resümieren von Texten, die „explication de texte", die Gedächtnisschulung, auf der nicht zuletzt die hohe, überall festzustellende Zitierfähigkeit der eigenen Literatur beruht, alle diese Traditionen gehören auch heute noch weitgehend zum festen Bestand der Pädagogik.

Zögernd kommt man davon ab, die schon in der Volksschule übliche Sitzordnung nach dem erreichten Notendurchschnitt festzulegen. Vor nicht langer Zeit saß noch der beste Schüler auf dem ersten Platz in der ersten Reihe, der schlechteste auf dem letzten. Differenzierte Rangordnungen lassen sich nicht mit dem bei uns üblichen Bewertungssystem herstellen. Deshalb gibt es, im Rückgriff auf die hochbewertete Mathematik, eine Notenskala von 1 bis 20 (mit dem Durchschnitt bei 10), wobei jeweils für Prüfungen noch ein kompliziertes Koeffizientensystem vorgesehen ist.

Der Tradition der Form entspricht eine Tradition des vermittelten Inhalts. Bis vor kurzem waren in vielen Fächern Schulbücher gebräuchlich, die vor mehr als dreißig Jahren geschrieben wurden. Allerdings muß einschränkend gesagt werden, daß es in Frankreich einige interessante und zum Teil für die Entwicklung der Pädagogik wichtige Reformkonzeptionen gibt, die unter dem Sammelnamen „Education Nouvelle" Bekanntheit erlangt haben und mit den Namen Décroly, Ferrières oder Freinet verbunden sind.

Allgemein liefen Schulversuche lange Zeit gleichsam durch einen pädagogischen Methodengraben getrennt neben dem allgemeinen Schulwesen einher. Reformpläne wie der auch über die Grenzen Frankreichs hinaus bekannte Plan Langevin-Wallon von 1947 fanden keine Verwirklichung. Das Schulgesetz von 1975 übernimmt zum erstenmal offiziell Vorstellungen der pädagogischen Neuerer, wie etwa der Methoden von Freinet.

Die Pädagogik Freinets, dessen Leben ein Beweis für die Hartnäckigkeit ist, mit der neue pädagogische Versuche in Frankreich bekämpft werden, bezieht sich auf die von Ferrières gegründete „Education Nouvelle" und versucht, davon ausgehend, eine „moderne" Pädagogik zu entwickeln. Leben und Schule müssen eng miteinander verbunden sein, Lebenswirklichkeit ist gleich Lernwirklichkeit. Es gibt keine theoretisch-wissenschaftlich pädagogische Methodik, sondern, wie im Leben, nur die sogenannte „expérience tâtonnée" (die tastende Erfahrung oder Erkenntnis). Es reicht demnach keineswegs aus, Schreiben und Lesen zu lernen; das Kind muß nicht allein wissen, aus welchem Stoff das Papier hergestellt wird, auf das es schreibt, sondern selbst dieses Papier herstellen können. Die Reformer von heute versuchen die Pragmatik und den Praxisbezug der Freinetschen Pädagogik in die Schule von morgen einzubringen.

Institutionen und Verbände

Es gibt in Frankreich wie in Deutschland Volksschulen, Gymnasien, Universitäten. Und doch sind alle diese Schultypen von den deutschen grundverschieden. Denken wir nur an die Interpretation der Schule als öffentlicher Dienst

(„service public"), aus der die Schulgeldfreiheit (auch der Hochschulen und Universitäten seit 1945) resultiert, ferner an die Stichworte der weltanschaulichen und politischen Neutralität, „Grandes Ecoles" und „Concours". Bezeichnenderweise hat das Erziehungsministerium als letztes Ministerium das Epitheton „national" verloren. Wie in anderen Bereichen bedeutet „national" hier zugleich „zentral".

Im Bildungsbereich hat dies seine stärkste Wirkung gezeigt, wird doch von Paris aus „das größte Unternehmen der Welt", die eine Million vom Erziehungsminister abhängiger Beamter, zentral regiert. Zwar wurden Versuche zur Dekonzentration unternommen. Seit 1974, das heißt, seit den letzten Präsidentschaftswahlen gibt es ein eigenständiges Staatssekretariat für die Universitäten, das direkt dem Premierminister unterstellt ist.[5] Aber auch heute noch wird jeder Hochschullehrer direkt von Paris aus bezahlt. Eine zentrale Kontrollfunktion üben die Generalinspektoren für die Bildungsinstitutionen und die Verwaltung aus, die „Inspecteurs Généraux de l'Instruction Publique" und die „Inspecteurs Généraux de l'Administration". Die einen haben die Aufgabe der Begutachtung des Lehrpersonals, der Teilnahme an den Staatsexamens- oder Concoursprüfungen, der Überprüfung der Lehrmittel und Programme, die anderen inspizieren regelmäßig Verwaltung und Finanzen. Diese Zentralverwaltung erfaßt ein Gebiet, eineinhalbmal so groß wie die Bundesrepublik Deutschland, das die Insel Korsika, die Insel La Réunion (Académie Aix-Marseille) sowie die Antillen und Guyana einbezieht.

Der Zentralverwaltung ist eine ausgedehnte Regionalverwaltung mit klar gegliederten Verzweigungen der Zentralgewalt unterstellt. Der Vergleich mit einem Schattenspiel, das je nach eingesetzten Rastern unterschiedliche Figuren auf die geographische Leinwand projiziert, erscheint angebracht. Während der Raster der Departements das Netzwerk der allgemeinen Verwaltung und der Raster der Wahlkreise (circonscriptions) die politischen Schattierungen hervortreten läßt, gibt es auch einen eigenen Raster für das Bildungssystem: die Académie. Frankreich ist in 25 Akademien (davon drei in der Pariser Gegend: Paris, Créteil, Versailles) unterteilt.

Der Akademie-Rektor dient als hoher Staatsbeamter zwei Herren, dem Erziehungsminister und dem Minister für die Universitäten. Einerseits hat er in seinem Bereich die ausschließliche Verantwortung gegenüber dem Erziehungsminister für alle Bildungseinrichtungen, vom Kindergarten bis zum Gymnasium, andererseits ist er in seiner Eigenschaft als Kanzler der Universitäten Vertreter des Universitätsministers in seinem Bereich und verantwortlich für alle Belange, die in die Kompetenzen des Staatssekretärs fallen. Unterstützt wird er in seinen vielfältigen Aufgaben durch die Akademieinspektoren, die eine wichtige

---

[5] Inzwischen wurde dieses sogar in ein eigenes Ministerium umgewandelt.

Kontrollfunktion im Schul- und Gymnasialbereich, außerdem Kompetenzen im Bereich der Jugendarbeit, des Sports, des Schulbaus, der Weiterbildung innehaben.

Eine entscheidende Rolle in der zentralen Planung spielt heute, insbesondere seit der Reform von 1959, die sogenannte „Carte Scolaire". Sie erfaßt die jeweiligen Geburtsjahrgänge, ihre Stärke und geographische Streuung, ihre voraussichtliche oder wahrscheinliche Verteilung in den einzelnen Schultypen beziehungsweise Schulzweigen. Auf diese Weise ermöglicht die „Carte Scolaire" eine relativ sichere Planung beim Bau von Schulen, der Bereitstellung von Mitteln und von Personal. Um möglichst genaue Daten zu gewinnen, wird auch hier mit einem eigenen geographischen Raster gearbeitet, dessen Grundelement der sogenannte „Sektor" mit einem Mittel von etwa 10 000 Einwohnern ist. Mehrere Sektoren sind wiederum in sogenannten „Distrikten" zusammengefaßt (etwa 100 000 Einwohner).

Diesem dekonzentrierten Verwaltunssystem ist beigeordnet ein System von Beratungsgremien auf allen Ebenen. Sie sind zum größten Teil wiederum Bindeglieder zu den anderen Verwaltungsbereichen. Als Beispiel sei der Schulrat des Departements („Conseil Départemental") genannt, der vom Präfekten geleitet wird und sich aus lokalen Vertretern und Lehrern zusammensetzt. Die beiden wichtigsten Beratungsorgane auf nationaler Ebene sind der Nationale Bildungsrat („Conseil supérieur de l'Education Nationale"), der vom Minister präsidiert wird und 80 Mitglieder hat. 25 Mitglieder aus der Ministerialverwaltung, 25 aus dem Lehrkörper, 25 Persönlichkeiten des öffentlichen Lebens und 5 Vertreter des privaten Schulwesens. Seine Aufgabe besteht im wesentlichen darin, den Minister in allen die Entwicklung des nationalen Bildungswesens betreffenden Fragen zu beraten und Disziplinarfragen zu behandeln.

Der Nationale Universitätsrat („Conseil National de l'Enseignement Supérieur et de la Recherche" – CNESER) wurde durch das Hochschulrahmengesetz von 1968 geschaffen, hat 90 Mitglieder[6], und sein Präsident ist ebenfalls der Staatssekretär für die Universitäten. Dieses Gremium berät über allgemeine Hochschulplanung, unterbreitet den Ministern entsprechende Vorschläge und begutachtet die Haushalte der Universitäten. Hervorzuheben ist, daß die Mitglieder des Rates nach Listen gewählt werden, die von den verschiedenen Hochschulgewerkschaften (Lehrer, Studenten und Verwaltungspersonal) aufgestellt werden.

Es gibt vor allem im Hochschulbereich noch andere konsultative Organe wie die unserer Westdeutschen Rektorenkonferenz etwa vergleichbare „Conférence des Présidents des Universités françaises". In ihrer Gesamtheit stellen sie ein

---

6) Die Zusammensetzung ist folgende: 54 Universitätsvertreter (20 Professoren, 12 andere Hochschullehrer, 17 Studenten und 5 Vertreter des Verwaltungspersonals), 6 Vertreter anderer Hochschulen und 30 außeruniversitäre Persönlichkeiten.

Gleichgewicht zur straff organisierten Zentralverwaltung her, und es hängt weitgehend von der jeweiligen Regierung ab, in welchem Ausmaß diese Konsultativorgane genutzt werden, um Entscheidungen in einem größtmöglichen Konsensus vorzubereiten. Vereinfacht könnte man sagen, daß das Prinzip der Konsultation in Frankreich relativ stark institutionalisiert ist, wogegen direkte Anhörung von Gruppen, öffentliches Diskussionsforum und Vorinformation ungewöhnlich bleiben. Durch Wahl und Delegation geregelte Repräsentation in diesen Gremien sind deshalb stärker entwickelt, was dazu führt, daß vor allem auf lokaler oder regionaler Ebene Personen mehrere „Ämter" auf sich vereinigen, da Kumulation durchaus möglich ist. Der einzelne kann auf diese Weise großen Einfluß ausüben.

Seit dem Zweiten Weltkrieg wurde im Rahmen des zentralisierten Verwaltungssystems eine zunehmend kohärente Organisation der Ausbildungsstufen aufgebaut. Die letzten Reformen und politischen Willenserklärungen weisen auf eine noch stärkere Vereinheitlichung des Sekundarschulwesens hin. Das französische Bildungssystem gleicht hier einem Stamm, dessen Wurzeln in der Familie liegen – dies ist nicht eine Selbstverständlichkeit, sondern zugleich politischer Wille, wie in der Reform von 1975 nachzulesen ist (die Familie bleibt das Element jeder Erziehung, dies wird ausdrücklich im Gesetz festgestellt) – und dessen Grundstock sich durch den Ausbau der „Ecole Maternelle" ständig erweitert.

Der tertiäre Bereich, die Krone, um bei unserem Bild zu bleiben, allerdings zeigt vielfältige Verästelungen, ein nicht leicht durchschaubares Geflecht. Die Verwaltung des Hochschulbereichs in seiner doppelten Abhängigkeit von Erziehungsministerium und vom Ministerium für die Universitäten bleibt überschaubar; der Diversität der „Grandes Ecoles" dagegen entspricht eine komplexe administrative Zuständigkeit. Zwar ist die Mehrzahl der „Grandes Ecoles" dem Universitätsministerium angeschlossen, aber einige der renommiertesten Hochschulen Frankreichs unterstehen anderen Ministerien. Fast jedes Ministerium hat heute noch seine eigene Hochschule, aus der die Nachwuchskräfte des jeweiligen Fachbereichs hervorgehen.

Schließlich sei noch kurz auf die vielfältigen gewerkschaftlichen Organisationen der verschiedenen Gruppen im Bildungsbereich hingewiesen, die teilweise auf eine lange Tradition zurückblicken können. Unter den Studentengewerkschaften ist die bekannteste die „Union Nationale des Etudiants de France" (UNEF), die sich nach dem Zweiten Weltkrieg auf gewerkschaftlicher Basis strukturierte; daneben die „Féderation Nationale des Etudiants de France" (FNEF) mit im Vergleich zur UNEF gemäßigter Tendenz und bedeutend weniger Mitgliedern; dann auch der „Mouvement d'Action et de Recherche Critique" (MARC), eine junge Bewegung mit einem Programm, das sie in die Nähe der Arbeitergewerkschaft CFDT rückt. Damit sind aber nur die bedeutendsten Organisationen aufgezählt.

Die Lehrergewerkschaften werden von einer Zentrale dirigiert, der „Fédération de l'Education Nationale" (FEN). In ihr sind 44 Gewerkschaften mit 550 000 Mitgliedern vertreten, von denen wir nur die bekanntesten zu nennen brauchen: das „Syndicat National des Instituteurs" (SNI), das „Syndicat National de l'Enseignement Secondaire" (SNES) und die Hochschullehrergewerkschaft, das „Syndicat National de l'Enseignement Supérieur" (SNESUP), bekämpft von der kleinen, konservativen „Fédération Nationale des Syndicats Autonomes de l'Enseignement Supérieur", die einen großen Einfluß in den Berufungsorganen besitzt.

Eine bedeutende politische Rolle spielen auch Elternverbände, vor allem die „Fédération Cornec" (nach ihrem noch lebenden Gründer benannt) und die „Fédération Lagarde" (die den Namen des jeweiligen Präsidenten annimmt).

Pädagogik, Dokumentation und Information

Nach dem Zweiten Weltkrieg fristete die Pädagogik jahrzehntelang ein kümmerliches Dasein. Pädagogische Forschung war praktisch inexistent, neue Entwicklungen verliefen außerhalb von Schule und Universität. Ähnlich verhielt es sich mit der Information. Der Akademieinspektor beziehungsweise Generalinspektor mochte in pädagogischen Angelegenheiten die höchste Autorität darstellen und sogar den Dokumentalisten ersetzen – die Information fand am Schwarzen Brett statt: Bis vor kurzem gab es beispielsweise keine Vorlesungsverzeichnisse der Universitäten.

Darin aber eine „Schwäche" oder eine „Rückständigkeit" sehen zu wollen, hieße Geschichte und Rolle des französischen Bildungswesens zu verkennen. Wie das gesamte französische Bildungswesen, so wurde auch die Pädagogik stets in einem allgemeinen gesellschaftlichen Kontext gesehen. Entscheidend für die Behandlung eines Stoffes war nicht die Problematisierung oder Infragestellung des Stoffes, sondern die Reproduktion, die Wiedergabe des Erlernten. Wir haben es hier mit einer formalen Praxisbezogenheit von Wissensvermittlung beziehungsweise Wissenserwerb zu tun, die wiederum in Zusammenhang gebracht werden kann mit einer spezifischen Auffassung von Wissenschaft.

Wissenschaft treiben heißt in erster Linie Arbeit und Exemplifizierung am Text. Daher gibt es neben dem unserer deutschen Vorlesung vergleichbaren „Cours Magistral", der auch formal höchsten Ansprüchen genügen muß, die „Cours de Travaux Dirigés" oder „Travaux Pratiques", in denen hauptsächlich „explication de texte" getrieben wird, eine besondere Unterrichtsform, die sich auch heute als pädagogische Grundform überall finden läßt.

Ein drittes Merkmal sei hier kurz gestreift: Im formalen Praxisbezug der Wissensvermittlung drückt sich die gesellschaftliche Ausrichtung des Bildungswesens aus. Größere Sicherheit in Wertvorstellungen und Wertmaßstäben konnten vorausgesetzt werden, ein gesamtgesellschaftlicher Rahmen war für den einzelnen erkennbar. So wurde die breite Wissensanlage zum vordringlichen pädagogischen Ziel, weniger die kritische Beschäftigung mit dem Wissensstoff.

Bis vor kurzem fiel dem Benutzer von wissenschaftlichen Bibliotheken eine Konsequenz solcher Auffassung von Wissen und Wissenschaft sofort in die Augen: Benutzer waren nur in seltenen Fällen Studenten, sondern Wissenschaftler, die ihr Material für Publikationen zusammensuchten. Der für deutsche Augen zum Teil desolate Zustand von Seminar- und Abteilungsbibliotheken ist auf diese Tradition zurückzuführen. Große und bedeutende Bibliotheken gibt es fast nur zentral – in Paris. Entsprechend arbeiten die Studenten weniger mit Büchern oder wissenschaftlichen Veröffentlichungen, sondern mit den Abschriften der Vorlesungen ihrer Professoren, den vielgenannten „polycopies", die man auch heute noch in einzelnen Abteilungen, vor allem in den Rechts- und Wirtschaftswissenschaften finden kann.

Die weltweite Entwicklung der Pädagogik blieb auch in Frankreich nicht ohne Folgen. 1952 wurde ein „Institut Pédagogique National" gegründet. Die Bildungskrise Ende der sechziger Jahre und die Mai-Ereignisse von 1968 brachten auch intensive Überlegungen zur Neuordnung von Dokumentation und Information, von pädagogischer Forschung und Materialherstellung.

Das alte „Institut Pédagogique National" teilte sich auf in ein „Office Français des Techniques Modernes d'Education" (OFTME) und ein „Institut National de Recherche et de Documentation Pédagogique" (INRDP). Die wichtigste und interessanteste Einrichtung zur Information im Rahmen des Bildungswesens ist aber das „Office National d'Information sur les Enseignements et les Professions" (ONISEP), das seit 1970 eine intensive Informationstätigkeit entwickelt hat. Das ONISEP informiert nicht allein über Bildungseinrichtungen und Studienmöglichkeiten, es sucht auch die Verbindung zur Berufswelt herzustellen. Es hat Informationsschriften über Berufsfelder erstellt, die wiederum in bezug gesetzt werden zu vorhandenen oder geplanten Ausbildungsgängen. Information als Medium zwischen Ausbildung und Beruf, dies kann als Devise dieses zentralen Organs und seiner regionalen Filialen gelten. Es empfiehlt sich für jeden Schüler und angehenden Studenten, dort ausführliche Informationen einzuholen, bevor er einen bestimmten Bildungsweg einschlägt.

Die Studienförderung

Gesetzliche Studienförderung sowohl im Sekundar- wie im Hochschulbereich gibt es in Frankreich seit den fünfziger Jahren. Sozial bedürftige Studenten und Schüler erhalten Stipendien. Die Höhe der Studienstipendien aber hält keinen Vergleich zu denen unserer BAFöG aus. Der Höchstsatz liegt heute bei 600 Francs, ohne daß eine Zulage im Falle eines Austauschstudiums gegeben wird.

Schema des französischen Bildungswesens *)

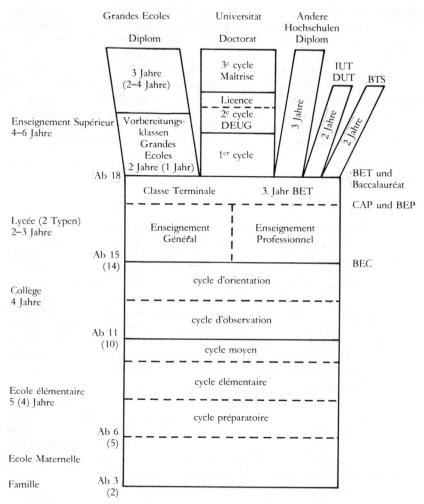

*) Dieses Schema enthält die in der Schulreform von 1975 und ihrer Anwendungsdekrete von 1977 getroffenen Regelungen, also nicht den Ist-Stand.

Ein besonderes Schwergewicht hat die Förderung auf der Promotionsstufe, das heißt für das Studium im dritten Studienzyklus erhalten. Auf Intervention des Staatspräsidenten selbst wurde zur Förderung des Forschungsnachwuchses ein dem Graduiertenförderungsgesetz etwa entsprechendes Stipendienprogramm eingerichtet, das alljährlich Mittel für 1 500 Stipendien zu 2 000 Francs monatlich ausschüttet.

Studenten, die Lehrer werden wollen, können schon nach dem ersten Studienjahr über einen „Concours" in das sogenannte „Institut de Préparation à l'Enseignement Secondaire" (IPES) Aufnahme finden. Die „IPESIENS" treten damit noch während der Studienzeit in den Staatsdienst ein, werden als beurlaubte Beamte behandelt und dementsprechend bezahlt, müssen sich aber verpflichten, im Anschluß an ihr Studium mindestens zehn Jahre zu unterrichten.

Schulstufen und Schulformen

Die Vorschule

Aus den Kinderaufbewahrungsanstalten des 19. Jahrhunderts entstanden die „Ecoles Maternelles", die, falls die langfristige Planung des Erziehungsministeriums verwirklicht werden kann, in Zukunft schon Zweijährige aufnehmen sollen. Spätestens vom fünften Lebensjahr an soll jedes französische Kind, so will es das Gesetz von 1975, die Möglichkeit haben, in eine öffentliche Vorschule zu gehen. Wollte man die verschiedenen Stufen des französischen Bildungswesens im Vergleich mit den Bildungseinrichtungen anderer europäischer Länder wertend kategorisieren, so wäre die Vorschule an vorderster Stelle zu nennen. Zahlreichen Besuchern aus dem Ausland gelten Ausstattung und Methoden als vorbildlich. Als schwierig erweist sich wie in anderen Ländern die Lösung des Problems der Ausbildung der Vorschullehrer und ihrer finanziellen wie sozialen Stellung gegenüber anderen Kategorien von Lehrenden.

Ganz allgemein sollte festgehalten werden, daß in Anlehnung an die Grundprinzipien des französischen Bildungswesens Schulgeldfreiheit besteht und – bis jetzt jedenfalls – die Schulpflicht erst mit sechs Jahren beginnt, das heißt, von dem ersten Jahr der Primarschule an. Aber stärker als beispielsweise in Deutschland, davon spricht auch das Reformgesetz von 1975, ist die Vorschule bereits ausgerichtet auf den Erwartungshorizont der Primarschule.

Die Grundschule

Noch im zwanzigsten Jahrhundert als Schule des Volkes gepriesen, geriet auch die Volksschule in jüngster Zeit in die politische Diskussion, wenn auch weniger als die anderen Bildungsstufen. Engagierte Soziologen meinten feststellen zu können, daß sich bereits in der Grundschule die Trennung zwischen favorisierten und defavorisierten Kindern als Spiegelung sozialer Klassenverhältnisse vollzieht. „Begabte" Kinder, zumeist aus den Familien wohlhabender Schichten kommend, werden von vornherein auf das Gymnasium hin orientiert, die „Kinder der Armen" haben lediglich die Chance zu einer technischen beziehungsweise beruflichen Ausbildung.

Eines der Grundprinzipien der heutigen Reform bleibt die Chancengleichheit, die dadurch verwirklicht werden soll, daß die Fähigkeit jedes einzelnen Kindes durch Anpassung von Lehrprogramm und Lernschnelligkeit Berücksichtigung findet. Fünf Jahre dauert die Elementarschule; sie hat drei Stufen, die Vorstufe („Cycle Préparatoire"), die Elementarstufe („Cycle Élémentaire"), die Mittelstufe („Cycle Moyen"). Die drei Stufen sind aber keineswegs voneinander getrennt, sie stellen vielmehr, was die Lehrinhalte angeht, ein einheitliches Ganzes dar. Ein Schüler kann unter Umständen schon nach vier Jahren die Elementarschule beenden oder erst nach sechs Jahren, wobei ein Sitzenbleiben durch pädagogische Maßnahmen soweit wie möglich vermieden werden soll.

Drei Beratungsgremien werden durch das Gesetz institutionalisiert: der Rat der Lehrer („Conseil des Maîtres"), der über die Organisation des Schuldienstes und allgemein über das Leben in der Schule konsultiert werden muß; der Elternbeirat („Comité des Parents") und der Schulrat („Conseil d'Ecole"), dessen Teil der Elternbeirat ist. Der Schulrat muß befragt werden über die Schulordnung, die gegenseitige Information von Familien und Lehrern, Schultransport, Schulkantinen, über alle neben- und nachschulischen Aktivitäten, über die Aufsicht der Kinder in der Schule außerhalb des offiziellen Studienplans.

Das „Collège"

Im Alter von elf beziehungsweise zwölf Jahren öffnet sich das Collège. Der Unterricht dauert vier Jahre. Unterteilt ist diese Periode in zwei Zyklen von jeweils zwei Jahren, den Beobachtungszyklus („Cycle d'Observation") und den Orientierungszyklus („Cycle d'Orientation"). Jeweils nur das zweite Jahr eines jeden Studienzyklus kann wiederholt werden.

Im ersten Studienabschnitt, dem der Observation, ist der Unterricht für alle der gleiche. Dagegen sind die Schüler im zweiten Studienabschnitt, dem Orientierungszyklus, verpflichtet, mindestens ein Wahlfach in ihr Programm aufzunehmen. Die Liste der von der Schule angebotenen Wahlfächer muß mindestens eine Option für vorberuflichen Unterricht enthalten. Während des Observationszyklus sind die Schüler ohne Rücksicht auf ihr Klassenniveau nach den verschiedenen Fächern aufgeteilt. Sowohl für die schwächeren als auch für die besseren Schüler können besondere Lehrveranstaltungen vorgesehen werden.

Wie bisher soll im zweiten Zyklus eine intensive Orientierung erfolgen, doch ist bereits nach Beendigung des ersten Abschnitts eine einschneidende Entscheidung im Hinblick auf die Zukunft möglich. Dem Schüler kann empfohlen

165

werden, bereits unmittelbar danach in Vorbereitungsklassen der beruflichen Gymnasien überzuwechseln. Wenn die Familien allerdings mit dieser Entscheidung nicht einverstanden sind, haben sie das Recht, eine Fachkommission anzurufen oder eine Sonderprüfung für ihr Kind zu fordern. Das „Brevet des Collèges", unserem Zeugnis der mittleren Reife vergleichbar, ist der Nachweis für den erfolgreichen Abschluß der Collège-Stufe. Damit endet auch die allgemeine Schulpflicht.

Das Gymnasium

Vor Eintritt in das Gymnasium verzweigt sich die bisher einheitliche Laufbahn. Der Schüler erreicht eine Kreuzung, an der ihm mehrere Wege offenstehen. Je nachdem, welchen Weg er einschlägt, beziehungsweise infolge der pädagogischen Orientierung einschlagen soll, erwartet ihn auch ein anderer Schultyp, entweder das sogenannte Berufsgymnasium („Lycée d'Enseignement Professionel") oder das sogenannte allgemeine Gymnasium („Lycée d'Enseignement Général"), das die bisherige institutionelle Tradition des Lycée fortsetzt. Die beiden genannten Institutionen bieten jeweils zwei Möglichkeiten an:

1. Die zweijährige Ausbildung zum Erwerb eines beruflichen Staatsdiploms, des sogenannten „Certificat d'Aptitude Professionelle" in einem bestimmten Berufszweig (CAP).

2. Die zweijährige Ausbildung mit einem anderen berufsbezogenen Staatsexamen als Abschluß, dem sogenannten „Brevet d'Etudes Professionelles" (BEP).

3. Die dreijährige Ausbildung mit dem Ziel eines fachgebundenen Staatsdiploms, des sogenannten „Brevet de Technicien" (BET).

4. Die dreijährige Ausbildung, die mit dem Abitur („Baccalauréat de l'Enseignement Secondaire") abschließt und unter Umständen auch eine berufliche Qualifikation in einem bestimmten technologischen Bereich erforderlich macht. Die ersten beiden Jahre stellen wiederum einen kohärenten Zyklus dar, den sogenannten „Cycle de Détermination". Darauf folgt eine einjährige Spezialisierung, die sogenannte „Année Terminale de Spécialisation".

Die beiden ersten Diplome werden im „Lycée d'Enseignement Professionel", das dritte und vierte im „Lycée d'Enseignement Général" erworben.

Die Zulassung zu der Gymnasialstufe allgemein beruht auf drei Entscheidungen: der Orientierung in den „Collèges", der Entscheidung des zuständigen Akademieinspektors auf Vorschlag einer Aufnahmekommission, der Einschreibung im Gymnasium auf Bitte der Familie oder des Schülers, wenn er volljährig ist.

Der Leiter eines Gymnasiums (im allgemeinen der „Proviseur") wird bei der Ausübung seiner Pflichten von vier Gremien unterstützt, von

- einem Schulrat, dem sogenannten „Conseil d'Etablissement", der über den Haushalt und die Hausordnung entscheidet, in letzter Instanz über den definitiven Ausschluß eines Schülers beschließt und sich allgemein über die anstehenden Probleme beratend äußert [7]);
- dem Rat der Lehrer („Conseil des Professeurs"), in dessen Zuständigkeit alle pädagogischen Fragen, insbesondere die Bewertung der Leistung der Schüler fallen;
- dem Klassenrat („Conseil de Classe"), der unter Teilnahme von Lehrer- und Schülervertretern der jeweiligen Klassen über alle die Klasse betreffenden Fragen berät und zu den Entscheidungen des Lehrerrates jeweils Stellung nimmt;
- dem Fachbereichsrat („Conseil d'Enseignement"), der alle Lehrer der gleichen Disziplin vereinigt, um eine bessere fachliche Koordinierung zu gewährleisten.

Zukünftig sind die Gymnasien auch in die Maßnahmen zur Weiterbildung einbezogen. Manche Gymnasien können mit Genehmigung des Ministers Schwerpunkte setzen, vor allem im Hinblick auf sportlichen und künstlerischen Unterricht oder auch mit dem Ziel besonderer Spezialisierung wie beispielsweise im Fach Medizin. Ebenso sind die gesetzlichen Voraussetzungen gegeben, internationale Gymnasien oder internationale Abteilungen in allgemeinen Gymnasien einzurichten.

Die vier durch das Gesetz vorgeschriebenen Wege sollen zu berufsqualifizierenden Abschlüssen führen. Das CAP bereitet die Schüler auf den Beruf des Facharbeiters oder des Angestellten vor. Das gleiche gilt auch für das BEP, das sich in seiner berufsbezogenen Ausrichtung an einer in den „Collèges" erhaltenen unterschiedlichen Vorbildung orientiert und, soweit diese zum heutigen Zeitpunkt vorausgesagt werden kann, eine geringere Spezialisierung beinhaltet beziehungsweise allgemeinere technologische Kenntnisse voraussetzt. Es unterscheidet sich hierin vom BET durch die Dauer der Ausbildung und ein entsprechend höheres Niveau.

Das „Baccalauréat" ist weiterhin das Tor zum Hochschulbereich [8]). In bestimmten Gymnasien sind wie bisher (in den sogenannten Lycées d'Etat) Aufbauzy-

---

[7]) Er setzt sich zusammen aus fünf Mitgliedern der Verwaltung, fünf gewählten Mitgliedern der Lehrerschaft, fünf gewählten Vertretern der Eltern und der gewählten Vertreter der Schülerschaft (fünf in den Gymnasien, zwei in den Collèges).

[8]) Es gibt daneben ebenso wie in Deutschland fachbezogene Hochschuleignungsprüfungen und besondere Eingangsmöglichkeiten an einigen wenigen Hochschulen, so etwa an einer Pariser Universität, Paris VIII Vincennes.

klen im Anschluß an das Abitur eingerichtet, die in ihren verschiedenen Abteilungen Studenten zur Vorbereitung der Eingangs-Concours in die „Grande Ecole" aufnehmen. Weiter besteht ebenfalls die Möglichkeit einer zweijährigen Ausbildung zum „Brevet de Technicien Supérieur" (BTS), in besonderen Studiengängen nach dem Abitur oder dem obengenannten BET.

Damit ist in großen Zügen die jüngste Reform des französischen Schulwesens wiedergegeben, die bis 1978 in die Praxis umgesetzt sein soll. Als gewiß vorläufiges Fazit kann man die Feststellung treffen, daß sie den Versuch darstellt, an frühere gescheiterte Reformpläne anzuknüpfen und die Vereinheitlichung des Systems unter dem Gesichtspunkt der Chancengleichheit voranzutreiben. Der Erfolg wird wesentlich davon abhängen, ob die Orientierung, die anstelle der Selektion treten soll, gelingt.

Die Ausbildung der Grundschullehrer hinkte jahrelang hinter der europäischen Entwicklung her und hat bis heute keinen einheitlich definierten Studiengang. Aspiranten bewarben sich nach der mittleren Reife („Brevet d'Etudes des Premio Cycle" – BEPC) durch Concours um Aufnahme in eine „Ecole Normale d'Instituteurs". Wer bestand, konnte sich ohne finanzielle Sorgen auf das Baccalauréat vorbereiten, als Gegenleistung für das Stipendium mußte er sich zum staatlichen Lehrdienst verpflichten. Nach dem „Baccalauréat" ging es sofort in die Praxis. Der Akademieinspektor hatte (und hat) die Verantwortung für die begleitenden pädagogischen Lehrveranstaltungen, die mit einem „Certificat d'Aptitude Professionnelle" (CAP) abgeschlossen wurden.

Heute rekrutieren die „Ecoles Normales" ihre Studenten erst nach dem Baccalauréat und bereiten sie in einem zweijährigen Studienzyklus auf den Lehrerberuf vor. Daneben bestehen aber in begrenztem Umfang auch andere Möglichkeiten, Volksschullehrer zu werden, etwa durch den Nachweis eines zumindest mit dem DEUG abgeschlossenen Universitätsstudiums.

Es gehört zu den Selbstverständlichkeiten im Bildungssektor, daß jede Reform auf teilweise heftigste Kritik stößt. Das Reformgesetz des Erziehungsministers René Haby von 1975 macht davon keine Ausnahme. Einerseits wird beklagt, daß die Vorschläge eine „Verarmung" oder Niveausenkung nach sich ziehen würden, andererseits kritisiert man vor allem seitens der verschiedenen Lehrergewerkschaften den nur schwachen Versuch, das Scheitern vor allem unterprivilegierter Kinder durch Gegenmaßnahmen aufzufangen. Mehrere Gewerkschaften errechnen auch als Folgeerscheinung der Reform einen starken Rückgang an Lehrerstellen und damit eine rasche Verschlechterung der Aussichten in dieser Berufsbranche. Aber auch Kritiker erkennen an, daß seit den nicht verwirklichten Reformprojekten vor dem Zweiten Weltkrieg diese Reform die erste ist, die anerkannte Prinzipien – insbesondere die Einheitsschule – zu verwirklichen versucht.

Das Fernstudium

Das „Centre National de Télé-Enseignement" (CNTE) ist eine Art Fernuniversität, die sich an Schüler, Studenten und Erwachsene wendet und ihnen Bildungsmöglichkeiten unter der Voraussetzung eröffnet, daß sie den Nachweis erbringen, aus physischen oder anderen Gründen keine andere schulische Einrichtung besuchen zu können. Es gibt sechs Zentren – Vanves, Lyon, Lille, Grènoble, Toulouse, Rouen –, die jeweils bestimmte Schwerpunkte haben. Das größte ist zweifellos Vanves, das Möglichkeiten der Ausbildung auf dem Sekundarschulbereich bis zum Abitur ebenso der Ausbildung zum CAP aller Berufe und ebenso zum CAPES[9]) und zur Aggregation anbietet.

Es besteht Schulgeldfreiheit, die Schüler müssen lediglich Einschreibegebühren bezahlen. Das 1939 gegründete CNTE kann als die größte Schule Frankreichs überhaupt bezeichnet werden, die Einschreibungen variieren zwischen 160 000 und 180 000 bei einem Lehrkörper von etwa 4 000 Professoren; und sie ist auch recht erfolgreich, das Abitur bestehen etwa 65,5 Prozent, außerdem – hier wird sie von vielen Universitäten beneidet – 20 bis 25 Prozent „Agrégés".

Das Hochschulstudium

Der größere Teil der über 800 000 Studenten in den 73 französischen Universitäten studiert ein geistes-, human- oder naturwissenschaftliches Fach: er ist in „Lettres" oder in „Sciences" eingeschrieben. Der Anteil der „Lettres" liegt zwischen 30 und 35 Prozent, der der „Sciences" bei 15 bis 20 Prozent, und dieses anderen Ländern vergleichbare Verhältnis wirkt sich dementsprechend aus. Die Chancen all derer, die mit dem Ziel des Lehrerberufs studieren – und das sind die meisten –, sind stark gesunken. Obwohl bereits nach dem ersten Studienzyklus, das heißt nach einem zweijährigen Studium, etwa 50 Prozent der Studienanfänger von der Universität verschwinden, ohne daß man genau weiß, wohin sie dann gehen, kann nur etwa einer von drei Diplomierten Lehrer werden.

Diese Situation hatte im wesentlichen zwei erste Konsequenzen: einmal den vom Staat geförderten Versuch, neue Studiengänge einzurichten, die neue Berufsfelder erschließen, zum anderen eine Art Selbstregulierung der Einschreibungen von Studienanfängern, die sich in einer Stagnation der Studentenzahlen in zahlreichen (nicht in allen) geistes- und humanwissenschaftlichen Fächern ausdrückt.

Auch in den Rechts- und Wirtschaftswissenschaften, bis 1968 noch in einer Fakultät zusammengefaßt, haben sich die Aussichten verschlechtert. Wie in den Geistes- und Naturwissenschaften findet die entscheidende Auslese und der Einstieg in den Beruf erst nach abgeschlossenem Studium statt. Dagegen haben

---

[9]) Das Certificat d'Aptitude au Professorat de l'Enseignement Secondaire und die Aggregation sind Staatsconcours zum Eintritt in die höhere Lehrerlaufbahn.

Mediziner, Pharmazeuten, Zahnmediziner und Ingenieure nicht zuletzt deshalb gute Berufschancen, weil die Selektion bereits zu Beginn des Studiums einsetzt und alle diejenigen, die die Hürde des „Concours" überspringen, ihr Studium in dem Bewußtsein fortsetzen, daß ihre Zukunft gesichert ist.

Das Hochschulrahmengesetz von 1968 verfolgt drei Grundprinzipien, deren Anwendung erst der französischen Universität eine moderne Struktur gab: Die Autonomie, die man, wenn auch mit Vorbehalten, mit „Selbstverwaltung" übersetzen könnte, die Partizipation, für die es den deutschen Begriff der Mitbestimmung gibt, ohne daß damit das Äquivalent ausgedrückt ist, und die Interdisziplinarität oder Pluridisziplinarität, unter der in erster Linie die Auflösung der alten Fakultäten in kleine Fachbereiche zu verstehen ist.

In die Praxis umgesetzt, bedeutete dies, daß die Universitäten aus ihrer bisherigen Abhängigkeit von der Akademie herausgelöst wurden und eine Selbstverwaltung erhielten. Ein gewählter Präsident, der Hochschullehrer sein muß, leitet die Exekutive und präsidiert dem Universitätsrat. Die Zusammensetzung des Universitätsrates macht eine Besonderheit der französischen Universitätsverfassung deutlich: In ihm sind nicht allein Mitglieder der Universität − Hochschullehrer, Studenten, Verwaltungspersonal − vertreten, sondern auch Persönlichkeiten von außerhalb der Universität, die mindestens ein Sechstel und höchstens ein Drittel ausmachen sollen. Die Mitbestimmung aller Mitglieder und Gruppen der Universitäten kann sich nur dann voll auswirken, wenn jede Gruppe auch mindestens 50 Prozent aller möglichen Stimmen abgibt. Wenn das Quorum nicht erreicht wird, verringert sich entsprechend die Zahl der Plätze. Ausländische Studenten sind wahlberechtigt, aber nur dann wählbar, wenn besondere Vereinbarungen mit dem Ursprungsland des Studenten getroffen sind.

Die Aufgaben des Universitätsrates sind allgemein die folgenden: Genehmigung der Statuten der Lehr- und Forschungseinheiten, Aufstellung des Finanzplans, Einstellung und Bezahlung von Universitätslehrern, die nicht den Status von Staatsbeamten besitzen [10]). Der Universitätsrat wählt zudem die Vertreter in regionale und nationale Gremien sowie den Präsidenten, dessen Mandat fünf Jahre dauert.

Auch in den Räten der einzelnen Fachbereiche, den sogenannten „Unités d'Enseignements et de Recherche" (UER), sind Lehrende, Lernende und Angestellte vertreten, Persönlichkeiten von außen können hineingewählt werden. Mit der Hereinnahme von Außenstehenden versuchten die Reformer eine enge Verbindung zwischen Universität und Gesellschaft herzustellen. Offensichtlich hat sich diese interessante Neuerung aber nicht in der erhofften Weise bewährt. Von Betroffenen wird bedauert, daß Verständnisschwierigkeiten auftreten und der Eindruck babylonischer Sprachverwirrung entsteht, die es Außenstehenden unmöglich macht, die Probleme und ihre Darstellung zu verstehen.

---

[10]) Grundsätzlich ist ja der französische Hochschullehrer Staatsbeamter.

Die studentischen Freiheiten fanden dahingehend eine Erweiterung, daß politische Information und Diskussion in eigens von der Universität dafür zur Verfügung gestellten Räumen offiziell möglich wird.

Die Einheit von Lehre und Forschung soll, wie der Name der neuen Fachbereiche ausdrückt, hergestellt und vor allem in einem frühen Stadium gewährleistet werden. Es war die Absicht der Reformer, die traditionellen Formen der bloßen Wissensaneignung aufzubrechen und die Studenten schon zu einem frühen Zeitpunkt mit Methoden wissenschaftlicher Forschung vertraut zu machen.

Die Auswirkungen dieser Neuregelung ist von Fachbereich zu Fachbereich, von Universität zu Universität außerordentlich verschieden. Insgesamt muß aber festgestellt werden, daß die Zweiteilung in Lehre und Forschung, die sich auch in einer klaren zeitlichen Abstufung ausdrückt, auch heute noch weitgehend besteht. Man mag sich fragen, ob eine solche Neuerung dem französischen Bildungssystem überhaupt gemäß ist, solange sich nicht zwei Grundzüge des französischen Bildungssystems verändern – der Wissenschaftsbegriff und die Stellung des Diploms als gesellschaftlichem Statussymbol, deren Besonderheit wir bereits kurz aufzuzeigen versucht haben.

Ein Hinweis soll der Struktur der Akademischen Auslandsämter gelten, den sogenannten „Services d'Accueil aux Etudiants Etrangers". Diese bestehen wie vor 1968 weiter als Abteilungen des jeweiligen „Centre Regional d'Œuvres Universitaires et Scolaires" (CROUS), das dem Akademieinspektor unterstellt ist und in dessen Zuständigkeiten die Mensen („Restaurant Universitaire") und die Studentenheime („Cité Universitaire") fallen. Seit 1971 sollen die Universitäten die Einrichtung eigener akademischer Beratungsstellen für Ausländer vorsehen, an denen Studienberatung abgehalten wird. Diese neuen Verwaltungseinheiten sind in unterschiedlicher Weise an den Universitäten verwirklicht.

Die Studiencurricula haben sich in den einzelnen Disziplinen stark verändert, zugleich auch Prüfungsordnungen und Lehrmethoden. Deutlich werden diese Neuerungen an zwei Begriffen, die heute allgemein Gültigkeit besitzen: dem „Contrôle Continu" (CC) und der „Unité de Valeurs" (UV). Sie sind als Neuerungen nur verständlich vor dem Hintergrund des traditionellen Bildungswesens vor 1968. Im Gegensatz zu früher müssen die Studenten sich nicht mehr einem einmaligen, höchstens ein- bis zweimal wiederholbaren Jahresabschlußexamen unterziehen, sondern weisen den Studienerfolg durch laufende Kontrolle in Form von Teilprüfungen, Gemeinschaftsarbeiten und Referaten nach.

Allerdings hat man sich heute zumeist auf eine Kompromißformel geeinigt, „Contrôle Continu" und Jahresabschlußexamen werden miteinander kombiniert. Die Teilprüfungen, Gemeinschaftsarbeiten erfolgen im Rahmen von sogenannten „Unités de Valeurs", die man mit Teilzertifikat oder in einzelnen Fällen auch mit dem deutschen Begriff des „Scheins" übersetzen könnte. In den ersten Studienjahren erwirbt der Student je nach Universität etwa 20 bis 30 solcher UV.

Stellt man sich vor, daß eine UV mindestens zwei, wenn nicht vier Stunden – und zwar volle Stunden – pro Woche erforderlich macht, dann mag man ermessen, daß die Studienwoche eines französischen Studenten der einer Arbeitswoche von über 30 Stunden gleichzusetzen ist. Darin liegt auch der oftmals geäußerte Vorwurf der Verschulung begründet. Doch sollte man sich, wie wir schon angedeutet haben, stets vor Augen halten, daß andere Vorstellungen von Bildung und wissenschaftlicher Beschäftigung Geltung haben, die sich entsprechend auf Lehrplan und Verhalten des Studenten auswirken.

Die Studienreform

Noch im Herbst 1968, kaum fünf Monate nach den Mai-Ereignissen, war das Hochschulrahmengesetz verabschiedet worden. Drei Jahre später schon hatte die Umsetzung in die neuen Strukturen stattgefunden und arbeiteten die Universitäten trotz anfänglicher Kassandrarufe voll auf der Grundlage des Gesetzes. Ein neues Ziel wurde anvisiert, die Reform der Studiengänge. In ihr sollte sich das Prinzip der Pluridisziplinarität verwirklichen, sollten die traditionellen Curricula den Erfordernissen der modernen Gesellschaft und ihrer Berufsfelder angepaßt werden. Zugleich wurde mit Erfolg versucht, unter Beibehaltung interdisziplinärer Zielvorstellungen eine organisatorische Vereinheitlichung der verschiedenen Studiengänge herbeizuführen.

Auf die Einführung eines Numerus clausus wurde verzichtet. Erleichtert wurde diese Entscheidung durch die in Frankreich traditionelle längerfristige Planung und die konsequente Umstellung des Hochschulbaus auf normierte Konstruktion. Andererseits hat die große Durchlässigkeit am Anfang des Universitätsstudiums auch problematische Folgeerscheinungen, vor allem eine schnell zunehmende Verminderung der Berufschancen, obwohl schon nach zwei Jahren etwa 50 Prozent der Studienanfänger auf der Strecke bleiben.

Die französische Studienreform befindet sich heute in der Endphase. Wie kaum anders zu erwarten war, haben zum Teil heftige Konflikte ihr Entstehen begleitet. Allein im Jahre 1976 waren die Universitäten aus Protest gegen die Reform des zweiten Studienzyklus vier bis fünf Monate durch Streik lahmgelegt. An der Gestaltung der Inhalte wird noch intensiv gearbeitet, ein schneller Abschluß ist kaum zu erhoffen, da auf dieser Studienstufe die entscheidende berufliche Qualifikation erworben wird, die den Studenten zu Beruf und Arbeitsplatz verhelfen soll. Insgesamt ist aber heute der Rahmen für alle universitären Studiengänge abgesteckt, die Inhalte des ersten und dritten Studienzyklus und ihre Abschlußdiplome sind klar definiert.

Der Aufbau des Studiums in drei aufeinanderfolgenden Zyklen für alle Studienfächer[11]) hat entscheidend zur Vereinfachung und Überschaubarkeit des französischen Hochschulcurriculums beigetragen. Jeder Zyklus stellt eine in sich geschlossene Einheit dar und schließt mit einem berufsqualifizierenden Staatsdiplom ab. Jedoch muß hier einschränkend bemerkt werden, daß diese Zielvorstellung berufsqualifizierender Abschlüsse und die damit verbundene Hoffnung auf zahlreiche Abgänge von der Universität zu einem frühen Zeitpunkt bisher keineswegs verwirklicht werden konnte. Es bieten sich kaum entsprechende Berufe an, und die Studenten ziehen ein Maximum an Qualifikation vor, um möglichst große Berufschancen zu haben. Sie studieren also so lange wie möglich – ein Verhalten, das wir auch in etwa an deutschen Universitäten wiederfinden.

Vor 1968 schon waren rechts- und wirtschaftswissenschaftliche Disziplinen in einer Fakultät vereinigt. Die Reform des ersten Studienzyklus stellt die Unterteilung in geisteswissenschaftliche, naturwissenschaftliche, rechtswissenschaftliche und wirtschaftswissenschaftliche Fächer weitgehend in Frage. Es gibt insgesamt acht verschiedene Zweige, wobei zu jedem dominanten Fach nach einem festgelegten Schlüssel eine Reihe Nebenfächer studiert werden müssen. Unter diesen ist im Hinblick auf die internationale Zusammenarbeit vor allem das obligatorische Studium einer Fremdsprache zu nennen. Obgleich mit etwa 25 Stunden pro Jahr hier nur ein Minimum angesetzt ist, stellt eine solche Verpflichtung doch einen nachahmenswerten Beitrag der Universitäten zur internationalen Kooperation dar.

Die Zweige sind im einzelnen: Rechtswissenschaften, Wirtschaftswissenschaften, Wirtschafts- und Sozialverwaltung, Humanwissenschaften (fünf Unterabteilungen: Philosophie, Psychologie, Soziologie, Geschichte, Geographie), „Lettres" (drei Unterabteilungen: „Lettres", das heißt Französisch, ausländische Literatur, Sprache und Landeskunde, angewandte Fremdsprachen), Naturwissenschaften (mit zwei Unterabteilungen: Wissenschaften der Struktur und der Materie, Wissenschaften des Lebens und der Natur), angewandte Mathematik und Sozialwissenschaften, „Lettres et Arts" (Plastik, Musik, Kunstgeschichte).

Der erste Studienzyklus dauert zwei Jahre, er kann um maximal ein Jahr verlängert werden. Ein Jahresabschlußexamen zwischen den beiden Jahren gibt es nicht mehr, der „Contrôle Continu" findet volle Anwendung. Die neue, kohärente Organisation des ersten Studienzyklus bringt den Studenten eine Erweiterung ihrer Freiheit in der Fächerwahl und der Arbeitseinteilung, sie hat aber auch eine negative Konsequenz: Der Wechsel des Universitätsortes ist innerhalb des ersten Studienzyklus nicht möglich.

Inhaber des „Diplôme d'Etudes Universitaires Générales" (DEUG), mit dem der erste Studienzyklus abschließt, können im Rahmen des zweiten Studien-

---

[11]) Außer der Theologie, die mit Ausnahme der Universität Straßburg, wo es eine theologische Fakultät gibt, an besonderen Hochschuleinrichtungen, an den Instituts Catholiques gelehrt wird.

zyklus die „Licence" (nach einem Jahr) und die „Maîtrise" (nach zwei Jahren) erwerben. Beide Staatsprüfungen bilden die Voraussetzung für die verschiedenen Eingangsconcours in die Beamtenlaufbahn, insbesondere den Beruf des Sekundarschullehrers. In den sechziger Jahren noch war es möglich, mit der „Licence", beziehungsweise der „Maîtrise" den Lehrerberuf zu ergreifen, ohne unbedingt durch das Nadelöhr des „Concours" gehen zu müssen. Die Verbeamtung erfolgte durch Bewährungsaufstieg. Heute ist dies ausgeschlossen. Nur noch die Plätze stehen offen, die über die beiden „Concours" das „Certificat d'Aptitude au Professorát de l'Enseignement Secondaire" (CAPES)[12]) und die Agrégation angeboten werden.

Da trotz fortschreitender Auslese während des Studiums von den Hochschulabsolventen der „Licence" oder der „Maîtrise" nur etwa einer von dreien die Chance hat, den Lehrerberuf zu ergreifen, werden seit 1971 zunehmend neue Studiengänge mit Abschluß einer „Maîtrise" eingerichtet, die unter dem Begriff der sogenannten „Maîtrise de Sciences et Techniques" zusammengefaßt sind. Es handelt sich um praxisbezogene Curricula, in denen Schwerpunkte in Recht und Wirtschaft sowie in den Fremdsprachen gesetzt werden und die neue Berufsfelder in Wirtschaft und Industrie, daneben auch in der Verwaltung erschließen sollen. Die ersten Absolventen sind bereits mit gutem Erfolg, wie aus inoffiziellen Berichten zu erfahren ist, von der Universität abgegangen.

Auch der dritte Studienzyklus spiegelt die prioritären Zielsetzungen der Reform wider. Einerseits wird der Forschungsnachwuchs intensiv gefördert, andererseits sind auch auf diesem hohen Niveau Voraussetzungen für einen weiteren berufsqualifizierenden Abschluß geschaffen. Die Trennung zwischen Forschungs- und Praxisorientierung schafft bereits das erste Jahr. Es kann mit zwei Diplomen abgeschlossen werden, dem „Diplôme d'Etudes Supérieures Specialisées" (DESS) und dem „Diplôme d'Etudes Approfondies" (DEA). Nur das DEA erlaubt die Abfassung einer Dissertation und den Abschluß des dritten Studienzyklus mit dem Doktorat nach öffentlicher Vereidigung.

Die Zulassung zum dritten Studienzyklus wird zunehmend eingeschränkt, um dem Forschungsnachwuchs gute Berufschancen zu geben. Das Prinzip der unbeschränkten Aufnahme an den Universitäten wird hier zum erstenmal durchbrochen. Eine sorgfältige Planung soll die Vorausberechnung des Bedarfs an wissenschaftlichem Nachwuchs ermöglichen und die Zahl der Zulassungen bestimmen.

Die Besonderheit des Medizinstudiums besteht in einem „Concours" am Ende des ersten Studienjahres, den im allgemeinen 30 Prozent der Kandidaten bestehen.

---

[12]) Eine Spielart ist das CAPET, das „Certificat d'Aptitude au Professorat de l'Enseignement Secondaire Technique".

Der Concours kann einmal wiederholt werden. Das Studium insgesamt teilt sich ebenfalls in drei Stufen auf, in den ersten Zyklus von zwei Jahren mit einer Elementarausbildung und dem erwähnten „Concours" nach dem ersten Jahr, in den zweiten Zyklus mit einer Dauer von vier Jahren und einen abschließenden, ein Jahr dauernden dritten Zyklus, der mit dem „Diplôme d'Etat de Docteur en Médecine" beendet wird.

Im Gegensatz zum deutschen Studiengang ist hervorzuheben, daß das Medizinstudium in Frankreich sich durch einen sehr frühen Kontakt mit der Praxis, durch eine intensive Arbeit am Krankenbett bereits vom dritten Studienjahr an auszeichnet.

Das Studium der Pharmazie und der politischen Wissenschaften, der Musik, der Architektur und Kunst hat eigene Studiengänge, die zum Teil auch in Sonderhochschulen absolviert werden[13]).

Das „Doctorat de troisième cycle" oder die Aggregation für Sekundarschullehrer (ursprünglich als Concours für den Sekundarschulbereich eingerichtet, ist die Aggregation in den vergangenen Jahrzehnten Eingangsvoraussetzung für den Hochschulbereich geworden) gilt als Voraussetzung für die Einstellung in den Hochschuldienst. Bei dem heutigen Mangel an zur Verfügung stehenden Stellen sind in Wirklichkeit beide erforderlich.

In den geistes- beziehungsweise naturwissenschaftlichen Fächern ist die Ernennung zum Professor von der Abfassung und öffentlichen Verteidigung einer „Thèse d'Etat" (vergleichbar der deutschen Habilitation) abhängig. In den rechts- und wirtschaftswissenschaftlichen Disziplinen setzt die Ernennung den Erfolg in einem „Concours der Agrégation" voraus; aber auch bei Juristen und Ökonomen ist die Abfassung einer „These d'Etat" üblich.

Wie stark sich der Primat der Lehre vor der Forschung auch heute noch auswirkt, zeigt unter anderem auch die zeitliche – und textliche – Länge der „thèses" in den geisteswissenschaftlichen Disziplinen. Allzu häufig ist die „Thèse d'Etat" der einzige größere wissenschaftliche Beitrag eines Hochschullehrers während seines ganzen Lebens. Trotz inzwischen auf fünf Jahre heruntergesetzter Frist sind viele Habilitationen mit einer Schreibdauer von 10 bis 15 Jahren noch an der Tagesordnung. Seit die Stellenpyramide sich nach oben stark verjüngt und die meisten Plätze auf Jahrzehnte hinaus besetzt sind, kündigt sich aber offensichtlich eine Änderung an und werden Habilitationen schneller zu Ende gebracht, als ursprünglich vorgesehen.

In den vergangenen Jahrzehnten wurden viele Initiativen zu einer Erweiterung der Ingenieurausbildung ergriffen. Als Beispiele seien die „Instituts Nationaux de Sciences Appliquées", „Instituts Polytechniques" genannt, ebenso einige in

---

[13]) Nähere Informationen gibt das vom Deutschen Akademischen Austauschdienst herausgegebene „Studium in Frankreich".

jüngster Zeit an den Universitäten direkt eingerichtete Studiengänge zur Ingenieurausbildung und vor allem die als Modelluniversität geschaffene Universität Compiègne.

Alle diese Einrichtungen stehen vor dem Problem, daß sie in Konkurrenz zu den traditionellen „Grandes Ecoles Techniques" oder auch „Commerciales" treten und sich konsequent im Laufe der Zeit selbst zu kleinen „Grandes Ecoles" entwickeln, indem sie sich an deren Aufbau und die hervorstechenden Merkmale anpassen, das heißt in erster Linie eine scharfe Auslese vor Eintritt in den Studiengang durchführen.

Viele der „Grandes Ecoles" sind dem Ministerium für die Universitäten unterstellt, einige der renommiertesten aber anderen Ministerien oder Instanzen, wie beispielsweise die Hochschule für die „Hautes Etudes Commerciales" (HEC) der Französischen Handelskammer.

Die „Grandes Ecoles" stehen im Wertempfinden über den Universitäten. Aus ihnen gehen die Spitzenkräfte hervor, wie man in bildungssoziologischen Schriften nachlesen kann. Es findet sich freilich nirgendwo eine Aufstellung der Rangfolge dieser Hochschulen, der einzelnen Hochschulen untereinander. Sie ist nichtsdestoweniger ein ungeschriebenes Gesetz, das die Höhe des Einstiegs und den Erfolg einer Laufbahn bestimmt.

Der große Einfluß, den die „Grandes Ecoles" in Industrie, Wirtschaft und Verwaltung haben, die enge Wechselbeziehung zwischen Hochschule, Diplom und Gesellschaft äußern sich sichtbar in den „Associations des Anciens Élèves", Vereinigungen der Ehemaligen. Ihr Wirkungsgrad ist etwa vergleichbar dem der deutschen Verbindungen und Korporationen in ihrer Blütezeit. Doch darf ihre Einflußnahme nicht im Sinne oberflächlicher Bildungssoziologie als Abhängigkeit der Schulen von der Wirtschaft verstanden werden. Vielmehr sind es die Schulen, die sich über ihre „Anciens Élèves" den notwendigen Absatzmarkt erhalten, ihr Prestige sichern und auf diese Weise ihrerseits Wirtschaft, Industrie und Verwaltung beeinflussen.

Es mag erstaunlich erscheinen, aber auf seine Visitenkarte die Bezeichnung „Ancien Élève de l'Ecole Polytechnique" oder „Ancien Élève de l'Ecole Nationale d'Administration" schreiben zu können, ist wichtiger, als ein Doktorat nachzuweisen. Dieser Tatbestand wird kaum in Frage gestellt. Lediglich die ENA und ihre „Anciens Élèves" geraten periodisch ins Licht der Kritik, indem ihnen vorgeworfen wird, daß sie einen Staat im Staat bilden. Böswillige Zungen sprechen von einer Maffia, die die wichtigsten Stellen in der Verwaltung und von da aus, auf das politische Terrain wechselnd, zugleich die Macht in Händen hielten. Aber solche Polemik schießt wie stets über die Realität hinaus.

Die „Grandes Ecoles Techniques" oder „Commerciales" sind wie die oben genannten „Ecoles Normales Supérieures" aufgebaut: Auf eine ein- bis zweijährige Vorbereitungszeit nach dem Abitur folgt nach Bestehen des „Concours" im allgemeinen ein dreijähriges Studium, eine zweijährige allgemeine Ausbildung und eine Spezialisierung im dritten Jahr. Jedoch verleiht jede Hochschule ihr eigenes Diplom. Beim Abgang von der Schule ist wiederum der Rang, das heißt die Platzziffer, mit der das Studium im Vergleich zu den Mitstudenten abgeschlossen wird, von Bedeutung. Zwar ist die Zukunft in jedem Falle gesichert, aber die Schnelligkeit des Aufstiegs, das Niveau des Beginns einer Laufbahn hängen auch von der erreichten Platzziffer ab.

Die große Zahl von über zweihundert solcher Hochschulen, unter denen etwa dreißig unter die „großen" Grandes Ecoles zu zählen sind, verleitet leicht zur Annahme, daß es sich um ausgesprochene Fachhochschulen mit einer stark spezialisierten Ausbildung handelt. Zumindest bei den besten „Grandes Ecoles" ist das Gegenteil der Fall. Die „Grandes Ecoles" vermitteln zunächst eine allgemeine Ausbildung, in der die Grundwissenschaften, vor allen Dingen die Mathematik, traditionell Priorität haben. Erst in der letzten Zeit hat man die Praxis stärker betont, um den Anforderungen auch auf internationaler Ebene gerecht zu werden. Ein weiteres hervorstechendes Element neuerer Entwicklung ist außerdem die zum Teil intensive Sprachausbildung, die die Schüler der Grandes Ecoles Techniques und Commerciales genießen.

Sie sind 1966 geschaffen worden mit dem Ziel, Ingenieure auszubilden, die man etwa mit einem graduierten Ingenieur vergleichen kann. Voraussetzung zum Eingang in die IUT ist das Abitur, darauf folgt ein zweijähriges Studium mit dem Abschluß des „Diplôme Universitaire de Technologie". Die im allgemeinen hervorragend ausgestatteten IUT sahen sich ebenfalls zunehmend der Konkurrenz anderer Bildungsinstitutionen ausgesetzt. Sie haben deshalb die Eingangsvoraussetzungen wesentlich verschärft, und nur Abiturienten mit guten Zeugnissen haben Chancen, aufgenommen zu werden. Die Konkurrenzsituation, in der sich die IUT befinden, rührt nicht zuletzt daher, daß das Abschlußdiplom von der Industrie offiziell nicht anerkannt wird. Trotzdem hat die schärfere Auslese wiederum dazu geführt, daß die Absolventen der IUT gute Berufsaussichten haben.

Die Weiterbildung

Eine der Prioritäten der Bildungsreform des letzten Jahrzehnts ist die Weiterbildung, auf französisch unterschiedslos „Formation Permanente" oder „Formation Continue" genannt [14]. Die Idee einer Weiterbildung wurde bereits in der Periode unmittelbar nach der französischen Revolution geboren. Der Reformplan von Condorcet aus dem Jahre 1792 wird häufig zitiert, in dem Bildung als ein alle Altersstufen umfassender, ein Leben lang dauernder Prozeß dargestellt wird.

[14]) Eine Nuance stellt die „Education Permanente" dar, unter der man vor allem nichtberufliche Erwachsenenbildung in Form von ständiger Weiterbildung versteht.

Stationen auf dem Weg zur heute fest institutionalisierten Weiterbildung sind die Gründung des „Conservatoire National des Arts et Métiers" (CNAM) und damit der Aufbau eines zweiten Bildungswegs, die Gründung der „Centres de Formation Professionnelle Accelerée" zur Organisation von beruflichen Teilzeitlehrgängen im Jahre 1937, die Schaffung eines „Fonds National de la Promotion Sociale" zur Finanzierung der Weiterbildungsprogramme im Jahre 1961, im Anschluß an die Mai-Ereignisse der von Gewerkschaften und Arbeitgeberverbänden gemeinsam ausgearbeitete „Accord National Interprofessionnel sur l'Information et le Perfectionnement Professionnelle", auch „Accord de Grenelle" genannt, und schließlich das Gesetz von 1971, die sogenannte „Loi d'Organisation de la Formation Professionnel Continue dans le Cadre de l'Education Permanente".

Der Artikel I des Gesetzes lautet: „Die berufliche Weiterbildung ist eine nationale Aufgabe. Sie beinhaltet eine berufliche Erstausbildung und weiterführende Ausbildungsgänge. Sie wendet sich an Erwachsene und Jugendliche, die bereits berufstätig sind oder einen Beruf ergreifen wollen ... Die berufliche Weiterbildung ist Bestandteil der Erwachsenenbildung. Sie hat das Ziel, den Erwerbstätigen die Anpassung an sich verändernde Arbeitstechniken und -bedingungen zu ermöglichen, den sozialen Aufstieg durch Zugang zu den verschiedenen Bereichen der Kultur und zur beruflichen Qualifikation sowie den Beitrag zur kulturellen, wirtschaftlichen und sozialen Entwicklung zu fördern."

Staat und Arbeitgeber finanzieren gemeinsam die Berufs- und Weiterbildung. Die Arbeitgeber leisten einen jährlichen Beitrag in Höhe von etwa 1 Prozent der von ihnen gezahlten Lohnsummen. Diese werden, soweit sie nicht für eigene Weiterbildungsprogramme verwendet werden, in einen nationalen Fonds eingezahlt, der die finanzielle Förderung der Weiterbildungsprogramme auf Antrag sichert. Die Bildungseinrichtungen sind aufgerufen, an der Weiterbildung mitzuwirken. So wird auch im Hochschulrahmengesetz von 1968 den Universitäten die Aufgabe der Weiterbildung übertragen, die sie zur Zeit in unterschiedlicher Weise erfüllen.

Allgemein hat sich die Weiterbildung in Frankreich als Bildungsprinzip durchgesetzt. Freilich bleiben auch hier einige Probleme, vor allem das der adäquaten Verteilung der Weiterbildung auf die verschiedenen Berufsgruppen, weiterhin bestehen. Man stellt immer wieder fest, daß vor allem die mittleren bis höheren Berufsstände vorzugsweise von der Möglichkeit der Weiterbildung Gebrauch machen, während das Interesse derjenigen, für die sie in erster Linie vorgesehen sind, der Arbeiter und kleinen Angestellten, sich in einem bescheidenen Rahmen hält.

Die Geschichte Frankreichs, Bedeutung und Einfluß der Bildung in der französischen Gesellschaft haben ein spezifisches Bildungssystem entstehen lassen, das sich in vielem als Antithese auch zum deutschen Bildungssystem verstehen läßt. Die jüngste Entwicklung zeigt aber auch, daß bei unterschiedlichen Voraussetzungen die Probleme ähnlich liegen. In beiden Ländern ist das Hauptproblem die Arbeitslosigkeit und ihre mittelbaren und unmittelbaren Auswirkungen auf das Bildungssystem. In beiden Ländern gibt es zahlreiche Initiativen und Überlegungen zur Verbesserung und Neuordnung der Zukunft. Häufig entsteht der Eindruck, daß Fehler hätten vermieden, Entwicklungen beschleunigt und Lösungen leichter gefunden werden können, wenn die gleiche Problematik, vor der beide Länder stehen, auch zu gemeinsamen Überlegungen geführt hätte. Es bleibt eine Aufgabe, trotz aller Unterschiede – oder gerade weil Unterschiede in den geschichtlichen und strukturellen Voraussetzungen bestehen, die spezifische Überlegungen erfordern und zu einer gegenseitigen Befruchtung führen können –, durch den Austausch von Information und in gemeinsamen, über die nationalen Grenzen hinausgehenden Überlegungen die Zukunft des Bildungswesens zu planen.

Alfred Grosser

Nachwort: Frankreich kennenlernen

Frankreich, gibt es das überhaupt? Natürlich ist die Antwort ja. Es sollte aber ein vorsichtiges Ja sein, denn man vergißt zu leicht, daß keine Menschengruppe auf Dauer unverändert bleibt. Doch ab wann ist die Veränderung eine Verwandlung? In der Bundesrepublik klagt man zu Recht über die französische „Verewigung" Deutschlands und der Deutschen: als sei die Bundesrepublik in ihrer geographischen Begrenztheit und in ihrem öffentlichen Leben dasselbe Deutschland wie 1871, 1920, 1938 oder 1945, als sei nicht nur ein knappes Drittel der Bevölkerung der Bundesrepublik auf der Welt gewesen, als Hitler an die Macht kam.

Man braucht gar nicht so weit zurückzugehen. 1954 gab es in Frankreich rund 4 Millionen Landwirte. Das waren mehr als ein Fünftel der erwerbstätigen Bevölkerung. 1975 gab es nur noch 1,6 Millionen Landwirte. Die 20,7 Prozent waren auf 7,6 Prozent zusammengeschrumpft. Dazu waren es in ihrer großen Mehrzahl keine Bauern mehr im alten Sinn. „La fin des paysans", das Ende der Bauern, ist eines der Themen, über das die französischen Soziologen nicht müde werden zu schreiben: Das ist die Verwandlung eines Standes in einen Beruf, der in den gesamtwirtschaftlichen Prozeß integriert ist.

Wenn man weiter sieht, wie sich das Gewicht anderer Kategorien verschoben hat, muß mindestens Zweifel darüber aufkommen, ob es sich noch wirklich um dasselbe Frankreich handelt wie vor zwanzig Jahren. Oder nehmen wir das Wohnungsproblem: Zwischen 1968 und 1975 sind 3 Millionen Wohnungen fertiggestellt worden, nicht eingerechnet die „résidences secondaires", die Landhäuser der Stadtbewohner, deren Zahl von 1954 bis 1975 von 447 000 auf 1 696 000 – eine beinahe phantastische Zahl – gestiegen ist. Weist der Wandel des Wohnstils von Millionen Franzosen nicht auf eine Veränderung der Gesellschaft hin, die zu berücksichtigen ist, wenn man Frankreich als Wirklichkeit und nicht als Klischee kennenlernen will?

Und sollte man auch an andere Einschnitte denken? Etwa die Vierte und die Fünfte Republik, die 1946 und 1958 ihre Verfassung bekommen haben? Gewiß. Doch ist es vielleicht noch wichtiger, zwischen dem Frankreich im Krieg und dem Frankreich im Frieden, das heißt ohne Tragödie, zu unterscheiden: Da liegt der Einschnitt im Jahre 1962, beim Ende des Algerienkrieges. Von 1939 bis 1962 (wenn man einige Monate 1945/46 und einige Wochen 1954 ausnimmt) hat es für die Franzosen Weltkrieg oder Kolonialkrieg gegeben. Erst seit 1962 kann man auf die Umwelt einen unbeteiligten, oft allzu unbeteiligten Blick werfen.

Die Fünfte Republik und ihre Verfassung? Natürlich ist es wichtig, von der Entmachtung des Parlaments und von der Macht des Präsidenten zu wissen; aber nur, wenn man sich darüber im klaren ist, daß eine Verfassungswirklichkeit sich ändern kann. Nur einmal hat es eine ähnliche Verfassung gegeben wie die von 1958: Das war die Verfassung von Weimar. Der Präsident als echte, höchst politische Entscheidungsinstanz mit einem von ihm allein bestimmten Kanzler: Das gab es erst ab 1930. Vorher, mit demselben Verfassungstext, gab es ein parlamentarisches Regime, in dem der Kanzler aus den Reihen des Parlaments kam und der Präsident nicht viel mehr zu sagen hatte als der englische König. Es ist durchaus denkbar, daß die Fünfte Republik sich ab 1978 vom Typ Weimar II zum Typ Weimar I verändern wird.

Ja, Frankreich gibt es, aber nur als sich ständig wandelnde Wirklichkeit. Eine Wirklichkeit, die man von außen durch die Brille des Vergleichs und nicht durch die der Stereotypen betrachten sollte. Alle paar Jahre gibt es Untersuchungen über das Frankreichbild der Deutschen und über das Deutschlandbild der Franzosen. Jedesmal wird dann das Trauerlied angestimmt: Die Vorurteile sind geblieben! Die Klischees sind wieder dieselben! Na und? Wie hätten denn die Antworten aussehen können, da doch die Fragestellung dazu aufforderte, mit Klischees zu antworten? „Die Deutschen", „die Franzosen" – Leitbilder werden da wachgerufen, die vielleicht nicht wichtiger sind als der Hang zum Sadismus, der laut moderner Psychiatrie in jedem von uns schlummert. Die einzige gescheite Antwort auf die dummen Fragen wäre die Weigerung zu antworten. „Warum fragen Sie mich denn nicht, ob, meiner Meinung nach, die Berufsnot oder der Sex oder die Gerechtigkeit für einen Franzosen (oder für einen Deutschen) meines Alters ähnlich aussehen?"

Da wären wir beim Wesentlichen, nämlich beim Vergleich. Das echte Kennenlernen setzt den Vergleich voraus. Aber der Vergleich setzt voraus, daß man sein eigenes Land kennt, bevor man den Nachbarn vergleichend betrachtet. Sehr vollständig braucht die Selbstkenntnis zunächst nicht zu sein, denn gerade der Vergleich zwingt zu Rückfragen über sich selbst. „Diese Armut in einem Vorortviertel von Paris, wo es fast nur Fremdarbeiter und ihre Familien gibt, weist sie auf eine französische Schande hin oder auf eine Schande der reichen europäischen Länder? Weiß ich eigentlich, ich, der mein Leben zwischen bequemer Wohnung, Schule und Studium verbringe, wie es in der Bundesrepublik mit den Wohnungsbedingungen der sogenannten Gastarbeiter beschaffen ist? Oder auch: „Wie schön, wie schlicht, wie herzlich geht es doch in dieser Dorfgemeinschaft zu, hier in der Dordogne, wo ich einige Wochen verbringe. Aber war ich eigentlich schon einmal in Schleswig oder in Baden oder kenne ich nur meine Großstadt und ihre Umgebung?"

Der Vergleich läßt das Selbstverständliche erstaunlich und das Überraschende normaler erscheinen. Vor allem aber zeitigt er ständig zwei mit neuen Fragen verbundene Feststellungen. Feststellung eins: „Es ist sehr ähnlich wie bei uns. Also muß die Erklärung weniger in der Vergangenheit des Nachbarlandes gesucht werden als bei gesellschaftlichen Gegebenheiten, die in mehreren Ländern die gleichen sind. Welche?" Feststellung zwei: „Es ist anders als bei uns. Woher kommt die Verschiedenheit? Wieso haben sich weitgehend ähnliche Gesellschaften anders entwickelt?"

Natürlich ist nie etwas total ähnlich oder total verschieden. Aber es lohnt sich, insbesondere für den deutschen Frankreichbetrachter, seine Kenntnisse an Hand dieser beiden Feststellungstypen einzuordnen.

Die Ähnlichkeit ist besonders stark, wenn man das zu Vergleichende in einen weiter gespannten Vergleich einrahmt. Um das vielleicht wichtigste Beispiel zu nehmen: Es ist klar, daß es in der Auffassung und in der Verwirklichung von freiheitlicher Demokratie und von Toleranz deutsch-französische Unterschiede gibt; aber was wiegen die schon, wenn man die Tatsache berücksichtigt, daß Frankreich und die Bundesrepublik beide zu den leider sehr, sehr wenigen Staaten gehören, die in der heutigen Welt den politischen und geistigen Pluralismus anerkennen und praktizieren? Fast nirgend sonst gibt es Wahlen, bei denen man auswählt, gibt es Oppositionsparteien, eine regierungskritische Presse, gesellschaftskritische Gewerkschaften usw. Wahrscheinlich ebenso wichtig scheint folgendes Faktum: Ob es nun Frankreich oder die Bundesrepublik ist, die den Entwicklungsländern ein paar Zehntelprozent mehr oder weniger ihres Einkommens zur Verfügung stellen, was bedeutet das schon, wo doch beide zu den ganz wenigen reichen Ländern gehören, denen es trotz Krisen gutgeht im Vergleich zu den zwei Dritteln der Weltbevölkerung, die im Elend sind?

Aber bleiben wir beim einfachen Vergleich zwischen den Nachbarn. Die Liste des Ähnlichen wäre endlos, wollte man sie vollständig machen. Also nur einige willkürlich aufgezählte Punkte:

— Die demographische Lage ist in der Bundesrepublik etwas katastrophaler als in Frankreich, aber der Geburtenrückgang ist eine fast gleiche Bedrohung für das zukünftige Wohlergehen. Wer wird morgen die Renten bezahlen? Der Sozialegoismus all der jungen Eheleute, die keine Kinder wollen, also sich nicht darauf vorbereiten, später durch die Arbeit ihrer erwachsen gewordenen Kinder ernährt zu werden — er sieht in beiden Ländern genauso aus.

— Oder das Altenproblem: 1980 wird es in Frankreich etwa 5 Millionen Menschen über 70 geben. Das heißt, rund ein Zehntel der Bevölkerung wird jener größten schlechtbehandelten Gesellschaftsgruppe angehören, für die sich niemand so recht zuständig fühlt. Sollte das nicht mehr grundsätzliche Diskussionen auslösen als viele Tagesthemen? Doch in beiden Ländern gibt es das gleiche Schweigen.

- Altersversorgung und Gesundheitsausgaben als Staatshaushaltstragödie: Helmut Schmidt und Raymond Barre führen darüber kein deutsch-französisches Gespräch im traditionellen Sinn.
- Jugendarbeitslosigkeit, ungerechte Behandlung der Frau im Berufsleben, geistige Krise über den Sinn der Arbeit und den Sinn des Lebens, Umweltschutz und Energieproblem, Protest gegen die Konsumgesellschaft bei echten Lebenserleichterungen durch Maschinen und Produkte, freiheitsberaubende und verdummende Allgegenwart der Reklame usw. usw.
- Oder mehr vergangenheitsbestimmt: die Mischung von Selbstgefälligkeit und Selbstmitleid, die man in beiden Ländern bei der Betrachtung der politischen Umwelt vorfindet.

Hier sind wir zugleich bei den Unterschieden angelangt. Der Provinzialismus ist zwar in beiden Ländern stark, sogar in Form der Nabelschau, bei der geglaubt wird, in San Francisco, in Kalkutta oder in Lagos sei die größte Sorge ein Konflikt innerhalb der französischen Linken oder die deutsche Zweistaatlichkeit. Aber in Frankreich gibt es mehr Leute als in der Bundesrepublik, die an die Nation glauben und die dieser Nation eine Rolle im Weltgeschehen zuschreiben. Jahrelang hat man in Bonn und in Washington sehr zu unrecht geglaubt, de Gaulle sei eine Art Klammer in der französischen Entwicklung. Man übersah, daß er nicht nur Zustimmung bei seinen Landsleuten fand, weil er populär war, sondern daß seine Popularität auch daher kam, daß das, was er sagte, den Gefühlen seiner Landsleute entsprach.

Zwei Gesellschaften, die ungefähr auf dem gleichen Stand der Entwicklung sind, die ungefähr die gleichen Errungenschaften und die gleichen Probleme kennen – aber dennoch zwei sehr unterschiedliche geschichtliche Entwicklungen, die viele Unterschiede erklären. Sei es nur erst einmal der Bezug zur Geschichte schlechthin.

Gewiß gibt es in beiden Ländern die unerfreuliche Tendenz, schlechten Soziologen Gehör zu schenken, die glauben und die sagen, man bräuchte die Vergangenheit nicht, um die Gegenwart zu verstehen – also weg mit der Geschichte aus den Lehrplänen der Schulen und der Hochschulen! Aber in Frankreich werden geschichtliche Daten weiterhin gefeiert – in den Schulbüchern und in der Öffentlichkeit. Könige und Revolutionäre, Siege und Niederlagen (die immer ruhmreich sind, bei einer Schlacht gegen Julius Cäsar wie bei einem Fußballspiel heute)! In der Bundesrepublik hat die Erinnerung an Hitler einen Riß in der Historie, eine Art Entwurzelung gebracht. Wie es Bundespräsident Scheel so prägnant in seiner großen Rede vom 6. Mai 1975 gesagt hat: „Sicher, am 8. Mai 1945 brach das nationalsozialistische Regime endgültig zusammen. Wir wurden von einem furchtbaren Joch befreit... Aber am 8. Mai fiel nicht nur die Hitler-

Diktatur, es fiel auch das Deutsche Reich. Das Deutsche Reich war kein Werk Hitlers, es war der Staat der Deutschen."

Für die Franzosen sieht das ganz anders aus. Der 8. Mai bedeutete zugleich den Sieg der Nation und den Sieg über den Nazismus. „Au lendemain de la victoire remportée par les peuples libres sur les régimes qui ont tenté d'asservir et de dégrader la personne humaine ..." So beginnt die Grundrechtserklärung der Verfassung von 1946, die in der heutigen Verfassung beibehalten worden ist. Übrigens: Die Formulierung weist auf die Nachkriegszeit hin. „Les peuples libres", dazu gehören auch die Russen. 1946 definiert sich die Freiheit durch den Antinazismus, wie auch damals im besetzten Deutschland − aber es ist immer noch wahr, daß für alle Franzosen Stalingrad weiterhin der Name eines Sieges ist und in der Bundesrepublik der Name einer Niederlage. „Sur les régimes" heißt es und nicht „sur les nations": Die deutsch-französische Zusammenarbeit ist in dieser Nuance enthalten. 1918 war man über eine Nation und ein Volk siegreich gewesen; 1945 hatte wenigstens ein Teil der Franzosen die Überzeugung, auch zur Befreiung der Deutschen gesiegt zu haben. „Imbéciles, je meurs pour vous" („Ihr Dummköpfe, ich sterbe doch für euch"), hatte ein kommunistischer Widerständler den deutschen Soldaten zugerufen, die ihn erschossen.

Das Verhältnis der Franzosen zu der Vergangenheit 1940−1944 ist sogar zu einfach. Die Kommunisten vergessen leicht, daß ihre Partei bis zum deutschen Angriff gegen die Sowjetunion im Juni 1941 eher den englischen Imperialismus als den Nazismus angeprangert hatte. Und viele andere wissen nicht mehr, daß sie nicht gerade heldenhafte Widerstandskämpfer gewesen waren. Das angenehme, wenn auch teilweise unberechtigte Gefühl, damals zugleich vereint und heldenhaft gewesen zu sein, erklärt weit mehr als die Deutschfeindlichkeit, warum das französische Fernsehen andauernd Filme über die Besatzungszeit bringt, die dann allerdings das Publikum so ständig berieseln, daß dies notwendigerweise antideutsche Effekte haben muß.

Die Rolle der Kommunistischen Partei im Widerstand ist ein Element der Erklärung der Unterschiede, die es zwischen Frankreich und der Bundesrepublik in der Auffassung des Kommunismus und der Kommunisten gibt. Es gibt andere historische Elemente. Zum Beispiel, daß die KPD zum Zusammensturz der Weimarer Republik durch ihre Bekämpfung der demokratischen Parteien beigetragen hat und nach 1945 als Kollaborateur einer verhaßten Besatzungsmacht aufgetreten ist, die in einem Teil Deutschlands die Grundfreiheiten abschaffte, bevor sie überhaupt wieder entstanden waren. In Frankreich hingegen hat die KP mindestens zweimal unbestritten positiv gewirkt: die Unterstützung der Volksfrontregierung 1936, die den Franzosen die Vierzigstundenwoche und den bezahlten Urlaub gebracht hat, und die Beteiligung an den Regierungen, die von 1944 bis 1947 Frankreich wieder geordnet und aufgebaut haben, bis 1946 unter General de Gaulle.

Man muß auch weiter zurückgreifen. Dadurch, daß die KPF im Dezember 1920 entstanden ist als umbenannte sozialistische Partei und nicht als Splittergruppe einer Splittergruppe wie die KPD – beim Parteitag von Tours beschloß die Mehrheit der 1905 gegründeten SFIO („Section française de l'Internationale ouvrière"), ein Teil der III., der Kommunistischen Internationale zu werden, während die Minderheit unter Léon Blum Abschied nahm und die SFIO neu gründete, die dann zahlenmäßig größer wurde –, dadurch daß die vom großen gemäßigten sozialdemokratischen Führer Jean Jaurès gegründete Parteizeitung „L'Humanité" nun zum Parteiorgan der KPF wurde (und es bis heute geblieben ist), konnte der französische Kommunismus sofort in einer republikanisch-revolutionären Tradition Wurzeln schlagen.

In einer Tradition, die sowieso ganz anders aussieht als die deutsche. Der Begriff Revolution wird in Frankreich sogar in den Geschichtsbüchern der katholischen Privatschulen positiv betont. Die Barrikade ist ein romantisch-schönes Symbol. (Daher auch viele Sympathien für die Studenten im Mai 1968, was die Mehrheit aber nicht daran hinderte, konservativ zu wählen: Gefühl und Vernunft können sehr wohl auseinandergehen!). In Deutschland hingegen, wo man vergessen hat, daß die Farben Schwarz-Rot-Gold zuerst die einer revolutionären, für Freiheit kämpfenden Studentenschaft gewesen sind, ist die Revolution etwas, was die Sozialdemokraten glücklicherweise 1919 zertrümmert haben.

Um es ernster zu sagen: Die deutsch-französische Auseinandersetzung im Sommer 1977 über den Terrorismus in der Bundesrepublik wäre nüchterner verlaufen, wenn beide Seiten eingesehen hätten, daß in Frankreich der Anspruch, mehr Freiheit durch blutige Gewalt zu erobern, aus der Geschichte heraus nicht notwendigerweise wie ein Widerspruch erklingt, während man in der Bundesrepublik mit Recht zunächst an das 20. Jahrhundert denkt, in dem auch Adolf Hitler behauptete, er wolle Freiheiten abschaffen, um das deutsche Volk zu befreien.

Weil das Dritte Reich das Recht abgeschafft und einen Staat der totalen Willkür eingerichtet hatte, weil es in der Nachbarschaft ein anderes Deutschland gibt, wo das Recht nur dazu da ist, der allmächtigen Partei noch mehr Macht zu geben, will die Bundesrepublik vor allem ein Rechtsstaat sein. Dies kann allerdings auch zwei negative Konsequenzen haben: Man läuft Gefahr, Rechtsstaat mit bürokratischer Buchstabendeutung zu verwechseln, und man ist versucht, die Vollkommenheit einer Demokratie nur bei der politischen Struktur und nicht bei der sozialen Gerechtigkeit zu suchen.

In Frankreich liegt das genau umgekehrt. Weil man, außer ganz kurz in der Besatzungszeit, keine Erfahrung des Verlusts der Demokratie und des Rechts hat, ist man versucht zu glauben, sie seien ein für allemal gegeben, was zu einer Vernachlässigung des Rechts führt: Man ist sehr nachsichtig bei Rechtsverletzungen, sei es gegenüber der Polizei oder gegenüber protestierenden Bauern, Korsen oder Kleinhändlern. Diese Vernachlässigung ist besonders spürbar, wenn einem Phänomen wie dem Regierungseinfluß auf das Fernsehen mit Resignation begegnet wird. Oder wenn Finanz- und Abhörskandale schnell von den Schlagzeilen verschwinden, die in den USA zu mehreren Watergates geführt hätten.

Allerdings verändert sich auch auf diesem Gebiet die Lage so leicht, daß unter anderem das französische Fernsehen auf die Dauer ebensowenig gibt wie Frankreich schlechthin. Als die deutsche Presse im September 1977 gegen ein Interview des Rechtsanwalts Klaus Croissant durch eine der drei Fernsehanstalten protestierte, übersah sie völlig, daß diese Anstalten viel mehr Freiheit haben als die einheitliche Anstalt, die es bis 1974 gab, während in der Bundesrepublik die Rundfunk- und Fernsehanstalten viel weniger vorbildlich sind als vor wenigen Jahren und so sehr politischen Pressionen ausgesetzt sind, daß die Wege des Fernsehens in beiden Ländern (zur Freiheit in Frankreich, von der Freiheit weg in der Bundesrepublik) sich vielleicht bald einmal kreuzen werden!

Man möchte wünschen, daß in beiden Ländern ständig beides betont würde: die politische Demokratie und die soziale Gerechtigkeit. Die jetzige Lage ist aber immer noch so, daß in Frankreich zu leicht ein Regime zu wenig verurteilt wird, das im Namen der Gerechtigkeit die politischen Freiheiten abgeschafft hat, während man sich in der Bundesrepublik zu leicht als voll freiheitlich fühlt, wenn man dieses Regime anprangert. Dies kann auch anders ausgedrückt werden: In der Bundesrepublik denkt man zu ausschließlich an die Ost-West-Auseinandersetzung und zu wenig an den Antagonismus Nord/Süd. In Frankreich spricht man zu wenig von Prag oder von der DDR, aber man ist sich eher dessen bewußt, was in Südamerika geschieht oder nicht geschieht.

Dies bezieht sich auch auf die katholische Kirche. Die französischen Bischöfe sprechen viel von Chile und kümmern sich tagtäglich in ihren Erklärungen und Hirtenbriefen um das Los der Unterprivilegierten in der französischen Gesellschaft, auch der Fremdarbeiter und Arbeitslosen. Die deutschen Bischöfe sprechen mehr von der Intoleranz in den kommunistischen Ländern, vom notwendigen Kampf gegen den Extremismus (und auch vom § 218, wohingegen ihre französischen Kollegen die Hauptgründe der Abtreibung eher bei den sozialen Notständen als bei einer neuen Permissivität suchen).

Eine gründliche Analyse war dies natürlich nicht, sondern nur eine Aufzählung von einigen weitgehend geschichtlich bedingten Unterschieden, die viel eingehender betrachtet werden sollten. Es ging lediglich darum, beim Leser die Erkenntnis wachzurufen, daß die Wirklichkeit jedes Landes kompliziert ist und nur durch den Vergleich mit dem eigenen Land einigermaßen verstanden werden kann – vorausgesetzt, dies muß wiederholt werden, man hat über das eigene Land nachgedacht!

Frankreich ist nun für die Deutschen nicht irgendein fremdes Land, genausowenig wie die Bundesrepublik für die Franzosen. Kennenlernen bedeutet nicht nur ein geistig-anregendes Wissen ansammeln. Es hat eine politische Bedeutung und eine politische Wirksamkeit. Die beiden Nachbarländer haben so viele gemeinsame politische, wirtschaftliche, gesellschaftliche Interessen, daß es schädlich ist, die Unwissenheit über dieses Gemeinsame nicht abzuschwächen. Dabei geht es nicht darum, die Unterschiede und Gegensätze zu verschleiern. Ganz im Gegenteil: sie sollen erkannt werden, aber nicht als Gründe, den anderen abzulehnen, sondern als Elemente einer Selbstbefragung, die sehr fruchtbar sein kann.

Ein Buch wie dieses soll einen Beitrag zu diesem selbstbefragenden Kennenlernen darstellen, und sei es nur dadurch, daß der Leser die Ausgangspositionen jedes der Verfasser, nicht zuletzt die des Verfassers des Nachworts, auch in Frage stellt.

Die Autoren

Alfred Grosser, Professor für politische Wissenschaften am Institut d'études politiques der Universität Paris, Kommentator der Wochenzeitung Le Monde. Träger des Friedenspreises des Deutschen Buchhandels. Bekannteste Veröffentlichung in der Bundesrepublik wurde sein wiederholt aufgelegtes Buch „Deutschlandbilanz", zuerst München 1970.

Klaus Hänsch, Dr. phil., Referent im Ministerium für Wissenschaft und Forschung des Landes Nordrhein-Westfalen, veröffentlichte: Frankreich zwischen Ost und West, 1972; Frankreich – Eine politische Landeskunde, 1973[2].

Karl Jetter, Dr. rer. pol., seit 1962 Wirtschaftskorrespondent der Frankfurter Allgemeinen Zeitung in Paris.

Udo Kempf, Dr. phil., Dozent für Politische Wissenschaften der Pädagogischen Hochschule Freiburg i. Br., Veröffentlichungen u. a.: Zur Kandidatenaufstellung in Frankreich, 1973; Das politische System Frankreichs, 1975.

Josef Müller-Marein, Rheinländer, gehört seit Gründung der ZEIT zu deren Redaktionsstab und war viele Jahre ihr Chefredakteur; lebt in Loiret, arbeitet in Paris; schrieb u. a.: 25mal Frankreich (gemeinsam mit C. Krahmer), 1977.

Rüdiger Stephan, Dr. phil., Leiter der Zweigstelle des Deutschen Akademischen Austauschdienstes in Paris. Veröffentlichungen über das französische Bildungswesen und über deutsch-französische Zusammenarbeit.